国家卫生健康委员会"十三五"规划教材
全 国 高 等 学 校 教 材
供基础、临床、预防、口腔医学类专业用

有机化学

Organic Chemistry

第**9**版

主 编　陆　阳
副主编　罗美明　李柱来　李发胜

人民卫生出版社
People's Medical Publishing House

图书在版编目（CIP）数据

有机化学 / 陆阳主编. —9 版. —北京：人民卫生出版社，2018
全国高等学校五年制本科临床医学专业第九轮规划教材
ISBN 978-7-117-26657-4

Ⅰ. ①有… Ⅱ. ①陆… Ⅲ. ①有机化学－医学院校－教材
Ⅳ. ①062

中国版本图书馆 CIP 数据核字（2018）第 116160 号

人卫智网	www.ipmph.com	医学教育、学术、考试、健康，购书智慧智能综合服务平台
人卫官网	www.pmph.com	人卫官方资讯发布平台

有 机 化 学
第 9 版

主　　编：陆　阳
出版发行：人民卫生出版社（中继线 010-59780011）
地　　址：北京市朝阳区潘家园南里 19 号
邮　　编：100021
E - mail：pmph @ pmph.com
购书热线：010-59787592　010-59787584　010-65264830
印　　刷：人卫印务（北京）有限公司
经　　销：新华书店
开　　本：850×1168　1/16　　印张：17
字　　数：503 千字
版　　次：1978 年 10 月第 1 版　　2018 年 7 月第 9 版
　　　　　2023 年 10 月第 9 版第 11 次印刷（总第 79 次印刷）
标准书号：ISBN 978-7-117-26657-4
定　　价：56.00 元

打击盗版举报电话：010-59787491　E-mail：WQ @ pmph.com
　　（凡属印装质量问题请与本社市场营销中心联系退换）

编　者

（以姓氏笔画为序）

王全瑞（复旦大学）

刘雅茹（中国医科大学）

李发胜（大连医科大学）

李柱来（福建医科大学）

杨小钢（武汉大学）

杨若林（上海交通大学）

何　炜（空军军医大学）

余　瑜（重庆医科大学）

张静夏（中山大学）

陆　阳（上海交通大学）

罗美明（四川大学）

聂长明（南华大学）

顾生玖（桂林医学院）

徐　红（贵州医科大学）

学术秘书　杨若林（兼）

融合教材阅读使用说明

融合教材介绍：本套教材以融合教材形式出版，即融合纸书内容与数字服务的教材，每本教材均配有特色的数字内容，读者阅读纸书的同时可以通过扫描书中二维码阅读线上数字内容。

《有机化学》(第9版)融合教材配有以下数字资源：

🅷 教学课件　🅷 拓展阅读　🅷 动画　🅷 图片　🅷 自测试卷　🅷 英文名词读音

❶ 扫描教材封底圆形图标中的二维码，打开激活平台。

❷ 注册或使用已有人卫账号登录，输入刮开的激活码。

❸ 下载"人卫图书增值"APP，也可登录 zengzhi.ipmph.com 浏览。

❹ 使用 APP "扫码"功能，扫描教材中二维码可快速查看数字内容。

配套教材(共计56种)

全套教材书目

全套教材书目

《有机化学》(第9版)配套教材
《有机化学学习指导与习题集》(第2版)　主编：陆　阳
《有机化学实验》(第2版)　主编：李柱来

读者信息反馈方式

欢迎登录"人卫 e 教"平台官网"medu.pmph.com"，在首页注册登录后，即可通过输入书名、书号或主编姓名等关键字，查询我社已出版教材，并可对该教材进行读者反馈、图书纠错、撰写书评以及分享资源等。

　　党的十九大报告明确提出，实施健康中国战略。没有合格医疗人才，就没有全民健康。推进健康中国建设要把培养好医药卫生人才作为重要基础工程。我们必须以习近平新时代中国特色社会主义思想为指引，按照十九大报告要求，把教育事业放在优先发展的位置，加快实现教育现代化，办好人民满意的医学教育，培养大批优秀的医药卫生人才。

　　着眼于面向2030年医学教育改革与健康中国建设，2017年7月，教育部、国家卫生和计划生育委员会、国家中医药管理局联合召开了全国医学教育改革发展工作会议。之后，国务院办公厅颁布了《国务院办公厅关于深化医教协同进一步推进医学教育改革与发展的意见》（国办发〔2017〕63号）。这次改革聚焦健康中国战略，突出问题导向，系统谋划发展，医教协同推进，以"服务需求、提高质量"为核心，确定了"两更加、一基本"的改革目标，即：到2030年，具有中国特色的标准化、规范化医学人才培养体系更加健全，医学教育改革与发展的政策环境更加完善，医学人才队伍基本满足健康中国建设需要，绘就了今后一个时期医学教育改革发展的宏伟蓝图，作出了具有全局性、战略性、引领性的重大改革部署。

　　教材是学校教育教学的基本依据，是解决培养什么样的人、如何培养人以及为谁培养人这一根本问题的重要载体，直接关系到党的教育方针的有效落实和教育目标的全面实现。要培养高素质的优秀医药卫生人才，必须出版高质量、高水平的优秀精品教材。一直以来，教育部高度重视医学教材编制工作，要求以教材建设为抓手，大力推动医学课程和教学方法改革。

　　改革开放四十年来，具有中国特色的全国高等学校五年制本科临床医学专业规划教材经历了九轮传承、创新和发展。在教育部、国家卫生和计划生育委员会的共同推动下，以裘法祖、吴阶平、吴孟超、陈灏珠等院士为代表的我国几代著名院士、专家、医学家、教育家，以高度的责任感和敬业精神参与了本套教材的创建和每一轮教材的修订工作。教材从无到有、从少到多、从多到精，不断丰富、完善与创新，逐步形成了课程门类齐全、学科系统优化、内容衔接合理、结构体系科学的立体化优秀精品教材格局，创建了中国特色医学教育教材建设模式，推动了我国高等医学本科教育的改革和发展，走出了一条适合中国医学教育和卫生健康事业发展实际的中国特色医药学教材建设发展道路。

　　在深化医教协同、进一步推进医学教育改革与发展的时代要求与背景下，我们启动了第九轮全国高等学校五年制本科临床医学专业规划教材的修订工作。教材修订过程中，坚持以习近平新时代中国特色社会主义思想为指引，贯彻党的十九大精神，落实"优先发展教育事业""实施健康中国战略"及"落实立德树人根本任务，发展素质教育"的战略部署要求，更加突出医德教育与人文素质教育，将医德教育贯穿于医学教育全过程，同时强调"多临床、早临床、反复临床"的理念，强化临床实践教学，着力培养医德高尚、医术精湛的临床医生。

　　我们高兴地看到，这套教材在编写宗旨上，不忘医学教育人才培养的初心，坚持质量第一、立德树人；在编写内容上，牢牢把握医学教育改革发展新形势和新要求，坚持与时俱进、力求创新；在编写形式上，聚力"互联网＋"医学教育的数字化创新发展，充分运用AR、VR、人工智能等新技术，在传统纸质教材的基础上融合实操性更强的数字内容，推动传统课堂教学迈向数字教学与移动学习的新时代。为进一步加强医学生临床实践能力培养，整套教材还配有相应的实践指导教材，内容丰富，图文并茂，具有较强的科学性和实践指导价值。

　　我们希望，这套教材的修订出版，能够进一步启发和指导高校不断深化医学教育改革，推进医教协同，为培养高质量医学人才、服务人民群众健康乃至推动健康中国建设作出积极贡献。

2018年2月

全国高等学校五年制本科临床医学专业
第九轮　规划教材修订说明

　　全国高等学校五年制本科临床医学专业国家卫生健康委员会规划教材自1978年第一轮出版至今已有40年的历史。几十年来，在教育部、国家卫生健康委员会的领导和支持下，以裘法祖、吴阶平、吴孟超、陈灏珠等院士为代表的我国几代德高望重、有丰富的临床和教学经验、有高度责任感和敬业精神的国内外著名院士、专家、医学家、教育家参与了本套教材的创建和每一轮教材的修订工作，使我国的五年制本科临床医学教材从无到有，从少到多，从多到精，不断丰富、完善与创新，形成了课程门类齐全、学科系统优化、内容衔接合理、结构体系科学的由规划教材、配套教材、网络增值服务、数字出版等组成的立体化教材格局。这套教材为我国千百万医学生的培养和成才提供了根本保障，为我国培养了一代又一代高水平、高素质的合格医学人才，为推动我国医疗卫生事业的改革和发展做出了历史性巨大贡献，并通过教材的创新建设和高质量发展，推动了我国高等医学本科教育的改革和发展，促进了我国医药学相关学科或领域的教材建设和教育发展，走出了一条适合中国医药学教育和卫生事业发展实际的具有中国特色医药学教材建设和发展的道路，创建了中国特色医药学教育教材建设模式。老一辈医学教育家和科学家们亲切地称这套教材是中国医学教育的"干细胞"教材。

　　本套第九轮教材修订启动之时，正是我国进一步深化医教协同之际，更是我国医疗卫生体制改革和医学教育改革全方位深入推进之时。在全国医学教育改革发展工作会议上，李克强总理亲自批示"人才是卫生与健康事业的第一资源，医教协同推进医学教育改革发展，对于加强医学人才队伍建设、更好保障人民群众健康具有重要意义"，并着重强调，要办好人民满意的医学教育，加大改革创新力度，奋力推动建设健康中国。

　　教材建设是事关未来的战略工程、基础工程，教材体现国家意志。人民卫生出版社紧紧抓住医学教育综合改革的历史发展机遇期，以全国高等学校五年制本科临床医学专业第九轮规划教材全面启动为契机，以规划教材创新建设，全面推进国家级规划教材建设工作，服务于医改和教改。第九轮教材的修订原则，是积极贯彻落实国务院办公厅关于深化医教协同、进一步推进医学教育改革与发展的意见，努力优化人才培养结构，坚持以需求为导向，构建发展以"5+3"模式为主体的临床医学人才培养体系；强化临床实践教学，切实落实好"早临床、多临床、反复临床"的要求，提高医学生的临床实践能力。

　　在全国医学教育综合改革精神鼓舞下和老一辈医学家奉献精神的感召下，全国一大批临床教学、科研、医疗一线的中青年专家、学者、教授继承和发扬了老一辈的优秀传统，以严谨治学的科学态度和无私奉献的敬业精神，积极参与第九轮教材的修订和建设工作，紧密结合五年制临床医学专业培养目标、高等医学教育教学改革的需要和医药卫生行业人才的需求，借鉴国内外医学教育教学的经验和成果，不断创新编写思路和编写模式，不断完善表达形式和内容，不断提升编写水平和质量，已逐渐将每一部教材打造成了学科精品教材，使第九轮全套教材更加成熟、完善和科学，从而构建了适合以"5+3"为主体的医学教育综合改革需要、满足卓越临床医师培养需求的教材体系和优化、系统、科学、经典的五年制本科临床医学专业课程体系。

其修订和编写特点如下：

1．教材编写修订工作是在国家卫生健康委员会、教育部的领导和支持下，由全国高等医药教材建设研究学组规划，临床医学专业教材评审委员会审定，院士专家把关，全国各医学院校知名专家教授编写，人民卫生出版社高质量出版。

2．教材编写修订工作是根据教育部培养目标、国家卫生健康委员会行业要求、社会用人需求，在全国进行科学调研的基础上，借鉴国内外医学人才培养模式和教材建设经验，充分研究论证本专业人才素质要求、学科体系构成、课程体系设计和教材体系规划后，科学进行的。

3．在教材修订工作中，进一步贯彻党的十九大精神，将"落实立德树人根本任务，发展素质教育"的战略部署要求，贯穿教材编写全过程。全套教材在专业内容中渗透医学人文的温度与情怀，通过案例与病例融合基础与临床相关知识，通过总结和汲取前八轮教材的编写经验与成果，充分体现教材的科学性、权威性、代表性和适用性。

4．教材编写修订工作着力进行课程体系的优化改革和教材体系的建设创新——科学整合课程、淡化学科意识、实现整体优化、注重系统科学、保证点面结合。继续坚持"三基、五性、三特定"的教材编写原则，以确保教材质量。

5．为配合教学改革的需要，减轻学生负担，精炼文字压缩字数，注重提高内容质量。根据学科需要，继续沿用大 16 开国际开本、双色或彩色印刷，充分拓展侧边留白的笔记和展示功能，提升学生阅读的体验性与学习的便利性。

6．为满足教学资源的多样化，实现教材系列化、立体化建设，进一步丰富了理论教材中的数字资源内容与类型，创新在教材移动端融入 AR、VR、人工智能等新技术，为课堂学习带来身临其境的感受；每种教材均配有 2 套模拟试卷，线上实时答题与判卷，帮助学生复习和巩固重点知识。同时，根据实际需求进一步优化了实验指导与习题集类配套教材的品种，方便老师教学和学生自主学习。

第九轮教材共有 53 种，均为**国家卫生健康委员会"十三五"规划教材**。全套教材将于 2018 年 6 月出版发行，数字内容也将同步上线。教育部副部长林蕙青同志亲自为本套教材撰写序言，并对通过修订教材启发和指导高校不断深化医学教育改革、进一步推进医教协同，为培养高质量医学人才、服务人民群众健康乃至推动健康中国建设寄予厚望。希望全国广大院校在使用过程中能够多提供宝贵意见，反馈使用信息，以逐步修改和完善教材内容，提高教材质量，为第十轮教材的修订工作建言献策。

全国高等学校五年制本科临床医学专业第九轮规划教材
教材目录

序号	书名	版次	主编			副主编			
1.	医用高等数学	第7版	秦 侠	吕 丹		李 林	王桂杰	刘春扬	
2.	医学物理学	第9版	王 磊	冀 敏		李晓春	吴 杰		
3.	基础化学	第9版	李雪华	陈朝军		尚京川	刘 君	籍雪平	
4.	有机化学	第9版	陆 阳			罗美明	李柱来	李发胜	
5.	医学生物学	第9版	傅松滨			杨保胜	邱广蓉		
6.	系统解剖学	第9版	丁文龙	刘学政		孙晋浩	李洪鹏	欧阳宏伟	阿地力江·伊明
7.	局部解剖学	第9版	崔慧先	李瑞锡		张绍祥	钱亦华	张雅芳	张卫光
8.	组织学与胚胎学	第9版	李继承	曾园山		周 莉	周国民	邵淑娟	
9.	生物化学与分子生物学	第9版	周春燕	药立波		方定志	汤其群	高国全	吕社民
10.	生理学	第9版	王庭槐			罗自强	沈霖霖	管又飞	武宇明
11.	医学微生物学	第9版	李 凡	徐志凯		黄 敏	郭晓奎	彭宜红	
12.	人体寄生虫学	第9版	诸欣平	苏 川		吴忠道	李朝品	刘文琪	程彦斌
13.	医学免疫学	第7版	曹雪涛			姚 智	熊思东	司传平	于益芝
14.	病理学	第9版	步 宏	李一雷		来茂德	王娅兰	王国平	陶仪声
15.	病理生理学	第9版	王建枝	钱睿哲		吴立玲	孙连坤	李文斌	姜志胜
16.	药理学	第9版	杨宝峰	陈建国		臧伟进	魏敏杰		
17.	医学心理学	第7版	姚树桥	杨艳杰		潘 芳	汤艳清	张 宁	
18.	法医学	第7版	王保捷	侯一平		丛 斌	沈忆文	陈 腾	
19.	诊断学	第9版	万学红	卢雪峰		刘成玉	胡申江	杨 炯	周汉建
20.	医学影像学	第8版	徐 克	龚启勇	韩 萍	于春水	王 滨	文 戈	高剑波	王绍武
21.	内科学	第9版	葛均波	徐永健	王 辰	唐承薇	肖海鹏	王建安	曾小峰
22.	外科学	第9版	陈孝平	汪建平	赵继宗	秦新裕	刘玉村	张英泽	李宗芳
23.	妇产科学	第9版	谢 幸	孔北华	段 涛	林仲秋	狄 文	马 丁	曹云霞	漆洪波
24.	儿科学	第9版	王卫平	孙 锟	常立文	申昆玲	李 秋	杜立中	母得志
25.	神经病学	第8版	贾建平	陈生弟		崔丽英	王 伟	谢 鹏	罗本燕	楚 兰
26.	精神病学	第8版	郝 伟	陆 林		李 涛	刘金同	赵旭东	王高华
27.	传染病学	第9版	李兰娟	任 红		高志良	宁 琴	李用国	

序号	书名	版次	主编	副主编				
28.	眼科学	第9版	杨培增 范先群	孙兴怀	刘奕志	赵桂秋	原慧萍	
29.	耳鼻咽喉头颈外科学	第9版	孙 虹 张 罗	迟放鲁	刘 争	刘世喜	文卫平	
30.	口腔科学	第9版	张志愿	周学东	郭传瑸	程 斌		
31.	皮肤性病学	第9版	张学军 郑 捷	陆洪光	高兴华	何 黎	崔 勇	
32.	核医学	第9版	王荣福 安 锐	李亚明	李 林	田 梅	石洪成	
33.	流行病学	第9版	沈洪兵 齐秀英	叶冬青	许能锋	赵亚双		
34.	卫生学	第9版	朱启星	牛 侨	吴小南	张正东	姚应水	
35.	预防医学	第7版	傅 华	段广才	黄国伟	王培玉	洪 峰	
36.	中医学	第9版	陈金水	范 恒	徐 巍	金 红	李 锋	
37.	医学计算机应用	第6版	袁同山 阳小华	卜宪庚	张筠莉	时松和	娄 岩	
38.	体育	第6版	裴海泓	程 鹏	孙 晓			
39.	医学细胞生物学	第6版	陈誉华 陈志南	刘 佳	范礼斌	朱海英		
40.	医学遗传学	第7版	左 伋	顾鸣敏	张咸宁	韩 骅		
41.	临床药理学	第6版	李 俊	刘克辛	袁 洪	杜智敏	闫素英	
42.	医学统计学	第7版	李 康 贺 佳	杨土保	马 骏	王 彤		
43.	医学伦理学	第5版	王明旭 赵明杰	边 林	曹永福			
44.	临床流行病学与循证医学	第5版	刘续宝 孙业桓	时景璞	王小钦	徐佩茹		
45.	康复医学	第6版	黄晓琳 燕铁斌	王宁华	岳寿伟	吴 毅	敖丽娟	
46.	医学文献检索与论文写作	第5版	郭继军	马 路	张 帆	胡德华	韩玲革	
47.	卫生法	第5版	汪建荣	田 侃	王安富			
48.	医学导论	第5版	马建辉 闻德亮	曹德品	董 健	郭永松		
49.	全科医学概论	第5版	于晓松 路孝琴	胡传来	江孙芳	王永晨	王 敏	
50.	麻醉学	第4版	李文志 姚尚龙	郭曲练	邓小明	喻 田		
51.	急诊与灾难医学	第3版	沈 洪 刘中民	周荣斌	于凯江	何 庆		
52.	医患沟通	第2版	王锦帆 尹 梅	唐宏宇	陈卫昌	康德智	张瑞宏	
53.	肿瘤学概论	第2版	赫 捷	张清媛	李 薇	周云峰	王伟林	刘云鹏 赵新汉

陆 阳

　　男，1955年6月生于上海市。曾任上海交通大学教授(二级)，博士生导师。获国务院政府特殊津贴。

　　承担医学化学等课程的本科教学30余年；自1996年起以副主编、主编身份承担临床医学专业用国家级规划教材《有机化学》(5~9版)的编写。开展天然及合成活性成分的化学生物学及新药研究，负责国家自然科学基金等各类科研项目20余项，在国内外杂志发表近200篇论文。近年来获教育部科技进步一等奖、自然科学二等奖，获上海市科学技术一等奖等。

罗美明

男，1964年6月生于四川省南充市。现任四川大学教授，博士生导师，《化学研究与应用》常务编委。

从事教学工作至今22年。参与多本本科国家级规划教材和研究生教材的编写。参加临床医学专业用国家级规划教材《有机化学》(7~9版)的编写。承担国家自然科学基金等各类科研项目十多项。获教育部科技进步二等奖一项、四川省科技进步三等奖一项。获授权中国发明专利十项。在 J. Am. Chem. Soc. 等国内外著名期刊发表论文80多篇。

李发胜

男，1967年9月生于山西侯马。现任大连医科大学教授，博士生导师。医学化学教研室主任兼党支部书记；任辽宁省普通高等学校医学技术类专业教学指导委员会委员兼秘书长。国家自然基金评审专家。

从事教学工作至今29年。主要从事临床化学、生物医学材料的研究。近年来主持国家自然基金等各类科研项目6项，教学改革项目3项。在国内外学术期刊发表研究论文60余篇。参加专利多项。获辽宁省科技进步奖三等奖1项。主编规划教材1部，副主编规划教材6部，参编规划教材和专著10余部。

李柱来

　　男，1960年11月生于福建福州，现为福建医科大学教授，硕士生导师。福建医科大学学术委员会委员，药学院教授委员会主任，药物化学系主任；中国药学会高级会员，福建省药学会理事，福建省药学会药物化学分会主任。

　　从事教学工作至今35年。主要从事酪氨酸激酶抑制剂的设计、合成、抗肿瘤生物活性与反应机制研究。近年来主持完成福建省自然科学基金等多项课题。在国内外学术期刊上发表研究论文50余篇，其中被SCI收录20余篇，发表有关医用有机化学教学论文多篇。获得福建医科大学高等教育教学成果奖；主编、参编国家级规划教材20部。

　　根据2017年7月人民卫生出版社在北京召开的全国高等学校五年制临床医学专业第九轮规划教材主编人会议精神,《有机化学》第9版的修订原则确定为:通过对我国医学教育"干细胞"教材的传承和创新工作来全面贯彻落实临床医学教育综合改革方案,通过全面修订提升第九轮规划教材质量,进一步适应我国医学教育改革、医疗卫生体制改革要求,进一步推动临床医学教育综合改革,进一步更好地服务教学、指导教学、规范教学,为临床医学本科教育的改革和发展、培养高素质的医疗卫生人才和推动医药卫生事业发展服务。

　　《有机化学》第9版的编写要点为:坚持"三基、五性、三坚持"的原则;教材内容的深度和广度严格控制在临床医学专业五年制教学要求的范围内,使其更适合"5+3"培养体系的实施;根据医学专业的要求,充实更新与本课程相关的化学和生命科学领域重要进展;按更适合一年级大学生的理解能力和思维方式的目标选择和调整教材内容的表述方式;提升教材内容、文字表达的水平,提高可读性。本轮教材修订要点如下:

　　1.《有机化学》第9版在《有机化学》第8版的基础上修订,第9版继续强调教学内容的系统性。全书按"有机化学总论","有机化学各论"和"重要的生物有机化合物"三篇组织相关章节的内容,其中"有机化学总论"系统表述重要的有机化学基本理论、基本方法等,各学校可根据本校教学需要,将其部分内容的教学穿插至"有机化学各论"有关章节的教学过程中。《有机化学》第9版在教材的总体格局上与第8版基本相同。为了更便于实施教学,第9版教材的第二章(立体化学)调整了部分节的排列顺序。

　　2.与《有机化学》第9版内容相匹配的《有机化学学习指导和习题集》第2版同步编写。

　　3.《有机化学》第9版的一项重大创新是该教材将以纸质教材为基本载体,通过教材中二维码连接线上数字内容的融合教材形式出版。第9版各章正文中习题和章末习题统一编号,将通过融合教材的数字内容提供参考答案。

　　中国化学会《有机化学命名原则》(2017)作为《有机化学命名原则》(1980)的增补修订本已出版,并可在中国化学会网站在线阅读(http://www.chemsoc.org.cn/book/yjhhwmm/)。虽然新版《有机化学命名原则》修订了部分化合物中文系统命名的原则,考虑到该新命名原则尚待推广,本书暂未调整有机化合物的命名。相关内容的教学可参阅《有机化学命名原则》(2017)。

　　本书在编写过程中得到了各位编委所在院校,特别是大连医科大学检验学院、贵阳医科大学和上海交通大学医学院等单位的大力支持,在此一并表示衷心的感谢!

　　由于我们水平有限,本书难免有不妥之处,敬请同行专家和广大师生及其他读者批评指正。

主编　陆　阳

2018年5月

目　录

第一篇　有机化学总论

第三章　有机化合物的结构鉴定　　25

第二篇　有机化学各论

第三篇　重要的生物有机化合物

附　录

第一篇
有机化学总论

第一章　绪　论

第一节　有机化合物和有机化学

有机化合物（organic compound）是含碳元素的化合物，其种类数目庞大，与人类的生产生活关系密切。有机化合物中含碳元素和氢元素，有的还有氮、氧、硫和卤素等元素。许多生命物质都是有机化合物。19 世纪以前，人类获得的物质或来源于无生命的矿物质或来源于有生命的动植物体，因而根据来源将物质分为无机物和有机物。当时人们认为有机化合物只有依靠在动植物体内存在的"生命力"才能生成。1828 年，德国化学家维勒（Friedrich Wöhler）在实验室里将无机化合物氰酸铵转化为有机化合物——哺乳动物蛋白质的代谢产物之一尿素，这一结果动摇了当时占统治地位的"生命力"论的根基。此后，越来越多的有机化合物不断地在实验室中合成出来。今天，有机化合物指含碳的化合物（CO、CO_2、碳酸以及碳酸盐等性质与无机化合物相同的化合物除外）；有机化学（organic chemistry）是关于有机化合物的科学，即关于有机化合物结构、性质及变化规律的科学。

$$NH_4^+CNO^- \xrightarrow{\text{加热}} H_2N\overset{\displaystyle O}{\overset{\|}{-C}}-NH_2$$

氰酸铵　　　　　　　　　　　　尿素

有机化合物构造可通过蛛网式（cobweb formula）、缩写式（condensed formula）、键线式（bond-line formula）等几种化学式表示（表 1-1）。

表 1-1　有机化合物构造的表示式

化合物	蛛网式	缩写式	键线式
正丁烷		$CH_3CH_2CH_2CH_3$	
3-甲基-1-丁烯		$CH_3CHCH=CH_2$ 　　$|$ 　　CH_3	
3-甲基-1-丁炔		$CH_3CHC{\equiv}CH$ 　　$|$ 　　CH_3	

有机分子中原子的空间排列状态可用各种模型表示，最常用的模型是棒球模型和斯陶特（Stuart）模型，其中，斯陶特模型又称比例模型。比例模型是按各种原子半径和键角以及键长比例设计的，可以精确地表示分子中各原子的立体关系。中心碳原子（或其他原子如氧和氮等）上各个价键在三维空间结构中常用锲线式表示，式中细线"—"表示该键在纸面上，锲形实线"◣"表示该键

在纸面前方,虚线"╲"或"╲"表示该键在纸面后方。甲烷立体结构的棒球模型、比例模型以及其锲线式如图1-1所示。

| 棒球模型 | 比例模型 | 锲线式 |

图1-1 甲烷分子的模型和锲线式

有机化学学科形成初期,纯有机化合物主要从动、植物体中分离获得。19世纪中叶起,随着有机化学的发展,以煤焦油、乙炔、石油和天然气等为主要原料的有机合成逐渐形成,人类可以制备各种有机化合物。这一阶段,建立了反应机制、立体化学等有机化学理论。从20世纪初起,有机化学研究聚焦结构复杂的天然活性物质(包括生物大分子)的结构分析及合成。近一个多世纪,有机化学得到长足的发展,从1901年到2017年,颁发的诺贝尔化学奖中涉及有机化学的有47项。

有机化学是支撑生命科学的基础学科,也是医学教育的一门重要基础课。人体的组成成分除了水分子和无机化合物外,几乎都是有机分子;机体的代谢过程同样遵循有机化学反应的规律。掌握有机化合物的基础知识以及结构与性质的关系,有助于认识蛋白质、核酸和糖等生物分子的结构和功能,可为探索生命的本质奠定基础。学习有机化学除了掌握本学科的相关知识外,更重要的是学习了解有机化学家分析思考问题的方法及解决问题的手段。

第二节 共 价 键

碳原子为四价,其电子排布为$1s^2 2s^2 2p^2$。碳原子通过其4个外层电子即价电子与其他原子的价电子共享电子对,生成具有稀有气体外层电子构型的稳定分子。碳原子能够与其他碳原子通过单键、双键或三键相互结合形成各种链状或环状结构,碳原子还能与氢、氧、硫、氮、磷、卤素等许多其他元素的原子通过化学键相结合。构成有机分子最主要的化学键是共价键。

一、Lewis 共价键理论

1916年化学家 G. N. Lewis 提出了经典共价键理论:同种元素或电负性相近元素的原子之间可以通过共用电子对形成分子,通过共用电子对形成的化学键称为共价键(covalent bond)。分子中,每个原子均应具有稳定的稀有气体原子的8电子外层电子构型(He为2电子)的规律习惯上称为八隅律(octet rule)。例如:

| 甲烷 | 乙烯 | 乙炔 |

由上可见,甲烷分子中,碳原子与4个氢原子共享4对电子;乙烯分子中,2个碳原子之间共享2对电子,每个碳原子又分别与2个氢原子共享2对电子;乙炔分子中2个碳原子之间共享3对电子,每个碳原子又分别与1个氢原子共享1对电子。甲烷、乙烯和乙炔分子中的碳原子和氢原子均形成了稀有气体外电子层构型(碳的外电子层含8个电子,氢的外电子层含2个电子),符合

八隅律。

这种用电子对表示共价键结构的化学式称为 Lewis 结构式,其简化式的表示方式为:标出或省略分子中的孤对电子(未共享电子对),成键电子对(共价键)用短直线表示(或省略短直线)。水分子、甲醇分子和硝酸分子的 Lewis 简化式为:

$$水分子 \quad H-\ddot{\underset{\cdot\cdot}{O}}-H \quad 或 \quad H_2\ddot{O}: \qquad 甲醇分子 \quad H-\underset{\underset{H}{|}}{\overset{\overset{H}{|}}{C}}-\ddot{\underset{\cdot\cdot}{O}}-H \quad 或 \quad CH_3\ddot{O}H$$

$$硝酸分子 \quad H-\ddot{\underset{\cdot\cdot}{O}}-\overset{\overset{\ddot{O}}{\|}}{N}{\underset{:\ddot{O}:}{}}$$

二、现代共价键理论

现代共价键理论的基本要点是:当两个原子互相接近到一定距离时,两个自旋方向相反的单电子相互配对,形成了密集于两核之间的电子云。该电子云一方面通过降低两原子核间正电荷的排斥力使体系能量降低,另一方面通过分别吸引两原子核形成稳定的共价键。每个原子所能形成共价键的数目取决于该原子中单电子的数目,即一个原子含有几个单电子,就能与其他原子的几个自旋方向相反的单电子形成共价键,该性质是共价键的饱和性;形成共价键的原子轨道重叠程度越大,核间电子云越密集,形成的共价键就越稳定。因此,原子总是尽可能地沿着原子轨道最大重叠方向形成共价键,该性质决定了共价键的方向性。共价键的方向性使构成共价分子的各原子具有一定的空间构型,例如:甲烷分子的 4 个氢原子构成的空间结构为正四面体型。

三、碳的杂化轨道

1931 年,化学家鲍林(L. C. Pauling)提出了杂化轨道理论:在形成分子时,形成分子的各原子相互影响,使得同一个原子内不同类型能量相近的原子轨道重新组合,形成数量相同但能量、形状和空间方向与原来轨道不同的新原子轨道。这种原子轨道重新组合的过程称为杂化,所形成的新原子轨道称为杂化轨道(hybrid orbital)。有机化合物中,碳原子有 sp^3、sp^2 和 sp 三种杂化轨道。

(一)sp^3 杂化轨道

基态碳原子外层的电子构型为 $2s^2 2p_x^1 2p_y^1 2p_z^0$,即球形的 $2s$ 轨道有两个电子,相互垂直的哑铃形的 $2p_x$ 和 $2p_y$ 轨道各有一个电子,$2p_z$ 轨道是空的(图 1-2)。依据鲍林的杂化轨道理论,碳原子与氢原子成键时,在氢原子的影响下,碳的 $2s$ 轨道中的一个电子被激发到原来空的 $2p_z$ 轨道,形成碳原子的激发态。此时,一个 $2s$ 轨道和三个 $2p$ 轨道各有一个电子,这 4 个轨道发生杂化,形成 4 个相同的 sp^3 杂化轨道。sp^3 杂化轨道类似葫芦,一头大一头小。sp^3 杂化碳的结构为正四面体型(图 1-3),碳原子核位于正四面体的中心,四个 sp^3 杂化轨道环绕在碳原子核的周围,指向正四面体的四个顶点,相邻两个杂化轨道间的夹角均为 $109°28'$。碳的 sp^3 杂化过程见图 1-4。

图 1-2 基态碳原子的外层电子构型　　　　　图 1-3 sp^3 杂化碳的构型

图1-4　碳的sp^3杂化过程

当一个碳原子与其他四个原子直接键合，该碳原子是饱和碳原子，为sp^3杂化。例如，下列三个化合物分子中的碳原子均为sp^3杂化。

$$CH_4 \quad CH_3CH_2CH_3 \quad CHCl_3$$
甲烷　　　丙烷　　　氯仿

（二）sp^2杂化轨道

碳原子形成双键的过程中，基态碳原子$2s$轨道中的一个电子被激发到空的$2p_z$轨道，碳原子转变为激发态；激发态碳原子$2s$轨道（含一个单电子）与两个$2p$轨道相互杂化，形成三个相同的sp^2杂化轨道，碳原子还剩一个未参与杂化的p轨道。sp^2杂化轨道的形状也类似葫芦，一头大一头小，但比sp^3杂化轨道略短。此杂化过程见图1-5。sp^2杂化碳原子的三个sp^2杂化轨道处于同一平面，其夹角为120°，余下的一个未参与杂化的p轨道垂直于三个sp^2杂化轨道所在的平面（图1-6）。

图1-5　碳的sp^2杂化过程

双键碳原子一般为sp^2杂化。下列三个化合物中的双键碳原子均为sp^2杂化。

$$CH_3CH{=}CH_2 \quad CH_3CH{=}CHCH_2CH{=}CH_2 \quad H_2C{=}O$$

（三）sp杂化轨道

碳原子形成碳碳三键的过程中，基态碳原子的$2s$轨道中的一个电子被激发到空的$2p_z$轨道，碳原子形成激发态，激发态$2s$轨道与一个$2p$轨道杂化，形成两个相同的sp杂化轨道，碳原子还剩余两个互相垂直的p轨道（图1-7）。sp杂化轨道形状也类似葫芦，但比sp^2杂化轨道稍短。sp杂化碳原子的两个sp杂化轨道呈直线形，夹角为180°。碳原子余下的两个互相垂直的p轨道，均垂直于sp杂化轨道（图1-8）。

图1-6　sp^2杂化碳的构型

图1-7　碳的sp杂化过程

三键碳为 sp 杂化，与两个双键直接相连的碳也是 sp 杂化。下列三个化合物中，标有蓝色的碳原子为 sp 杂化。

$$CH_3C{\equiv}CH \quad CH_3C{\equiv}N \quad H_2C{=}C{=}CH_2$$

图 1-8　sp 杂化碳的构型

四、共价键的属性

共价键的键长、键角、键能和键的极性等属性是描述有机化合物结构和性质的基础。

键长是指成键两个原子核间距离，键长单位为 pm（$1pm=10^{-12}m$）。共价键的键长主要取决于两个原子的成键类型，而受邻近原子或基团的影响较小。碳碳双键比碳碳单键的键长短，而比碳碳三键的键长长。应用 X- 射线衍射等物理方法，可以测定键长。

键长 (pm)	154	134	120

> 1-1　基于碳原子的杂化类型，试比较乙烷、乙烯和乙炔三者碳氢键的键长。

分子中一个原子分别与另外两个原子形成的共价键之间的夹角称为键角。在有机分子中，饱和碳原子四个键的键角分别等于或接近 $109°28'$。受外力作用，某些键角改变过大会影响分子的稳定性（见第四章，环丙烷的性质）。

离解能是裂解分子中某一个共价键时所需的能量，键能是指分子中同种类型共价键离解能的平均值。以共价键结合的双原子分子的键能等于其离解能，但多原子分子键能不同于其离解能。例如，甲烷有四个碳氢键，其先后裂解所需的离解能各不相同，其键能就是四个碳氢键离解能的平均值（$415.3kJ{\cdot}mol^{-1}$）。通过键能可判断键的稳定性，键能越大，键越稳定。

相同原子形成的共价键为非极性共价键，成键电子云均等地分配在两个原子之间；电负性不同的原子形成的共价键为极性共价键，成键电子云靠近电负性较大的原子，使其带部分负电荷（以 δ^- 表示）；电负性较小的原子带部分正电荷（以 δ^+ 表示）。例如，氯甲烷分子中的碳氯键（$H_3C^{\delta+}{-}Cl^{\delta-}$）为极性共价键，其成键电子云靠近电负性较大的氯原子。

键的极性大小取决于成键两个原子的电负性差异。一般，电负性差值等于或大于 1.7 的元素间形成离子键；电负性差值小于 0.7 的元素间形成非极性共价键，电负性差值在 0.7～1.7 的两种元素间形成的共价键为极性共价键。有机化合物中，H 的电负性相对值为 2.20，其他几种常见元素的电负性数据如图 1-9 所示。

图 1-9　几种常见元素的电负性

第三节　分子的极性和分子间的作用力

一、分子的极性

分子的极性取决于该分子正、负电荷中心的相对位置；非极性分子正、负电荷中心重合，极性分子两者不重合。分子的极性通常用电偶极矩表示。极性分子的电偶极矩（μ）等于正电荷或负电荷中心的电荷值（q）乘以正负电荷中心之间的距离（d），μ 的单位为 Debye（缩写为 D），$1D=3.336×10^{-30}C{\cdot}m$

（库仑·米）。非极性分子 $\mu=0$，极性分子的 μ 值一般在 $1\sim3D$（表1-2）。

表1-2 一些分子的电偶极矩（D）

化合物	μ（D）	化合物	μ（D）	化合物	μ（D）
H_2	0	HF	1.91	$CHCl_3$	1.02
Cl_2	0	H_2O	1.85	CCl_4	0
HI	0.42	NH_3	1.47	CO_2	0
HBr	0.80	CH_3Cl	1.87	$HC\equiv CH$	0
HCl	1.08	CH_2Cl_2	1.55	BF_3	0

双原子分子键的极性就是分子的极性。含两个以上原子的分子的极性与各个键的极性以及键的方向和分子的形状相关。有些分子具有极性键，却是非极性分子。例如，二氧化碳有两个极性的 $C=O$ 键，由于它是线性对称的分子，键的极性相互抵消，所以二氧化碳为非极性分子；四氯化碳的碳氯键是极性键，由于四氯化碳是对称的正四面体结构，键的极性相互抵消，分子也是非极性的；而在一氯甲烷中，碳氯键的极性决定了其分子的极性。

O⇌C⇌O　　　　　　　Cl–C(Cl)(Cl)–Cl　　　　　　Cl–C(H)(H)–H

二氧化碳　　　　　　 四氯化碳　　　　　　 一氯甲烷
（非极性分子）　　　 （非极性分子）　　　 （极性分子）

符号"⇀"表示键的偶极，箭头的指向是从部分正电荷到部分负电荷的方向。

分子的极性越大，分子间相互作用力就越大。化合物分子的极性直接影响其沸点、熔点及溶解度等物理性质和化学性质。

二、分子间的作用力

一个分子的偶极正端与另一分子的偶极负端之间的吸引力称为偶极—偶极作用力（dipole-dipole interaction）。例如：一氯甲烷分子中氯带部分负电荷（δ^-），碳带部分正电荷（δ^+），一氯甲烷分子间可通过偶极—偶极作用力相互吸引。

偶极—偶极作用力

氢键（hydrogen bond）存在于以共价键与其他原子键合的氢原子与另一个原子之间（Z-H⋯Y），通常发生氢键作用的氢原子两边的原子（Z、Y）是 O、N 等电负性较强的原子。氢键键能一般为 $5\sim30kJ\cdot mol^{-1}$。氢键在自然界中广泛存在，既存在于分子间，也存在于分子内。氢键对于稳定核酸和蛋白质的二、三和四级结构起着重要作用。

氢键

静态时，非极性分子偶极矩为零；运动过程中非极性分子产生瞬时偶极。瞬时偶极能导致非极性分子间的相互作用，尽管该作用力很弱，但它的作用广泛。瞬时偶极是维系细胞膜的磷脂非极性链之间的重要作用力。

第四节　有机化合物的分类和有机反应的类型

一、有机化合物的分类

通常有机化合物可依据分子骨架分类或依据分子所含官能团分类。

根据分子的骨架，有机化合物分为骨架非闭合的开链化合物和骨架闭合的环状化合物。环状化合物又分成碳环化合物和杂环化合物，碳环化合物骨架仅含碳原子。含有苯环的碳环化合物称为芳香族化合物，不含苯环的称为脂环化合物。杂环化合物成环的原子含有氧、硫或氮等杂原子。

有机化合物中能体现其性质的原子或基团通常称为官能团（functional group）。例如 CH_3OH（甲醇）、C_2H_5OH（乙醇）、$CH_3CH_2CH_2OH$（丙醇）等醇类化合物中都含有羟基（—OH），羟基是醇类化合物的官能团。含有相同官能团的化合物有相似的理化性质。有机化合物也可按官能团分类，此种分类方法便于认识含相同官能团的化合物的共性。本书是按官能团分类展现有机化学的基础内容。一些有机化合物常见官能团见表1-3。

表1-3　有机化合物常见官能团

化合物类型	官能团 / 名称		实例结构式 / 名称	
烯烃	>C＝C<	碳碳双键	$H_2C＝CH_2$	乙烯
炔烃	—C≡C—	碳碳三键	$HC≡CH$	乙炔
卤代烃	—X	卤素	CH_3CH_2Cl	氯乙烷
醇	—OH	羟基	CH_3OH	甲醇
醚	R—O—R	醚键	$CH_3—O—CH_3$	甲醚
醛	—CHO	醛基	$CH_3—CHO$	乙醛
酮	>C＝O	羰基	$CH_3—CO—CH_3$	丙酮
羧酸	—COOH	羧基	CH_3COOH	乙酸
胺	—NH_2	氨基	$CH_3CH_2NH_2$	乙胺

含有多个官能团的有机化合物包括：分子中含有多个相同官能团的多官能团化合物和分子中含有多个不相同官能团的混合官能团化合物。有机化合物的化学性质主要取决于其官能团。在多官能团化合物和混合官能团化合物中，每一个官能团完全保留或部分保留它们原有的理化性质，因此这些化合物可发生与含有相对应官能团的单官能团化合物相同或相似的化学反应。但是受分子中存在的其他官能团的影响，这些化合物官能团的性质有一定的改变。多官能团化合物和混合官能团化合物的官能团间的相互影响通常与它们之间的相对位置有关。

● 当两个官能团互为对方的 α 位时（例如：共轭双键、邻二醇化合物等），两个官能团原有的化学性质常发生改变。

● 当两个官能团互为对方的 β 位时，位于两个官能团之间碳原子上的氢可被活化。例如：乙酰乙酸乙酯中2位氢的酸性较强。

● 当两个官能团在分子间相距较远时，它们原有的性质不变。但官能团之间可发生分子内反应，生成环状结构（通常为五元环或六元环）。例如：内酯的生成反应。

多个官能团可以组合成很多种多官能团化合物或混合官能团化合物。

二、有机反应的类型

许多有机反应要经过形成不稳定的中间体或过渡态的中间过程才能生成产物。对反应过程的描述称为反应机制（mechanism）。有机反应机制关注的要点之一为反应中共价键的变化，有机反应涉及反应物旧键的断裂和产物新键的形成。键的断裂有均裂和异裂两种方式。

均裂是指有机反应中共价键均等分裂的过程,即成键的两个原子从共享的一对电子中各得到一个电子,分别形成带有单电子的原子或基团。均裂通常用半箭头($\curvearrowright$)表示一个电子的移动方向,均裂形成带有单电子的原子或基团称为自由基(free radical)。例如:甲烷(CH_4)的一个碳氢键均裂,形成甲基自由基 $H_3C\cdot$和氢自由基$\cdot H$。这种经过均裂生成的自由基参与的反应叫做自由基反应。一般自由基反应在光、热或过氧化物(ROOR)存在下进行。

$$H_3C\overset{\frown}{—}H \xrightarrow{\ 均裂\ } H_3C\cdot + \cdot H$$

异裂是指在有机反应中共价键非均等的断键过程,即成键的两个原子之一得到了原来共享的一对电子,异裂形成两个带相反电荷的离子。异裂使用弯箭头($\curvearrowright$)表示一对电子的移动方向。这种经共价键异裂,有正离子和负离子生成的反应,称为离子型反应。带正电荷的碳原子称为正碳离子。自由基、正碳离子均不稳定,只能在反应中瞬间存在。

$$\begin{array}{ccc} & CH_3 & & & CH_3 \\ & | & & & | \\ CH_3—\overset{}{C}—Cl & \xrightarrow{\ 异裂\ } & CH_3—\overset{+}{C} & + & Cl^- \\ & | & & | \\ & CH_3 & & CH_3 \\ & & \text{正碳离子} & & \text{负氯离子} \end{array}$$

第五节 有机酸碱概念

有机反应中应用最多的,也最重要的有机酸碱概念是酸碱质子理论和 Lewis 酸碱理论。

一、Bronsted-Lowry 酸碱理论

布朗斯特 - 劳里(Bronsted-Lowry)酸碱理论通常又称为酸碱质子理论。该理论认为,能给出质子(H^+)的物质是酸,能接受质子的物质是碱,也就是说酸是质子的给予体,碱是质子的接受体。酸和碱不局限于分子,还可以是阴,阳离子。

酸碱质子理论体现了酸与碱两者相互转化和相互依存的关系:酸给出质子后产生的酸根为原来酸的共轭碱。酸越强,其共轭碱越弱;同样,碱接受质子后形成的质子化物为原来碱的共轭酸。碱越强,其共轭酸越弱。在酸碱反应中平衡总是有利于生成较弱的酸和较弱的碱。

$$\begin{array}{ccccccc} HCl & + & H_2O & \rightleftharpoons & Cl^- & + & H_3O^+ \\ \text{酸} & & \text{碱} & & \text{共轭碱} & & \text{共轭酸} \\ & & & & \text{(较}H_2O\text{弱的碱)} & & \text{(较}HCl\text{弱的酸)} \end{array}$$

$$\begin{array}{ccccccc} H_2SO_4 & + & CH_3\ddot{O}H & \rightleftharpoons & HSO_4^- & + & CH_3\overset{+}{O}H_2 \\ \text{酸} & & \text{碱} & & \text{共轭碱} & & \text{共轭酸} \\ & & & & \text{(较}CH_3OH\text{弱的碱)} & & \text{(较}H_2SO_4\text{弱的酸)} \end{array}$$

化合物的酸性强度通常用酸在水中的解离常数 K_a 或其负对数 pK_a 表示,K_a 值越大或 pK_a 越小,酸性越强。一般 $K_a>1$ 或 $pK_a<0$ 为强酸;$K_a<10^{-4}$ 或 $pK_a>4$ 为弱酸。化合物的碱性强度可以用碱在水中的解离常数 K_b 或其负对数 pK_b 表示。K_b 越大或 pK_b 越小,碱性越强。另外,也可以用碱的共轭酸的解离常数 K_a 或其负对数 pK_a 表示。碱的共轭酸的 pK_a 值越大,碱的碱性越强。

> 1-2 HCl 与 NH_3 的中和反应生成 Cl^- 和 NH_4^+,试用酸碱理论讨论产物的类别。

二、Lewis 酸碱

能够接受电子对的物质是 Lewis 酸,能够提供电子对的物质是 Lewis 碱。也就是说,Lewis 酸是

电子对的接受体；Lewis 碱是电子对的给予体。

　　根据 Lewis 酸碱概念，缺电子的分子、原子和正离子等都属于 Lewis 酸。例如，三氟化硼（BF_3）分子中的硼原子外层只有六个电子，可以接受一对电子，因此 BF_3 是 Lewis 酸。同样，三氯化铝（$AlCl_3$）的铝原子也能接受一对电子，$AlCl_3$ 也是 Lewis 酸。通常 Lewis 碱是具有孤对电子的分子、负离子等。例如：$\ddot{N}H_3$、$R\ddot{N}H_2$（胺）、$R—\ddot{O}—R$（醚）、$R\ddot{O}H$（醇）、$R\ddot{S}H$（硫醇）、RO^-、RS^- 等都属于 Lewis 碱。三氟化硼和三氯化铝能与乙醚等 Lewis 碱发生酸碱反应。

第六节　分子轨道和共振理论要点

一、分子轨道

　　分子轨道（molecular orbital）是通过相应的原子轨道线性组合而成。有几个原子轨道相组合，就形成几个分子轨道。在组合产生的分子轨道中，能量低于原子轨道的称为成键轨道；高于原子轨道的称为反键轨道。例如，氢原子的电子是在原子轨道中，当两个氢原子通过共价键生成氢分子后，两个电子都在成键轨道，反键轨道无电子（图 1-10）。在氢分子的成键轨道中，电子密集在两核间的区域，减少了两个氢原子间的斥力，电子受两核的吸引力增加，从而降低体系的能量。在氢分子的反键轨道中，电子并不密集在两核间，而处在比在单独的原子轨道更远离核的区域，因此核间吸引力减小，排斥力增加，导致体系的能量高于两个单独原子的能量。在一般情况下，只有当分子呈激发状态时反键轨道内才有电子。

图 1-10　氢的原子轨道和分子轨道

二、共振理论

　　有些化合物不能用一个 Lewis 结构式表示。例如，硝基甲烷（CH_3NO_2）的一个 Lewis 结构式（下式）中的正负电荷表明"N"通过向一个"O"提供一对电子成键。基于该 Lewis 结构式，硝基甲烷中应有一个 NO 单键和一个 NO 双键。X-射线衍射证实硝基甲烷分子中两个氮氧键的键长度相同，都是 122pm。通常单键要比双键的键长长。显然，上述 Lewis 结构式不能体现硝基甲烷的真实结构。

$$CH_3—\overset{+}{N}\overset{\overset{\cdot\cdot}{O}}{\underset{\underset{\cdot\cdot}{\ddot{O}}}{}}$$

　　硝基甲烷的真实结构可以通过共振理论（resonance theory）描述。共振理论认为：一个分子或离子可以用两个或两个以上只是电子位置不同的 Lewis 结构式即共振式表示，共振式的群体或共振杂化体（resonance hybrid）而非任何一个共振式代表分子或离子的真实结构。例如，硝基甲烷的结构可以用下列两个共振式或共振杂化体表示。

$$\left[CH_3-\overset{+}{N}\overset{O}{\underset{O^-}{\diagdown}} \longleftrightarrow CH_3-\overset{+}{N}\overset{O^-}{\underset{O}{\diagdown}} \right] \text{ 或 } CH_3-\overset{+}{N}\overset{O^{\delta-}}{\underset{O^{\delta-}}{\diagdown}}$$

弯箭头（⌢）表示电子对的移动；双箭头"←→"是共振符号，它表示箭头两侧是具有两个结构特征的单一化合物。也就是说硝基甲烷是上述这两个共振式的共振杂化体，其中每个氧原子都带等同的负电荷（δ^-），两个氮氧键，既不是单键，也不是双键，而是介于单键与双键之间的两个完全相同的键。

同一个化合物分子或离子的不同共振式的所有原子的相对位置不变，只有电子的位置改变。

1-3 醋酸根的一个 Lewis 结构式如下，请分别用共振式和共振杂化体两种形式写出醋酸根的真实结构。

$$CH_3-C\overset{O}{\underset{O^-}{\diagdown}}$$

习 题

1-4 分别写出下列化合物的简化 Lewis 结构式。

(1) CH_3CH_2OH (2) $CH_3CH_2OCH_2CH_3$

(3) CH_3COOH (4) CH_3CN

1-5 指出下列化合物中标有字母的碳原子的杂化类型。

(1) $HC\overset{a}{\equiv}C\overset{b}{C}H_2CH_2CH_2C\overset{c}{H}=CH_2$ (2) $CH_3\overset{d}{C}\equiv N$

(3) $CH_3CH=\overset{e}{C}=CHCH_3$

1-6 将下列化合物中标有字母的碳碳键，按照键长增长排列其顺序。

(1) $CH_3\overset{a}{-}\overset{b}{C}\equiv CH$ (2) $CH_3\overset{c}{-}\overset{d}{C}H=CH_2$ (3) $CH_3\overset{e}{-}CH_2-CH_3$

1-7 写出下列化合物的共轭碱。

(1) CH_3CH_2OH (2) HCl (3) CH_3COOH (4) CH_3CH_2SH

1-8 下列化合物或离子哪些是 Lewis 酸？哪些是 Lewis 碱？

a. H^+ b. NH_3 c. BF_3

d. $AlCl_3$ e. $C_2H_5O^-$ f. $CH_3CH_2OCH_2CH_3$

1-9 判断以下分子的极性；试按极性强弱排列极性分子。

a. CO_2 b. CH_4 c. CH_3Cl d. CH_2Cl_2

e. $CHCl_3$ f. CBr_4 g. BH_3 h. H_2

1-10 大气层中的臭氧（O_3）能吸收高能量紫外线，它是人类免受紫外辐射的保护屏障。以下为臭氧分子的一个可能的共振式。试以共振式群体写出代表臭氧分子的真实结构。

$$\ddot{\overset{..}{O}}-\overset{..}{O}=O$$

（陆 阳）

第二章 立体化学

立体化学（stereochemistry）是研究有机分子的立体结构、反应的立体选择性及其相关规律和应用的科学，是现代有机化学的一个重要分支。

有机分子具有三维立体结构，有机化合物的许多性质与它们的三维结构密切相关，所以立体化学的观念是研究有机分子结构和性质的重要基础。

有机分子具有相同分子式而具有不同结构式的现象叫做同分异构。同分异构包括构造异构（也称结构异构）和立体异构两种异构现象。构造异构是分子中原子或官能团的连接顺序或连接方式不同而产生的异构现象，碳链异构、位置异构、官能团异构和互变异构等异构现象均属于构造异构。立体异构是指分子中原子或官能团的连接顺序或连接方式相同，但由于它们在空间的排列方式不同而产生的异构现象，立体异构包括构象异构、顺反异构和对映异构（也称旋光异构）。构象异构体的相互转化是通过碳碳单键的旋转实现的，该转化不涉及价键断裂，所需能量较低，通常室温下即可完成。所以室温下由于构象异构体自由转化，不能够分离得到纯的构象异构体。顺反异构和旋光异构又叫做构型异构，构型异构体的相互转化涉及价键的断裂，所需能量高，因此构型异构体在室温下能稳定存在，能够分离获得纯的构型异构体。

异构现象在有机化学中极为普遍，常见的异构现象可归纳如下：

对映异构是指分子式、构造式相同，构型不同的有机分子，它们是互呈镜像对映关系的立体异构现象。本章重点讨论对映异构现象。

第一节 手性、手性分子和对映体

一、手性

人的左右手似乎是相同的。左手和右手的许多性质（如：体积、表面积等）是完全一样的，但是左手和右手不能重叠。常识告诉我们当把左手套戴在右手上就会觉得很不舒服，这表明左手、右手实际上是有差异的。左手与右手之间存在的这种看似相同，实质上不同的关系为手性关系。

镜子中右手的镜像（图 2-1a）是左手（图 2-1b）的正面像。这种类似左右手互为镜像与实物关系，彼此又不能重叠的现象称为手性（chirality）。自然界中有许多手性物，例如：左（右）手、蜗牛、螺丝钉等都是手性物。微观世界中的有机分子同样存在着手性现象，自然界中存在许多具有手性的分子。本章结合有机分子讨论手性。

a   b

图2-1 左右手及手性关系

二、手性分子和对映体

手性化合物的立体结构通常用透视式表示。透视式的书写规则为：实线"—"代表位于纸平面上的键，虚线"---"和楔形线"◢"分别代表伸向纸平面后方的键和伸向纸平面前方的键。如果用透视式表示乳酸分子结构式[$H_3CCH(OH)COOH$]则有 b 和 c 两种立体结构（图 2-2）。通过观察 b 和 c 的球棍模型关系图（图 2-3），可以了解两者间的关系。乳酸分子 b 和 c 的关系正像人的左右手，互为镜像和实物关系，又不能重叠。它们是两个不同的化合物，互为对映异构体，简称对映体（enantiomer）。一对对映体是一对不能重叠的镜像异构体。乳酸分子 b 和 c 都是手性分子。不能与其镜像重叠的分子称为手性分子（chiral molecule）。

图2-2 乳酸分子的两种立体结构

图2-3 乳酸分子 b 和 c（球棍模型）的关系图

仔细观察图 2-3 的两个乳酸分子（b 和 c）的结构，可发现乳酸分子中的 C_2 原子所连的四个原子或基团（COOH、OH、CH_3、H）各不相同。此类连有 4 个不同的原子或基团的碳原子称为不对称碳原子（asymmetric carbon atom），又称手性碳原子。不对称碳原子为手性中心，其所连的 4 个不同原子或基团在空间有 2 种不同的排列方式，即具有 2 种不同的构型。前述的乳酸 b 和 c 就是构型不同乳酸的一对对映体。一对对映体有许多相同的性质：如熔点、沸点相同，在水和其他的普通溶剂里溶解度相同等，即它们的绝大多数物理性质是相同的。对映体的化学性质的情况也类似，除了与手性试剂相互作用显示其性质有差异外,其他绝大多数化学性质也是相同的。例如,乳酸的一对对映体分别与氢氧化钠溶液作用,两者的反应速度是相同的。一对对映体绝大多数的物理性质和化学性质相同,但两者对平面偏振光(见本章第二节)的作用不同,另外两者在生理作用上有着显著的不同(见本章第九节)。学习对映异构现象应特别关注对映体结构和性质的差别。

三、分子中常见对称因素

人们可以通过观察化合物分子的对称性判断其是否具有手性。判断一个化合物对称性最直接的方法就是观察其是否可与其镜像重叠,若一个分子能与自己的镜像相重叠,表明其具有某种对称性,该分子就不具有手性,也无旋光性。判断一个化合物对称性的间接方法是借助于观察分子的对称因素,如:对称面、对称中心及对称轴等。本段简要讨论最常见的对称因素:对称面,对称中心。

(一)对称面

如一个分子能被一个假想的平面切分为具有实物与镜像关系的两个部分,该假想平面就是这个分子的对称面(symmetric plane),对称面用符号 σ 表示。2- 氯丙烷和1,2- 二氯乙烯各有一个对称面(图2-4)。

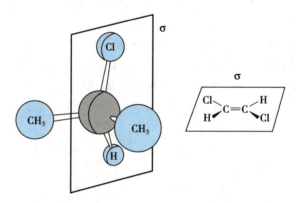

图2-4   2- 氯丙烷和1,2- 二氯乙烯的对称面

(二)对称中心

如果有机分子中存在一个假想的点,从分子中任一原子或基团向该点作一直线,再从该点将直线延长,在等距离处遇到相同的原子或原子团,则该点即为该分子的对称中心(symmetric center),见图2-5。对称中心可用符号 i 表示。

通常,具有对称面和对称中心的分子是非手性的,该分子无旋光性,也无旋光异构体。

图2-5   对称中心

四、判断对映体的方法

判断一个化合物分子是否存在对映体,通常采用以下三种方法:

方法一,最直接的方法是建造一个分子和它镜像的模型,比较两者的结构,如果两者不能重合,则该分子存在对映体。反之,该分子无对映体。方法二,寻找目标分子的对称面和(或)对称中心,如果该分子有对称面或对称中心,通常该分子为非手性分子,无旋光性,也没有对映体。方法三,寻找目标分子中的手性碳原子(或手性中心),如果目标分子中存在一个手性碳原子,该分子具有手性,有一对对映体。如果目标分子中存在两个或两个以上的手性碳原子,需根据其结构具体分析其手性,可能有例外情况(见本章第六节内消旋化合物)。无论选用哪种方法,答案应该是相同的。

2-1   请用星号"*"标出下列化合物中的手性碳。

CH₃CHCOOH   （环戊基）C—OH（CH₃）   （苯环-Cl）CH₂CH(CH₃)₂   CH₃CH₂CHCH₃
　　| |
　　NH₂   OH

　a　　　　　　　　b　　　　　　　　　　c　　　　　　　　　　d

第二节　物质的旋光性

酒石酸、葡萄糖等许多天然物质具有旋光性或光学活性。此类物质称为旋光性物质，生物体内大部分有机分子都是旋光性物质。许多旋光异构体的结构差异导致它们表现出极大的生理活性差异。

一、偏振光与旋光性物质

光是电磁波，电磁波是横波，横波振动的方向与其前进的方向垂直。普通光中含各种波长的光，各种波长的光在垂直于前进方向的各个平面内振动。振动方向和光波前进方向构成的平面叫做振动面，光的振动面只限于某一固定方向的，叫做平面偏振光，简称偏振光（polarized light）。

当普通光通过一个尼科尔（Nicol）棱镜时，一部分光被挡住了，只有振动方向与棱镜晶轴平行的光才能通过。通过尼科尔棱镜的光为偏振光。

当偏振光通过某些化合物的溶液后，偏振光的偏振面会被向右或向左旋转一定角度，这种能使偏振光的偏振面旋转的性质称为旋光性（optical activity），具有旋光性的物质称为旋光性物质，手性化合物为旋光性物质。

二、旋光度与比旋光度

（一）旋光度

由于人的眼睛没有辨别偏振光的能力，所以实验室通常用旋光仪测定物质的旋光性。旋光仪的基本结构包括两个棱镜、一个光源和一个样品管（又称旋光管）。通常，光源在一个棱镜的外侧，两个棱镜中间有一个盛放样品的样品管（图 2-6）。图 2-6 中，左边的棱镜称起偏镜，从光源投射出的光经过起偏镜变为平面偏振光。右侧离视线较近的棱镜称检偏镜，检偏镜可以旋转，通过检偏镜可以判断照射到检偏镜上的偏振光的振动面。如果我们使通过起偏镜的偏振光直接射在检偏镜上，我们发现当两个棱镜的晶轴平行时，偏振光透过率最大，若两个棱镜的晶轴互相垂直，偏振光透过率最小。如果在两个平行的棱镜之间放一个装有旋光性物质溶液的样品管，我们发现必须把检偏镜旋转一个角度（α 角度）后，偏振光透过率才能达到最大，如图 2-6 所示。旋光仪利用这个原理测定被测物质使偏振光的偏振面旋转的角度。

偏振光与旋光性物质作用后偏振面所旋转的角度叫旋光度（optical rotation），用 α 表示。偏振面的旋转方向有逆时针（左旋）和顺时针（右旋）的区别，（+）表示右旋，（−）表示左旋。（+）-2- 丁醇表明该 2- 丁醇具有使偏振光的偏振面向右旋转的性

光源
起偏镜
样品管
α
检偏镜
观察者

图 2-6　旋光仪的简图

质;(−)-2- 丁醇表示该 2- 丁醇具有使偏振光的偏振面向左旋转的性质。(+)和(−)仅表示偏振面的旋转方向,与旋光度的数值大小无关。

(二)比旋光度

样品管的长度、溶剂的种类、溶液的浓度、温度及所用光的波长等因素对特定化合物的旋光度的数值都有影响。但在确定上述因素的条件下,每个旋光性物质的旋光度是特定的,用比旋光度(specific rotation)$[\alpha]_D^t$ 表示。比旋光度定义为,使用 1dm 长的样品管,用波长为 589nm($1nm=10^{-9}m$)的钠光(D- 线)作光源,待测物质的浓度为 $1g \cdot mL^{-1}$ 时,测得的旋光度。

$$[\alpha]_D^t = \frac{\alpha}{l \times C}$$

式中 t——测定时的温度(℃);

　　　　D——光源波长,通常是钠光(亦称 D- 线,波长 589nm);

　　　　α——旋光仪测得的旋光度;

　　　　C——溶液浓度($g \cdot mL^{-1}$)(纯液体可用密度);

　　　　l——样品管长度(dm)。

比旋光度像物质的熔点、沸点或折射率等性质一样,是化合物的物理常数。一对对映体的比旋光度绝对值相等,其符号相反(即旋光方向相反),它们的其他物理性质相同,见表2-1。

表2-1   2- 丁醇一对对映体的部分物理常数

	(＋)-2- 丁醇	(−)-2- 丁醇
沸点(℃)	99.5	99.5
密度($g \cdot cm^{-3}$)	0.8080	0.8080
比旋光度	+13.9°	−13.9°

比旋光度可用于表示未知旋光性化合物的旋光方向和旋光能力以及确证已知旋光性化合物的纯度。例如,在理化手册上查得海洛因(heroin)的比旋光度值为 $[\alpha]_D^{15} = -166°$(甲醇)。这表示海洛因是具有旋光性的化合物,若以甲醇作溶剂,在 15℃,用偏振的钠光 D- 线作光源,测得其的比旋光度为左旋 166°。

例题 1:将胆固醇样品 260mg 溶于 5mL 氯仿中,然后将其装满 5cm 长的样品管,在 20℃ 测得旋光度为 −2.5°,计算胆固醇的比旋光度:

解:$[\alpha]_D^t = \dfrac{\alpha}{l \times C} = \dfrac{-2.5°}{0.26/5ml \times 0.5dm} = -96°$

答:胆固醇的比旋光度为左旋 96°(氯仿)。

科学文献中报道化合物的比旋光度值时,在 $[\alpha]_D^t$ 值之后的括号内标出实验中测定旋光度时使用的溶剂和溶液的浓度(以小写 c 表示百分浓度)。例如:心血管药地尔硫䓬$[\alpha]_D^{20} +98.3°$(c 1, CH_3OH),表示地尔硫䓬的比旋光度为右旋 98.3°,测定时的温度为 20℃,使用钠光 D- 线作光源,溶剂为甲醇,溶液浓度为 1%。

第三节   费歇尔投影式

一对对映异构体的结构非常相似,简洁、清楚、可靠的表示两个对映异构体结构的方法是立体化学的重要内容。1891 年,德国化学家费歇尔(Fischer)基于有机分子的立体结构在平面上的投影,提出了显示连接手性碳原子的四个基团空间排列的一种简便方法。后来人们将此有机结构的平面书写方式称为费歇尔投影式(Fischer projection),其含义如图2-7。

图2-7 Fischer 投影式示意图

Fischer 投影式作为一种表示分子三维空间结构的较简便的平面投影式方法,在将一个化合物立体结构的透视式写成投影式时,须遵循下列要点:①以垂直线代表主链,编号最小的碳原子位于上端,编号最大的碳原子位于下端;②水平线和垂直线的交叉点代表碳原子(通常这些碳原子也是手性碳原子);③连接原子或原子团的水平线代表伸向纸平面前方的化学键,连接原子或原子团的垂直线代表伸向纸平面后方的化学键。下图为依据以上原则将右旋甘油醛透视式转换成其 Fischer 投影式的实例。

$$\underset{HOH_2C}{\overset{H}{}}\!\!C\!\!\overset{OH}{\underset{CHO}{}} \equiv \underset{CH_2OH}{\overset{CHO}{H-\!\!\!\!\mid\!\!\!\!-OH}}$$

有时为了讨论问题方便,人们可按以下规则改变有机分子 Fischer 投影式的表达形式,改变表达形式后的 Fischer 投影式已不拘泥于上述要点①,但仍遵循要点②和要点③。

(1)某一化合物的 Fischer 投影式在纸面上(不能离开纸面)旋转 180° 后,所得的 Fischer 投影式表达的化合物相同,而旋转 90° 或 270° 后,所得的 Fischer 投影式表达的化合物是原化合物的对映体。

(2)将某一化合物的 Fischer 投影式的手性碳原子上的一个取代基保持不动,另外三个基团按顺时针或逆时针方向旋转,所得的 Fischer 投影式表达的化合物的分子构型不变。

(3)Fischer 投影式中手性碳原子上所连原子或基团,两 - 两交换偶数次后,所得的 Fischer 投影式表达的化合物的分子构型不变;但交换奇数次后,所得的 Fischer 投影式表达的化合物是原化合物的对映体。

Fischer 投影式适合用于表示直链开链化合物的立体异构体,但因为 Fischer 投影式显示的立体结构全是重叠式构象,不符合分子的真实形象。第四章将学习的 Newman 投影式和锯架式可更客观地反映分子的结构。当然,同一个立体异构体分别可用几种方法表示它的立体结构,每一种表示立体结构的方法有自己的特点。

第四节　构型标记法

构型(configuration)是指一个立体异构体分子中原子或基团在空间的排列方式。一般对映体的构型是指手性碳(或手性中心)所连的原子或基团在空间的排列方式。本节介绍对映体的两种构型标记方法。

一、*D/L* 命名法

一个化合物的绝对构型通常指键合在手性中心的四个原子或原子团在空间的真实排列方式。早先,由于人们无法确定化合物的绝对构型,德国化学家费歇尔(Fischer)人为地选定(+)-甘油醛为标准物,并规定其碳链处于竖直方向,醛基在碳链上端的投影式中,C_2 上的羟基处于右侧,为 *D*- 构型,其对映体(−)-甘油醛为 *L*- 构型。两者结构分别如下:

$$
\begin{array}{ccc}
\text{CHO} & \quad & \text{CHO} \\
\text{H}\!-\!\!|\!\!-\!\text{OH} & & \text{HO}\!-\!\!|\!\!-\!\text{H} \\
\text{CH}_2\text{OH} & & \text{CH}_2\text{OH}
\end{array}
$$

$$D\text{-}(+)\text{-甘油醛} \qquad\qquad L\text{-}(-)\text{-甘油醛}$$

两个甘油醛名称中，D、L 表示构型，$(+)$、$(-)$ 表示旋光方向，右旋甘油醛写作 $D\text{-}(+)$- 甘油醛，左旋甘油醛写作 $L\text{-}(-)$- 甘油醛。

通过合适的化学反应，甘油醛可转化成其他旋光性化合物，只要在反应过程中与手性碳直接相连的化学键不断裂，那么所得的化合物的构型就可与原甘油醛的构型相关联。例如以下 $D\text{-}(+)$- 甘油醛的化学转化的各步反应分别发生在 C_1 和 C_3 的官能团上，与手性中心（C_2）直接相连的几个化学键在结构转化过程中始终没有发生断裂，即 —OH 总处于主碳链手性碳原子的右边。因而反应中间体和产物都与 $D\text{-}(+)$- 甘油醛具有相同构型。这样，$(-)$- 乳酸与 $D\text{-}(+)$- 甘油醛具有相同的构型，也为 D 型。它们旋光方向的改变提示了化合物的构型与旋光方向之间没有直接的对应关系。

$$
\begin{array}{ccccc}
\text{CHO} & & \text{COOH} & & \text{COOH} \\
\text{H}\!-\!\!|\!\!-\!\text{OH} & \longrightarrow & \text{H}\!-\!\!|\!\!-\!\text{OH} & \longrightarrow & \text{H}\!-\!\!|\!\!-\!\text{OH} \\
\text{CH}_2\text{OH} & & \text{CH}_2\text{OH} & & \text{CH}_3
\end{array}
$$

$$D\text{-}(+)\text{-甘油醛} \qquad D\text{-}(-)\text{-甘油酸} \qquad D\text{-}(-)\text{-乳酸}$$

1951 年，拜捷沃特（J. M. Bijvoet）用 X- 衍射技术测定了 $(+)$- 酒石酸铷钾盐的真实构型即绝对构型，证实了原来人为规定的 $D\text{-}(+)$- 甘油醛的构型就是它的真实构型。原来以甘油醛为标准物所确定的其他化合物的构型，也就成为这些化合物的绝对构型了。

D/L 标记法的使用有一定的局限性，一般只适用与甘油醛结构类似的化合物。目前，一般用于糖类和氨基酸的构型命名（见第十六章和第十七章）。

二、R/S 构型标记法

1979 年 IUPAC 建议采用遵循 Cahn-Ingold-Prelog 规则的 R/S 构型命名法对各种类型手性化合物构型命名。

Cahn-Ingold-Prelog 规则为：首先按次序规则确定与手性碳相连的四个原子或基团的优先次序（或称为大小次序），再将手性碳上最小的原子或基团置于远离自己的位置，然后依据优先次序（由高优先到低优先）观察朝向视线方向的三个基团，其在空间按顺时针排列为 R 型；按逆时针排列为 S 构型（图 2-8）。图 2-8 中与手性碳相连的四个原子或基团 a、b、c、d 的优先次序是 a>b>c>d，即 a 最大，d 是远离自己的最小基团。

$$
\begin{array}{cc}
\text{（逆时针方向）} & \text{（顺时针方向）} \\
S\text{构型} & R\text{构型}
\end{array}
$$

图 2-8 R/S 标记方法示意图

各种取代基按照次序规则顺序排列，次序规则的要点如下：

（1）原子序数大的原子排在前面，几种常见原子的优先次序为：I>Br>Cl>S>P>O>N>C>H；相同原子序数但同位素质量数大的原子优先。

（2）如果最优先原子的原子序数相同，则比较次优先原子的原子序数，依次类推。常见的烃基优先次序为：$(CH_3)_3C- > (CH_3)_2CH- > CH_3CH_2- > CH_3-$；

（3）不饱和基团可看做是与两个或三个相同的原子相连。烃基的优先次序为：$-C\equiv CH > -CH=CH_2 > -CH(CH_3)_2$。

例题 2：命名下列氯溴碘甲烷的构型。

$$\begin{array}{c} Br \\ | \\ Cl-C-H \\ | \\ I \end{array}$$

解：根据次序规则，可知在氯溴碘甲烷中，连接在手性碳上的四个原子的优先次序是 I>Br>Cl>H（原子序数由大到小的顺序）。使最小原子（H）处于远离自己的位置（即处在手性碳后方）。

$$\begin{array}{c} Br \\ | \\ Cl-C-H \\ | \\ I \end{array} \xrightarrow{\text{旋转}} \begin{array}{c} Br \\ | \\ C \cdots H \\ / \quad \backslash \\ I \qquad Cl \end{array}$$

依据次序规则确定：I、Br、Cl 的空间排列为顺时针排列，为 R 构型。

R、S 构型命名法也可直接应用于 Fischer 投影式，此时最小基团（H）在横向键上，依次沿着另外三个基团在平面上由大到小的顺序轮转，如为顺时针方向即为 S 构型；逆时针方向为 R 构型。例如乳酸一对对映体的构型如下：

$$\begin{array}{c} COOH \\ H-\!\!\!-OH \\ CH_3 \\ R\text{型} \end{array} \qquad \begin{array}{c} COOH \\ HO-\!\!\!-H \\ CH_3 \\ S\text{型} \end{array} \qquad \text{基因顺序}\quad a>b>c>d$$

例题 3：命名下列 2-丁醇的构型。

$$\begin{array}{c} CH_3 \\ | \\ H-\!\!\!-OH \\ | \\ C_2H_5 \end{array}$$

解：根据次序规则，可知在上述 2-丁醇的分子中，与手性碳相连的四个基团的优先次序是：$OH>C_2H_5>CH_3>H$。其 Fischer 投影式中最小基团（H）在横向键上，同时沿着另外三个基团在平面上由大到小的顺序轮转，为顺时针方向，即为 S 构型。

对于标记含有两个或两个以上手性碳分子的构型，同样可以按照前述的方法分别确定每一个手性碳的构型，同时要按照命名编号原则标出每个手性碳的编号。例如：2，3，4-三羟基丁醛有 2 个手性碳，四个立体异构体分子的构型如下：

$$\begin{array}{cccc}
\begin{array}{c} CHO \\ H-\overset{2}{-}OH \\ H-\overset{3}{-}OH \\ CH_2OH \\ 2R,3R \end{array} &
\begin{array}{c} CHO \\ HO-\overset{2}{-}H \\ HO-\overset{3}{-}H \\ CH_2OH \\ 2S,3S \end{array} &
\begin{array}{c} CHO \\ H-\overset{2}{-}OH \\ HO-\overset{3}{-}H \\ CH_2OH \\ 2R,3S \end{array} &
\begin{array}{c} CHO \\ HO-\overset{2}{-}H \\ H-\overset{3}{-}OH \\ CH_2OH \\ 2S,3R \end{array}
\end{array}$$

R 和 S 构型标志着手性碳原子的绝对构型。化合物的旋光方向与构型的关系尚不明确。

手势法确定手性碳的构型：用手臂代表与手性碳相连的最小基团（通常为 H 原子）；用拇指、食指和中指分别指向与手性碳相连的其余三个基团，然后将三个手指转向正对着自己的视线方向，按照高优先到低优先（由"大"到"小"）的次序，观察所代表的三个基团的排列次序。顺时针排列为 R 型；反时针为 S 型。

2-2 命名下列化合物。

HC=CH₂ H—│—Br C₂H₅ (1)	CH₃ H—│ │—Cl CH₂Cl C₂H₅ (2)	CH₃ H—│—Cl Br—│—H C₂H₅ (3)

第五节 外消旋体

人们认识的第一个旋光性化合物是乳酸，并发现不同来源乳酸的旋光性不同。例如，从肌肉组织中分离得到的乳酸为右旋乳酸；由乳酸杆菌发酵葡萄糖而得到的乳酸为左旋乳酸；而由丙酮酸经还原反应得到的乳酸无旋光性。进一步研究证明，还原丙酮酸得到的乳酸是右旋乳酸和左旋乳酸这一对对映体的等量混合物。人们将一对对映体的等量混合物称为外消旋体（racemate）。

外消旋体含有旋光性物质，但无旋光性。这是因为一对对映体对偏振光偏振面旋转角度的影响是相等的，而对偏振光偏振面旋转方向的影响是相反的。因此，当一对对映体等量混合后，每一个对映体对偏振光偏振面旋转的影响正好互相抵消。

外消旋体常用符号"±"（或 dl）表示。外消旋体与纯的单一对映体的物理性质有一些差异，例如，三种乳酸一些物理性质（表 2-2）。

表 2-2   不同旋光性乳酸的一些物理常数

名称	熔点（℃）	$[\alpha]_D^{20}$	pKₐ	溶解度（g·100mL⁻¹）
（+）乳酸	26	+3.8°	3.76	∞
（−）乳酸	26	−3.8°	3.76	∞
（±）乳酸	18	0°	3.76	∞

第六节   非对映异构体和内消旋化合物

一、非对映异构体

含有一个手性碳原子的化合物存在两个立体异构体（一对对映体）。含有 n 个手性碳原子的化合物理论上存在 2^n 个立体异构体。但在某些特殊情况下，含有两个或两个以上手性碳原子的化合物的立体异构体数目小于上述理论数。

2，3，4- 三羟基丁醛分子中含有 2 个不相同的手性碳原子，即这 2 手性碳分别所连的四个基团不完全对应相同。2，3，4- 三羟基丁醛存在四个立体异构体（$2^n=2^2$）。下面是 2，3，4- 三羟基丁醛的四种立体异构体的 Fischer 投影式。

2，3，4- 三羟基丁醛的四个立体异构体异构体 a 与 b 和异构体 c 与 d 分别互为对映体,它们是 2,3,4- 三羟基丁醛的两对对映体。异构体 a 与 c 是彼此不构成实物镜像关系的立体异构体,它们互为非对映异构体(diastereoisomer)。同样,异构体 a 与 d,异构体 b 与 c 以及异构体 b 与 d 也都彼此互为非对映异构体。两个含有多个手性碳原子的手性化合物,如果它们除一个手性碳原子的构型不同,其他结构完全相同,它们彼此互为差向异构体(epimer),差向异构体是一种非对映异构体。非对映异构体的沸点、溶解度等物理性质不相同。

二、内消旋化合物

酒石酸即 2,3- 二羟基丁二酸的分子中含有 2 个手性碳原子,这 2 个手性碳原子相同,即它们分别所连的四个基团完全对应相同。这种特殊结构使酒石酸的立体异构体出现特殊的异构现象。理论上,酒石酸应有以下四个立体异构体(两对对映体)。

$$
\begin{array}{cccc}
\text{COOH} & \text{COOH} & \text{COOH} & \text{COOH} \\
\text{H}\!-\!\!-\!\text{OH} & \text{HO}\!-\!\!-\!\text{H} & \text{H}\!-\!\!-\!\text{OH} & \text{HO}\!-\!\!-\!\text{H} \\
\text{HO}\!-\!\!-\!\text{H} & \text{H}\!-\!\!-\!\text{OH} & \text{H}\!-\!\!-\!\text{OH} & \text{HO}\!-\!\!-\!\text{H} \\
\text{COOH} & \text{COOH} & \text{COOH} & \text{COOH} \\
a & b & c & d
\end{array}
$$

分析这四个立体异构体的结构,我们发现异构体 a 和 b 是一对对映体。异构体 a 与 c 和异构体 b 与 c 是非对映异构体。

异构体 c 与 d 互为实物与镜像关系,如果将异构体 c 在纸平面上旋转 180° 得到异构体 d,两者能重叠。因此异构体 c 与 d 是相同的化合物。像异构体 c 这样分子内有两个结构相同手性碳,但构型相反,整体分子是非手性的化合物称为内消旋化合物(meso compound)。内消旋化合物不具有旋光性。内消旋酒石酸的结构分析可以进一步说明内消旋化合物的上述性质。可以发现内消旋酒石酸(meso-tartaric acid)分子中有一个对称面(图 2-9),其对称面的上半部分和下半部分互为实物和镜像的关系。因此,内消旋酒石酸分子的上下两部分对偏振光的影响相互抵消,导致整体分子不具有旋光性。通过寻找对称面可以简便地辨认内消旋化合物。表 2-3 为酒石酸的几种立体异构体的一些物理性质。

图 2-9　内消旋酒石酸

表 2-3　酒石酸不同立体异构体的一些物理性质

化合物	熔点(℃)	溶解度(g·100mL^{-1})	$[\alpha]_D^{20}$
(+)酒石酸	170	139.0	+12°
(−)酒石酸	170	139.0	−12°
(±)酒石酸	206	20.0	0°
内消旋酒石酸	140	125.0	0°

2-3　将(+)、(−)和内消旋酒石酸三者等量的混合物进行分步结晶,可得到两部分均无旋光性的结晶,试解释。

第七节　无手性碳原子的对映体

尽管大多数手性化合物分子都存在手性碳原子,但存在一些不含有手性碳原子的手性分子,就整个分子而言这类分子包含了手性因素,它们与其镜像不能重合,存在一对对映体。

联苯化合物分子中两个苯环是在同一平面上,为非手性分子。但当联苯分子中每个苯环相连碳的两个邻位氢原子被不同的较大的基团取代(如—CO_2H,—NO_2 等)。取代基的空间位阻使两个苯环处于非共平面的稳定构象。这种稳定的分子构象包含了手性因素,产生互不重合的镜像异构体(对映体),因此分子具有手性。如 6,6′- 二硝基 -2,2′- 联苯二甲酸就有一对可分离出的对映体。

联苯(非手性分子)

6,6′-二硝基-2,2′-联苯二甲酸的一对对映体

丙二烯类化合物($C=C=C$)的结构特点是与中心碳原子(sp 杂化)相连的两个 π 键所处的平面彼此相互垂直(图 2-10)。当两端双键碳原子各连有两个不同的取代基时,就产生了手性因素,存在着对映体。

例如,下面的 1,3- 二氯丙二烯就是此种类型的化合物,存在一对对映体。

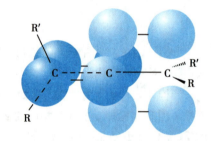

图 2-10 丙二烯型化合物的电子云图

第八节 外消旋体的拆分

立体异构体若为非对映体关系,它们具有不同的物理性质,可以利用其物理性质的差异,通过分步结晶或者蒸馏等物理手段分离异构体。由于外消旋体是一对对映体的等量混合物,对映体之间除了比旋光方向相反外,其他物理性质(如溶解度、沸点等)和化学性质都相同,因此就不能用常规的分离方法分离对映体。分离外消旋体中对映体的方法称为拆分。目前,最常用拆分外消旋体的化学方法是先将对映体转变成非对映体,然后利用两者溶解度或沸点等物理性质的差异,设法分离。

将对映体转化成非对映体的方法之一是利用酸碱中和反应。拆分外消旋体的酸,可用光学纯的碱(即单一对映体的碱)处理,形成非对映体的盐。例如:

(±)-乳酸 + (R)-1-苯基乙胺 ⟶ (R)-乳酸,(R)-1-苯基乙铵盐
                                  + (S)-乳酸,(R)-1-苯基乙铵盐 }两者互为非对映体

上述反应形成的产物不呈镜像关系。虽然两者碱部分的结构相同,都是 R 构型,但两者酸部分的结构不同,因此两种产物彼此是非对映异构体。非对映异构体的盐溶解度通常是不同的,可以用分步结晶的方法分离。上述非对映异构体被分离后,就可以通过下述简单化学反应再生纯对映体:

(R)-乳酸,(R)-1-苯基乙铵盐 + HCl ⟶ (R)乳酸 + (R)-1-苯基乙胺盐酸盐
(S)-乳酸,(R)-1-苯基乙铵盐 + HCl ⟶ (S)乳酸 + (R)-1-苯基乙胺盐酸盐

如果要拆分的外消旋体是碱,通常就采用光学纯的酸(如酒石酸)与外消旋体的碱反应。若要拆分的外消旋体既不是酸也不是碱,可以设法将被拆分的化合物转变为酸或碱,然后再进行拆分。

第九节 手性分子的来源和生物作用

一、手性分子的来源

人们熟知的由活细胞产生的生物催化剂——酶（enzyme）为手性生物分子。酶催化机体细胞中几乎每种反应，被酶催化而反应的化合物称为底物（substrate），底物被酶催化转变为产物（product）。在手性酶的作用下，非手性的底物可以转变为单一对映体的手性产物，所以天然的手性化合物通常以单一对映体的形式存在。

手性化合物还可通过化学合成得到，非手性分子通过化学反应可转化成为手性分子。例如，正丁烷氯化，可以得到手性的取代产物——2-氯丁烷。

$$CH_3CH_2CH_2CH_3 \xrightarrow[\text{光}]{Cl_2,控制量} CH_3CH_2\overset{*}{C}HCH_3$$
$$|$$
$$Cl$$

正丁烷　　　　　　　　2-氯丁烷
（非手性化合物）　　　　（手性化合物）

一般化学反应得到的手性化合物是外消旋体，无旋光性。通过在反应过程引入手性环境建立的立体选择性有机反应也能直接得到旋光性化合物。

二、手性分子的生物作用

一对对映体构型上的差异，有时会产生截然不同的生理作用。例如，多巴（dopa）分子中有一个手性碳，存在一对对映体（右旋多巴和左旋多巴）。左旋多巴被广泛使用于治疗帕金森病（Parkinson's disease）（中枢神经系统的一种慢性病），然而右旋多巴却无此生理作用。

右旋多巴　　　　　　　　左旋多巴
（无生理作用）　　　　（抗帕金森病症）

化学物质一般是通过作用于细胞的专一特定部位受体（receptor），引起或改变细胞的反应，产生生物学效应。由于受体为具有手性的蛋白质，因此一对对映体只有其中一个对映体的结构与受体特定的立体结构相适合，即只有这个对映体才能与受体有效结合，产生相应的生理效应。

图 2-11 显示一对对映体（1）和（2）分别与相同的手性受体（两个梯形图代表相同受体）之间的结合情况。其中对映体（1）与此受体的结构有互补关系，能与受体结合。对映体（2）与此受体的结构无互补关系，不能与其结合。

图2-11　一对对映体与同一种受体之间的结合情况

习　题

2-4　解释下列概念。

(1) 手性分子　　　　(2) 手性碳原子　　(3) 对映体　　　　　(4) 非对映体

(5) 内消旋化合物　　(6) 外消旋体　　　(7) 旋光性　　　　　(8) 旋光性化合物

2-5　(+)- 丙氨酸和 (−)- 丙氨酸在下述性质有哪些异同点?

(1) 熔点　　　　　　(2) 密度　　　　　(3) 折光率　　　　　(4) 旋光性

(5) 水中溶解度

2-6　500mg 可的松溶解在 100mL 乙醇中, 注满 25cm 的旋光管, 测得的旋光度为 +2.16°。计算可的松的比旋光度。

2-7　若一蔗糖溶液, 测得旋光度为 +90°, 怎么能确知它的旋光度不是 −270°?

2-8　下列化合物, 各有几个手性碳原子?

(1)　　　　　　　　　　(2)　　　　　　　　　　(3)

2-9　下面是乳酸的 4 个 Fischer 投影式, 指出互为相同的构型者。

| COOH | COOH | H | CH₃ |

$$\begin{array}{cccc} \text{COOH} & \text{COOH} & \text{H} & \text{CH}_3 \\ \text{H}—\!\!—\text{OH} & \text{H}_3\text{C}—\!\!—\text{H} & \text{HO}—\!\!—\text{CH}_3 & \text{HOOC}—\!\!—\text{H} \\ \text{CH}_3 & \text{OH} & \text{COOH} & \text{OH} \end{array}$$

(1)　　　　　　(2)　　　　　　(3)　　　　　　(4)

2-10　写出下列两个化合物 (a 和 b) 的透视式呈 Fischer 投影式, 本题要求写出羧基 "CO_2H" 处于竖键顶端, "CH_2SH" 和 "CH_3" 处于竖键底端的 Fischer 投影式。

(a)　　　　　　　(b)

2-11　下列化合物中, 哪些存在内消旋化合物?

(1) 2,3- 二溴丁烷　　　　(2) 2,3- 二溴戊烷　　　　(3) 2,4- 二溴戊烷

2-12　根据次序规则, 分别排列下列两组原子或基团的优先次序 (由高优先到低优先):

(1) —H, —CH₂CH₃, —Br, —CH₂CH₂OH　　(2) —COOH, —CH₂OH, —OH, —CHO

2-13　用 R, S 构型命名法命名下列各个化合物的构型; 并说明哪对互为对映体?

(1)　　　　　　(2)　　　　　　(3)　　　　　　(4)

(顾生玖)

第三章　有机化合物的结构鉴定

有机化合物的结构鉴定是有机化学的重要组成部分。在有机化学发展初期,它主要是通过化学方法来完成的,但当时化学方法操作烦琐、费力费时。自 20 世纪 50 年代以来,由于近代物理实验技术和计算机科学的飞速发展,一些现代分析仪器应用到有机化合物的结构鉴定研究中,极大地促进了有机化合物结构的研究,推动了有机化学的飞速发展。鉴定有机化合物结构最常用的方法有紫外光谱、红外光谱、核磁共振谱及质谱(通常称为四谱),它们具有快速、准确、取样少,且不破坏样品(除质谱外)等优点。本章主要介绍四谱的基本知识及在有机化合物结构鉴定中的应用。

第一节　研究有机化合物结构的方法

研究有机化合物结构的步骤包括:分离纯化、元素分析、相对分子质量的测定和化合物结构的表征等。

一、分离纯化

从自然界提取的有机物通常是掺杂其他物质的混合物;而人工合成的有机物,也常由于反应复杂、伴有副反应,含有杂质。因此,除去杂质、纯化产物是进行有机化合物结构研究的前提。分离纯化的方法有萃取、蒸馏、重结晶、升华和色谱法等,需要根据有机化合物的特点以及实验条件选择合适的纯化方法。有机化合物经分离纯化之后,一般通过测定有机化合物的物理常数如熔点、沸点或用色谱法等检查其纯度。

色谱技术(包括薄层色谱、纸色谱、柱层色谱、气相色谱和高效液相色谱等)在有机化合物的分离、纯化和纯度鉴定等方面广泛应用,其中高效液相色谱又称高压液相层析(简称 HPLC),具有分离效率高,分离速度快等特点,HPLC 比经典的柱层色谱要快数百倍,分析样品纯度所需样品量可少于 1mg。

二、元素分析

分离纯化后的有机化合物可以通过元素分析确定化合物是由哪些元素组成及每种元素的含量,然后将各元素的质量分数除以相应元素的相对原子质量,求出该化合物中各元素间原子的最小个数比,即为该化合物的实验式。例如,某化合物经元素分析得知含有 C、H、O、N 四种元素,各元素的质量分数分别为 49.3%、9.6%、22.7%、19.6%,则可以计算得出相应元素的最小个数比为 3∶7∶1∶1,由此确定该化合物的实验式为 C_3H_7NO。

三、相对分子质量的测定

测定相对分子质量的经典方法主要有凝固点降低法、沸点升高法和渗透压法等,目前则常用质谱法测定。测得有机化合物的相对分子质量后,结合实验式,即可确定出该化合物的分子式。如测定上述化合物的相对分子质量为 146,因 C_3H_7NO 的式量为 73,因此该化合物的分子式为 $C_6H_{14}N_2O_2$。

四、有机化合物结构的表征

明确有机化合物的分子式后,需要表征有机化合物的结构。结构表征主要有化学方法、物理常数测定法和近代物理方法等。

（1）化学方法：首先利用化学反应给出的信息来确定有机化合物分子中存在的官能团；然后用降解反应初步确定该化合物的局部结构；最后用有机合成方法合成该化合物，以此证此化合物表征的结构。例如吗啡的结构研究，1803 年从鸦片醇浸膏中提取得到吗啡的粗品，1806 年分离得到纯品，1847 年经元素分析后确定其实验式为 $C_{17}H_{19}O_3N$，1952 年通过全合成才完全确证其结构。

（2）物理常数测定法：该法利用化合物的许多物理常数在一定条件下是一定值的特点，通过与已知有机化合物比较物理常数，确定待表征有机化合物的结构。表征有机化合物结构常用的物理常数包括熔点、沸点、相对密度、折射率和比旋光度等。物理常数测定法常常需要其他方法配合使用才能准确表征化合物。

（3）近代物理方法：该方法包括应用近代物理实验技术和计算机技术建立的紫外光谱、红外光谱、核磁共振谱、质谱和 X- 射线衍射等仪器分析方法。紫外光谱可揭示分子中是否存在电子共轭体系；红外光谱可以确定有机分子中存在何种官能团；核磁共振谱则可确定碳氢骨架的结构；质谱确定化合物的相对分子质量。这四种方法现已构成了测定有机化合物结构的波谱学。另外，X- 射线衍射揭示化合物结晶体中各原子间的几何形状，是分析有机大分子空间结构常用的方法。

近代物理方法是研究有机化合物分子结构的最有力的手段和方法。化学方法、物理常数测定法是进一步分析有机化合物结构的基础，在现代有机化学研究中仍占有重要地位。

第二节　吸收光谱的一般原理

电磁辐射是光量子波，既有粒子性又有波动性，可用波长（λ）、频率（v）或波数（$\bar{v}$）等波的参数来描述。它们之间有如下关系：

$$v = \frac{c}{\lambda} = c\bar{v}$$

式中，c 为光速（$c=3\times10^8 m\cdot s^{-1}$）。波数（$\bar{v}$）为波长的倒数。

每种波长的电磁波都具有一定的能量（E），其量值与频率和波长的关系是：

$$E = hv = hc/\lambda$$

式中，h 为普朗克（Planck）常数（$6.626\times10^{-34}J\cdot s$）。由此公式可知得出：电磁波的能量与其频率成正比，即电磁波波长越短，波数越大，频率越高，其能量越高。

分子及分子中的原子、电子、原子核等都以不同形式（包括电子运动、原子的振动及分子转动等）进行运动。每种运动形式都具有一定的能量，这些能量除平动能外都是量子化的。而电磁辐射可提供能量，当辐射能恰好等于分子运动的某两个能级之差时，分子会吸收电磁辐射，仪器记录分子对不同波长电磁波吸收的相应谱图为吸收光谱（absorption spectra）。

不同波长的电磁辐射作用于被测物质的分子，可引起分子内不同运动方式能量的改变，即产生不同的能级跃迁。若分子吸收了紫外 - 可见光能后，引起电子能级跃迁，则产生紫外 - 可见光谱；如吸收红外光能，引起分子振动和转动能级跃迁，则产生红外光谱；而自旋的原子核在外加磁场作用下，可吸收无线电波，引起核的自旋能级跃迁而产生核磁共振谱。上述不同的吸收光谱从不同角度反映出分子的结构特征，所以可以通过测定吸收光谱获取有机分子结构方面的相关信息。电磁波包括的光波区域如表 3-1 所示。

表 3-1　电磁波与光谱

电磁波	光谱	波长（频率）	激发能（$kJ\cdot mol^{-1}$）	跃迁类型
远紫外线	真空紫外光谱	$10\sim200nm$	$11\,960\sim598$	σ 电子跃迁
近紫外线	近紫外光谱	$200\sim400nm$	$598\sim299$	n 及 π 电子跃迁

续表

电磁波	光谱	波长（频率）	激发能（kJ·mol^{-1}）	跃迁类型
可见光线	可见光谱	400~800nm	299~150	n 及 π 电子跃迁
近红外线	近红外光谱	0.8~2.5μm	150~47	
中红外线	中红外光谱	2.5~25μm（4000~400cm^{-1}）	47~4.7	振动键的变形
远红外线	远红外光谱	25~100μm（400~100cm^{-1}）	4.7~1.2	分子振动与转动
无线电波	核磁共振谱	（10^7~10^{8}Hz）		核自旋

第三节　紫外光谱

紫外光谱（ultraviolet spectra，UV）是有机分子的价电子吸收一定波长的紫外光发生跃迁所产生的电子光谱。紫外光区域的波长范围为 10~400nm，分为远紫外区（10~200nm）和近紫外区（200~400nm）。远紫外光易被空气中的 O_2 和 CO_2 吸收，需要在真空条件下测定，研究其光谱比较困难。因此，通常所说的紫外光谱是指近紫外区的吸收光谱。有些有机分子特别是共轭体系分子的价电子跃迁往往也出现在可见光区（400~800nm）。目前常用的分光光度仪包括紫外和可见两个光区（紫外 - 可见光谱）的测定。

一、紫外光谱的基本原理

1. **紫外光谱图**　紫外光谱图的横坐标通常为波长 λ（单位为 nm）；纵坐标为吸收强度，用吸光度 A、摩尔吸收系数 ε 表示。吸收强度遵守 Lambert-Beer 定律：

$$A = \lg \frac{I_0}{I} = \varepsilon \cdot c \cdot l$$

式中，A 为吸光度；I_0 为入射光的强度；I 为透过样品的光的强度；c 为溶液的物质的量浓度（mol·L^{-1}）；l 为液层的厚度（cm）；ε 为摩尔吸光系数，数值较大，故常用其对数值表示。图 3-1 为香芹酮紫外光谱图。

图 3-1　香芹酮的紫外光谱图

　　紫外光谱一般用峰顶的位置（λ_{max}，也称最大吸收波长）及其吸收强度（ε，也称摩尔吸收系数）来描述，λ_{max} 和 ε 都是化合物紫外光谱的特征常数。例如：香芹酮有两个吸收峰，分别为 239nm（ε=39 800）和 320nm（ε=60）。

　　2. 电子跃迁　在电子光谱中，价电子吸收一定波长的电磁辐射发生跃迁。有机分子中价电子有 σ 电子、π 电子和非键电子（n）三种类型。这些电子吸收紫外可见光后，由稳定的基态（成键轨道或非键轨道）向激发态（反键轨道）跃迁，各级轨道的能级示意图见图3-2。跃迁规律决定有机分子最常见的跃迁主要有 $\sigma \to \sigma^*$、$n \to \sigma^*$、$\pi \to \pi^*$ 和 $n \to \pi^*$ 四种方式。$\sigma \to \sigma^*$ 跃迁需要较高的能量，在近紫外区无吸收；$n \to \sigma^*$ 跃迁所需能量比 $\sigma \to \sigma^*$ 低，但仅少量吸收出现在近紫外区；孤立 π 电子的 $\pi \to \pi^*$ 吸收在远紫外区，但共轭多重键 π 电子跃迁的 $\pi \to \pi^*$ 吸收可红移至近紫外区，吸收较强；$n \to \pi^*$ 跃迁所需能量较少，产生的紫外吸收波长最长，但吸收强度弱。跃迁所需能量顺序为：$\sigma \to \sigma^* > n \to \sigma^* > \pi \to \pi^* > n \to \pi^*$，其中，$\pi \to \pi^*$ 和 $n \to \pi^*$ 跃迁所需的能量较低，且吸收光的波长都在近紫外区内，所以它们对阐明有机化合物的结构最有意义。

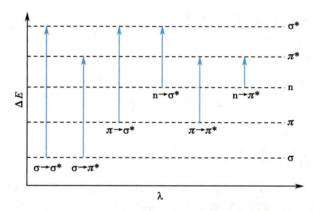

图3-2　分子轨道能级及主要的电子跃迁类型

　　丙烯醛的紫外光谱（图3-3）中，$\pi \to \pi^*$ 吸收在较短波长一端，吸收强度较大，而 $n \to \pi^*$ 吸收峰在较长波长一端，为弱吸收。

图3-3　丙烯醛的紫外光谱

　　3. 生色团、助色团、红移和蓝移　分子中能吸收紫外光或可见光导致价电子跃迁的基团称为生色团。生色团一般具有不饱和键的结构，如 $C=C$、$C=O$、$C=N$ 和 NO_2 等，主要产生 $\pi \to \pi^*$ 和 $n \to \pi^*$ 跃迁。不饱和程度的增加或共轭链的增长，可使紫外吸收峰向长波方向移动。

　　含非键电子的且具有未共用电子对的基团，如 $-NH_2$、$-NR_2$、$-OH$、$-OR$、$-SR$ 和卤素等，虽然它们本身无紫外吸收，但当与生色团连接时，因与电子形成共轭，电子活动范围增大，常可增加生色团的吸收波长及强度，故称为助色团。以苯酚为例，当生色团苯环连上助色团 $-OH$ 后，则 λ_{max} 可从原来255nm移至270nm，ε 则从230增至1450。

吸收峰因取代基或溶剂的影响而向长波方向移动的现象为红移;反之,向短波方向移动的现象则称为蓝移。

二、紫外谱图解析

紫外光谱常用来分析有机分子中的共轭体系,包括不饱和基团的共轭关系以及共轭体系中取代基的位置、种类和数目等。若分子在 200~800nm 内无吸收峰,表明该化合物不存在双键或环状共轭体系。具有共轭双键的化合物,由于存在 $\pi\text{-}\pi$ 共轭效应,各能级间的差别较小,电子易被激发,电子跃迁所需能量低,结果吸收峰向长波移动。共轭程度越大,λ_{max} 越大,且强度增大($\pi \to \pi^*$)。几种长链共轭烯烃的紫外光谱如图 3-4 所示。

图 3-4　H—(CH=CH)$_n$—H 的紫外光谱

若两个有机化合物有相同的共轭体系,分子的其他部分结构不同,它们的紫外图谱也非常相似。因而,紫外光谱需与其他波谱学方法结合确定有机分子结构。

3-1　1,3-环己二烯和 1,4-环己二烯中哪一个在 200nm 以上有紫外吸收?

第四节　红外光谱

红外光谱(infrared spectra, IR)是由分子振动能级的跃迁(同时伴随转动能级跃迁)而产生的,故红外光谱也称为振动光谱。通常红外光谱仪使用的波数是 4000~400cm^{-1},属中红外区。几乎所有的有机化合物在红外光区都有吸收,因此,都可用红外光谱来表征。红外光谱在有机化合物结构的表征上应用广泛。

一、红外光谱的基本原理

(一)红外光谱图

典型的红外光谱图的横坐标为波数(cm^{-1})或波长(μm),表示吸收峰位置;纵坐标为透光率(T)或吸光度(A),表示吸收峰的强度。当以 A 为纵坐标时,吸收峰朝向谱图的上方;如果是以 T 为纵坐标,吸收峰朝向谱图的下方。图 3-5 为十二烷的红外光谱。红外光谱图中出现一些吸收峰的信号,各种吸收峰的位置和强度主要取决于分子振动的方式以及参与振动的原子种类与连接方式。

红外光谱的测定方法视样品性质而定。液体样品可用液膜法,即将样品置于 NaCl、KCl 等薄片之间进行测定。固体样品一般通过与 KBr 粉末混合后压成薄片,或是分散在液体石蜡中测定。水与醇、酚等的 O—H 吸收峰出现在红外光谱的同一区域,为了排除水的干扰,红外光谱的被测样品必须干燥。

图 3-5　十二烷红外光谱

（二）分子振动形式

有机分子的振动主要有化学键的伸缩振动（stretching vibration）和键角的弯曲振动（bending vibration）两种形式。现以亚甲基为例加以说明。

伸缩振动为只改变键长的振动，用符号 v 表示。依据振动的偶合方式又分对称伸缩振动（v_s）和不对称伸缩振动（v_{as}）两种。

弯曲振动为只改变键角的振动，用符号 δ 表示。弯曲振动包含面内弯曲振动（δ_{ip}）和面外弯曲振动（δ_{oop}）两种。

式中 ⊕ 表示原子向纸平面前方运动，⊖ 表示原子向纸平面后方运动。

（三）分子振动与红外光谱

1. 吸收峰的位置　红外吸收峰的位置取决于各化学键的振动频率。振动频率取决于所涉及的原子质量和连接原子的化学键类型。

构成化学键原子的质量越小，振动越快，频率或波数越高。所以与氢原子构成的 O—H、N—H、C—H 等键的伸缩振动吸收出现在高波数区域（3650～2500cm^{-1}）。键长越短，键能越大，键的力常数 k 越大，则频率或波数越高。单键（与 H 的单键除外）、双键和叁键的力常数依次增加，所以在红外光谱图上，叁键、双键、单键伸缩振动吸收区分别位于 2260～2100cm^{-1}、1800～1390cm^{-1} 和 1360～1030cm^{-1}。

2. 峰数　理论上每一种振动在红外光谱中将产生一个吸收峰，但实际上化合物红外图谱中吸收峰的数目往往少于分子振动数目。其原因是：首先部分未引起分子偶极矩变化的振动不产生红外吸收；其次频率完全相同的振动所产生的吸收峰发生简并；另外强而宽的吸收峰往往覆盖与之频率相近的弱而窄的吸收峰。

3. 峰强　红外吸收峰的强度取决于振动时偶极矩变化大小。化学键的极性越强，振动时引起偶极矩变化越大，吸收峰强度越强；伸缩振动对应的红外吸收峰都强于弯曲振动的吸收峰。C=O、C=N、C—N、C—O 和 C—H 等吸收峰都较强，而 C—C 的吸收峰则较弱。另外吸收峰也会随样品浓度的增大而增强。

一般将吸收峰强度分为五种：vs（很强）；s（强）；m（中强）；w（弱）；vw（很弱）。峰形用 br（宽），sh（尖），v（可变）等描述。

二、基团的特征吸收频率

为了便于了解红外光谱与分子结构的关系,常把红外光谱分为官能团区(functional group region)和指纹区(fingerprint region)两大区域。

官能团区(4000～1350cm^{-1})为红外光谱的特征区,出现一些伸缩振动的吸收峰,它们受分子中其他结构的影响较小,彼此间很少重叠,容易辨认。因此,根据官能团区吸收峰的位置,可以推测未知化合物中所含的官能团。官能团区又分以下特征区:

(1)Y—H键伸缩振动区(3700～2500cm^{-1}):主要是O—H、N—H和C—H等单键的伸缩振动吸收峰的频率。

(2)Y≡Z三键和累积双键伸缩振动区(2400～2100cm^{-1}):主要是C≡C、C≡N等三键和C＝C＝C、N＝C＝O等累积双键的伸缩振动吸收峰的频率,吸收峰通常较弱。

(3)Y＝Z双键伸缩振动区(1800～1600cm^{-1}):主要是C＝C,C＝O,C＝N,N＝O等双键伸缩振动吸收峰的频率。

指纹区(1350～400cm^{-1})主要是C—C、C—N、C—O等单键的伸缩振动和各种弯曲振动吸收峰,这一区域的吸收峰对分子的结构十分敏感,分子结构的细微变化会引起吸收峰的位置和强度明显改变,犹如人的指纹因人而异。每个化合物都有自己的特征光谱,这对于结构相似化合物的鉴定或不同化合物细微结构差别的推测都极为有用。常见有机化合物的红外光谱特征吸收频率见表3-2。

表3-2　常见有机化合物的红外光谱特征吸收频率

键	化合物类型	频率范围(cm^{-1})	强度
C—H(伸缩)	烷烃	3000～2850	s
C—H(弯曲)	烷烃	1470～1350	s
＝C—H(伸缩)	烯烃	3100～3000	m
＝C—H(弯曲)	烯烃	1000～675	s
≡C—H	炔烃	3300	m
Ar—H(伸缩)	芳烃	3100～3000	m
Ar—H(弯曲)	芳烃	1000～650	s
C＝C	烯烃	1680～1640	v
C≡C	炔烃	2250～2100	v
C⋯C	芳烃	1600, 1500	v
C—O	醇、醚、羧酸、酯	1300～1000	s
C＝O	醛	1740～1720	s
	酮	1725～1705	s
	羧酸	1725～1700	s
	酸酐	1810, 1760	s
	酯	1750～1730	s
	酰胺	1700～1640	s
O—H	醇、酚(游离)	3650～3600	sh, v
	醇、酚(氢键)	3600～3200	br, s
	羧酸	2500～2300	br, v
N—H	胺	3500～3300	m
C—N	胺	1360～1180	s
C≡N	腈	2260～2210	v

有机分子内各化学键的振动还会受到其他因素的影响,如分子内部的电子效应、空间效应或氢键的形成等因素都会影响峰位的移动。所以各种化学键的峰位波数值只是在某一范围内,而不是一个定值,例如,C=O 的伸缩振动吸收峰在酮、酯、酰胺等不同化合物中就有差别;醇、酚、羧酸类由于氢键的形成,使 $\nu_{\text{O-H}}$ 向低波数位移,谱带变宽。

> 3-2   下列化合物在红外光谱中有何特征吸收峰?
>
> (1) ⬠—CH₂OH   (2) CH₃CH₂CH=CH₂   (3) CH₃CH₂C≡CH

三、有机化合物的红外谱图举例

由于有机化合物中存在各种化学键,每个键以不同的形式振动,所以其红外光谱图很复杂,往往一个红外谱图有几十个吸收峰,通常不需对所有的吸收峰都予以指认,只需辨认谱图中的几个主要吸收峰,以确定分子中存在何种类型的化学键或何种官能团,再结合其他波谱方法鉴定其化合物的结构。

所有的烃类在 Y—H 键伸缩振动区(3700～2500cm^{-1})都有特征吸收,如正己烷(图 3-6)的 C—H 键伸缩振动峰在 3000～2850cm^{-1},亚甲基和甲基的面内弯曲振动峰在 1466cm^{-1}(m)和 1378cm^{-1}(w)。1- 庚烯(图 3-7)的 C—H 键伸缩振动峰在 3100～3000cm^{-1},C=C 伸缩振动峰在 1680～1640cm^{-1},=CH₂ 中 C—H 键弯曲振动峰在 900cm^{-1} 附近。甲苯(图 3-8)的 Ar—H 及 C—H 伸缩振动出现在 3100～3000cm^{-1} 附近(A 区);芳环上的碳碳骨架伸缩振动在 1650～1450cm^{-1}(B 区),为一组(1600cm^{-1}、1580cm^{-1}、1500cm^{-1} 和 1450cm^{-1})2～4 个中到弱的吸收谱带,是芳香环存在的特征谱带;芳环 C—H 弯曲振动在 900～650cm^{-1}(C 区),该振动频率与苯环上取代基的数目和位置有关(表 3-3),可用于确定芳环取代基的位置。

图 3-6   正己烷的红外光谱

图 3-7   1- 庚烯的红外光谱

图3-8　甲苯的红外光谱

表3-3　苯环上不同取代基的弯曲振动吸收频率

取代苯类型	频率(cm^{-1})
单取代苯(5个邻接H)	710～690(s)和770～730(vs)
邻位二取代(4个邻接H)	770～735(vs)
间位二取代(3个邻接H)	725～680(s)和810～750(vs)
(1个孤立H)	900～860(m)
对位二取代(2个邻接H)	860～800(vs)
五取代(1个孤立H)	900～860(s)

　　醇或酚的主要特征吸收是O—H和C—O的伸缩振动吸收。游离的O—H伸缩振动在3640～3610cm^{-1}有尖锐吸收峰。存在分子间氢键的O—H键在3600～3200cm^{-1}出现一个强而宽的吸收峰。不同类型醇的C—O的伸缩振动在1200～1000cm^{-1}出现强宽峰：伯醇约为1050cm^{-1}，仲醇约为1100cm^{-1}，叔醇约为1150cm^{-1}。酚的C—O的伸缩振动在1335～1165cm^{-1}(图3-9)。

图3-9　苯酚的红外光谱

　　含有羰基的化合物在1800～1650cm^{-1}都有很强的C=O伸缩吸收峰。脂肪醛在1740～1720cm^{-1}，脂肪酮在1725～1705cm^{-1}。当羰基与烯键或芳环共轭，其吸收波数降低。醛除羰基的伸缩振动外，在2810～2715cm^{-1}还有醛基C—H伸缩振动峰(图3-10)，而酮和羧酸则没有此峰。

　　羧酸除了在1720cm^{-1}左右有强的C=O伸缩振动外，还产生一个特征的O—H吸收。由于羧酸通常以二聚体的形式存在，产生的氢键致使O—H吸收峰在3300～2500cm^{-1}间相当宽，且中心移到3000cm^{-1}左右，因此C—H的伸缩振动吸收峰常被覆盖(图3-11)。

　　伯胺和仲胺的N—H伸缩振动峰在3100～3500cm^{-1}，伯胺有两个吸收峰，仲胺有一个吸收峰(图3-12)，而叔胺因不含N—H，在此范围内无吸收峰。

图 3-10　2-乙基丁醛的红外光谱

图 3-11　丙酸的红外光谱

（a）伯胺的红外光谱

（b）仲胺的红外光谱

图 3-12　伯胺和仲胺的红外光谱

四、红外谱图解析

谱图的解析一般从高波数移向低波数采用如下步骤：①根据官能团区域中的特征吸收峰的位置，判别可能存在的官能团；②找出该官能团的相关峰，以确证该官能团的存在；③根据以上信息确定化合物的类别；④查对指纹区，此区除用以与标准品或标准图谱对照外，尚可通过C—H弯曲振动来区分不同类别的烯烃或不同取代的苯环。

例如：化合物C_8H_8O的红外光谱如图3-13所示，试推测其可能的构造式。

图3-13 化合物C_8H_8O的红外光谱

解：在3500～3000cm^{-1}无强峰，说明不含羟基，在1700cm^{-1}附近有一强吸收峰，说明有羰基，又因在2720cm^{-1}附近无醛基的C—H伸缩振动峰，故知该化合物可能是酮。根据约3000cm^{-1}以上、1600、1580、750和700cm^{-1}等处特征吸收，判断为单取代芳香化合物，在2920、2960及1360cm^{-1}处的吸收显示含有甲基。综上，将分子式C_8H_8O和结构碎片（单取代苯基C_6H_5-，C=O，$-CH_3$）综合考虑，该化合物结构式可能为：

第五节 核磁共振谱

1946年美国物理学家珀塞尔（E. Purcell）和布洛齐（F. Bloch）分别证实：核自旋量子数I≠0的原子核有自旋现象，其自旋运动将产生磁矩。将具有自旋磁距的原子核放入强磁场并采用电磁波进行辐射时，这些原子核会吸收特定波长的电磁波而发生核磁共振（nuclear magnetic resonance，NMR）现象。有机化合物中的^1H、^{13}C、^{15}N、^{31}P等原子具有磁矩，都能产生核磁共振。核磁共振谱中常用的是氢谱（^1H-NMR），它能反映出有机分子结构中处于不同位置的氢原子的信息。本节仅简要讨论^1H-NMR。

一、核磁共振的基本原理

无外磁场时，自旋氢核磁矩取向是任意的。但处于外加磁场（强度为H_0）中，对于I=1/2的质子，会出现（2I+1=2）两个自旋取向（图3-14），即一个与外磁场同向（α自旋态），处于低能级状态E_1；另一个与外磁场反向（β自旋态），为高能级状态E_2。两种自旋状态能级差值为：

$$\Delta E = E_2 - E_1 = \gamma \frac{h}{2\pi} H_0$$

式中，h为普朗克常数；γ为磁旋比，是磁性核的特性常数。

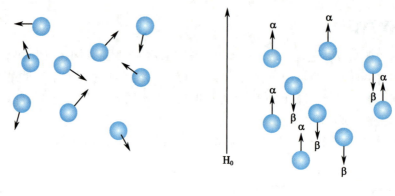

（a）无外加磁场　　　　　　　　　（b）置于外加磁场中

图 3-14　氢核的自旋取向

如果用电磁波照射处于外加磁场中的氢核，当电磁波辐射所提供的能量 hν 恰好与跃迁所需能量 ΔE 相等时，处于低能级态的质子就会吸收电磁辐射的能量跃迁至高能级态，发生核磁共振。产生核磁共振的条件是：

$$\Delta E = h\nu = \gamma\frac{h}{2\pi}H_o \Longrightarrow \nu = \gamma\frac{H_o}{2\pi}$$

式中，ν 为电磁波的频率；γ 为磁旋比，是原子核的特征常数；h 为普朗克常数；H_0 为外加磁场强度。由上式可知，质子跃迁所需要的 ν 与 H_0 成正比。

在核磁共振的测试中，装有样品的玻璃管放在磁场强度很大的电磁铁的两极之间，用恒定频率的无线电波照射通过样品。在扫描发生器的线圈中通直流电流，产生一个微小磁场，使总磁场强度逐渐增加，当磁场强度达到一定的 H_0 值时，样品中某一类型的质子发生能级跃迁，这时产生吸收，接收器就会收到信号，由记录器记录下核磁共振谱。图 3-15 为核磁共振仪装置示意图。它主要由电磁铁、无线电振荡器、样品管、信号接受器和记录器等组成。

图 3-15　核磁共振仪示意图

由于仪器的灵敏度和分辨率与磁场强度（或频率）成正比，随着超导磁体技术的发展，目前核磁共振仪的频率已达到 400～900MHz。图 3-16 为 3- 溴丙炔的 ^{1}H-NMR 谱图。从图中的信号可以提取如下信息："信号的位置"——化学位移，"信号的强度"——积分曲线，"信号的裂分"——偶合常数。

二、化学位移

（一）化学位移

质子的共振频率不仅取决于外加磁场与核的磁旋比，而且受质子周围的分子环境的影响。氢核周围的电子在外加磁场作用下，引起电子环流，在与外加磁场垂直的平面上绕核旋转并产生感应磁场。假若感应磁场的方向与外加磁场方向相反，这时氢核实际受到的磁场强度将比外加磁场略小，外加磁场的强度要略为增加才能使氢核发生自旋跃迁，这种现象称为屏蔽效应（shielding effect）。氢

图 3-16 3-溴丙炔的 ^{1}H-NMR 谱图

核周围的电子云密度越大,屏蔽效应亦越大,要在更高的磁场强度中才能发生核磁共振,其信号在较高磁场出现。相反,假如感应磁场的方向与外加磁场方向相同,就相当于在外加磁场下再增加一个小磁场,氢核实际受到的磁场强度增加,外加磁场的强度要略为减少就能使氢核发生自旋跃迁,这种现象称为去屏蔽效应(deshielding effect)。氢核外的电子云密度越低,屏蔽效应则越小,其信号在较低磁场出现。

电子的屏蔽和去屏蔽效应所引起的核磁共振吸收峰位置的变化称为化学位移(chemical shift),它反映了质子所处的化学环境。通常采用四甲基硅烷 $(CH_3)_4Si$ (tetramethylsilane, TMS) 作为参照物,将 TMS 的信号位置定为原点,其他氢核信号的位置相对于原点的距离定义为化学位移,用符号 δ 表示,即:

$$\delta = \left(\frac{\upsilon_{样品} - \upsilon_{TMS}}{\upsilon_0} \right) \times 10^6$$

式中,$\upsilon_{样品}$、υ_{TMS} 和 υ_0 分别表示样品、TMS 和核磁共振仪电磁波辐射的频率,单位均为 H_z。δ 值一般只有百万分之几。为读写方便,常将 δ 值乘以 10^6。TMS 作为标准物质具有以下优点:分子中质子只产生 1 个高强度信号,一般有机化合物中质子的化学位移均在它的左侧,信号不会重叠。

在 ^{1}H-NMR 谱图中,横坐标为化学位移 δ,$\delta_{TMS}=0$ 的值在谱图的右端,TMS 信号左侧的 δ 值为正,右侧的 δ 值为负。从右至左 δ 值增大,而相应的磁场强度逐渐减小;纵坐标为吸收峰的相对强度。

(二)影响化学位移的因素

化学位移取决于核外电子云的密度,电子云密度受诱导效应,各向异性效应,氢键及溶剂效应等因素影响。

吸电子诱导效应使氢核周围的电子云密度降低,屏蔽效应减少,信号向低场位移,δ 值增大。例如,1,1,2-三溴乙烷中 CH_2 因邻接一个 Br,δ 值增至 4.2,而 CH 因邻接两个 Br,诱导效应增强,δ 值则升高至 5.7。邻近原子或基团的电负性越大,δ 值也越大。卤甲烷中,氟甲烷的 δ 值最大,氯甲烷次之,碘甲烷最小。

在外加磁场作用下,芳环、烯烃等化合物中的 π 电子环流产生感应磁场。从图 3-17(a)可以看出:感应磁场在苯环的中心及环平面的上下方与外加磁场对抗,此区域称为屏蔽区;而苯环上的质子处于磁力线的回路中,该区域的感应磁场方向与外加磁场相同,称为去屏蔽区,故苯环质子在外加磁场强度还未达到 H_0 时,就能发生能级的跃迁,故吸收峰移向低场,δ 值增大(δ≈7.2)。与芳香环相同,碳碳双键的 π 电子分布在双键平面的上下方,如图 3-17(b)所示,使烯氢处于去屏蔽区,共振吸收移向低场,δ值增大(δ≈5.3)。

乙炔也有π电子环流,但炔氢的位置不同,处在屏蔽区(处在感应磁场与外加磁场对抗区),在高场产生共振吸收,δ值约为2.5(图3-18)。这种由于感应磁场的方向性,造成对分子不同部位氢核在屏蔽程度上的差异,称为磁各向异性效应。

图3-17　苯环和乙烯质子的去屏蔽效应示意图　　　　图3-18　乙炔质子的屏蔽效应

氢键本身是去屏蔽效应,形成氢键的质子比没有形成氢键的质子受到的屏蔽作用小,其信号移向低场,氢键越强,δ值越大。例如,醇分子间氢键δ$_{OH}$=3.5～5.5,酸分子间氢键δ$_{OH}$=10～13。

溶剂对化学位移的影响大小不一,溶剂效应对含有活泼质子(—OH、—COOH、—NH$_2$、—SH等)的样品更为明显。因此,在^{1}H-NMR的测定中,一般使用氘代溶剂,以避免普通溶剂分子中质子的干扰。为了确定活泼质子的δ值,可先用一般方法测定谱图,然后加入几滴重水(D$_2$O),再测定谱图,在后一张谱图中信号消失的质子,便是活泼质子。

(三)常见质子的化学位移值

有机化合物中不同环境的质子,具有不同的化学位移值,而确定质子类型对于推断分子结构是十分重要的。表3-4列出了常见的各种质子的化学位移值(δ)。从表中可以看出,与质子相连基团的诱导效应和各向异性效应对各类质子化学位移值影响较大。

表3-4　常见各类氢核的化学位移值(δ/ppm)

氢的类型	化学位移	氢的类型	化学位移
F—CH$_3$	4.26	H—C—O—(醇或醚)	4～3.3
Cl—CH$_3$	3.05	R$_2$NCH$_3$	2.6～2.2
Br—CH$_3$	2.68	RCH$_2$COOR	2.2～2
I—CH$_3$	2.16	RCH$_2$COOH	2.6～2
RCH$_3$	1.2～0.8	RCOCH$_2$R	2.7～2.0
R$_2$CH$_2$	1.5～1.1	RCHO	10.4～9.4
R$_3$CH	～1.5	R$_2$NH	4～4
ArCH$_3$	2.5～2.2	ArOH	8～6
ArH	8.0～6.0	RCO$_2$H	12～10
R$_2$C=CHR	5.9～4.9	RCOOCH$_2$R	3.8
RC≡CH	2.9～2.3	ROH	6～1
R$_2$CHCR=CR$_2$	～1.7		

三、质子的数目与峰面积

各类质子信号的强度与其数目有关。在核磁共振谱中,每组峰的面积与产生该组信号的质子数目成正比。比较各组信号的峰面积比值,可以确定各种不同类型质子的相对数目。核磁共振的积分曲线是一条从低场到高场的阶梯式曲线,曲线的每个阶梯的高度与其相对应的一组吸收峰的峰面积成正比。因此，从积分曲线起点到终点的总高度与分子中质子的总数目成正比，每一阶梯的高度则与相应质子的数目成正比。例如，图 3-19 是均三甲苯的 ^{1}H-NMR 谱。两类质子信号（a 和 b）的积分曲线高度之比为 3∶1，总质子数为 12，因此可知，a 峰为 9 个质子，b 峰为 3 个质子。

图 3-19　均三甲苯的 ^{1}H-NMR 谱

四、自旋偶合与自旋裂分

（一）等性质子和不等性质子

分子中两个相同化学环境的质子为等性质子，其化学位移值相同，在谱图上峰位置相同。如四甲基硅烷、苯和环己烷等分子中的氢原子均为等性质子，其谱图中只有一个峰。均三甲苯中氢原子有两类等性质子（"a"和"b"），其共振信号是两个单峰（singlet）。而化学环境不同的质子为不等性质子，其化学位移值不同，其共振信号并不都是单峰，也可以裂分成两重峰（doublet）、三重峰（triplet）、四重峰（quartet）或复杂的多重峰（multiplet）等。通常以（s）、（d）、（t）、（q）、（m）等字母分别表示裂分度。例如，1，1，2- 三溴乙烷中的 Ha 和 Hb 属于不等性质子，在 ^{1}H-NMR 谱图上出现两组峰，分别是两重峰和三重峰（图 3-20）。

图 3-20　1，1，2- 三溴乙烷的 ^{1}H-NMR 谱

（二）自旋偶合 - 裂分

在 1，1，2- 三溴乙烷的 ^{1}H-NMR 谱中，δ 为 4.2 的信号 a（含 2 个 H）裂分成强度比为 1∶1 的两重峰；δ 为 5.7 的信号 b（含 1 个 H）则裂分成强度比为 1∶2∶1 的三重峰。信号裂分是由于相邻不等性质子的自旋而引起的相互干扰，称之为自旋 - 自旋偶合，简称自旋偶合。由自旋偶合所引起的信号吸收

峰裂分而使峰增多的现象，称为自旋 - 自旋裂分，简称自旋裂分。这种现象的产生是因为处在外加磁场中的每一个氢核都有与外加磁场同向或异向两种自旋取向，由氢核自旋产生的感应磁场可使邻近氢核感受到的外加磁场强度加强或减弱，从而引起信号裂分。

裂分信号中各小峰之间的距离称为偶合常数（coupling constant），用 J 表示，单位为 Hz。它反映核之间相互偶合的程度，J 值越大，核间自旋偶合作用越强。两组相互偶合而引起峰裂分的信号应具有相同的 J 值，因此利用信号裂分度和参数 J 可找出各氢核之间的偶合关系，进而确定各氢核的归属，对结构鉴定极为有用。某一化合物的 J 值为常数，与外磁场强度无关，也不因所用测定仪而改变。

当两类质子的化学位移差与偶合常数之比（$\Delta v/J$）大于 6 时，一般可用下面规律来判别信号裂分情况：

（1）自旋偶合主要发生在相邻碳上的不等性质子之间。当一组质子的"相邻"碳上的等性质子数为 n 时，该组质子的信号裂分为（n+1）重峰，称为（n+1）规律。例如：1, 1, 2- 三溴乙烷中的 H_a 与 H_b 彼此之间有自旋偶合作用。H_b 的"相邻"碳上有两个等性质子（H_a），n=2，故裂分成（2+1=3）三重峰，而 H_a 则裂分成（1+1=2）两重峰。

（2）各裂分峰的强度比等于二项式 $(a+b)^n$ 展开式的各项系数，n 为邻接氢质子的数目。如二重峰、三重峰、四重峰的强度比分别为 1:1、1:2:1、1:3:3:1。

（3）分子中的活泼质子通常由于发生快速交换而不与相邻的氢核偶合，例如，乙醇$\overset{a}{CH_3}\overset{b}{CH_2}\overset{c}{OH}$的 ^1H-NMR 谱中的 H_c 虽邻接亚甲基，却仅表现为单峰，H_b 也仅与甲基相接表现为四重峰。

除峰的裂分外，偶合常数的大小还受到分子结构的影响。自旋偶合主要发生在相邻碳原子上的不等性质子之间，一般两个不等性质子相隔三个单键以上时，偶合作用极弱，偶合常数趋于零。

> 3-3　丙烷的 ^1H-NMR 谱中会出现几组信号？各组信号裂分为几重峰？

五、^1H-NMR 谱图解析

核磁共振谱信息量丰富，提供了化学位移、偶合常数和积分面积等信息。解析核磁共振谱，主要是从其中寻找信号的位置、数目、强度及裂分情况的信息，正确地推断出化合物的结构。

解析 ^1H-NMR 谱图，通常采用如下步骤：①根据谱图中有几组吸收峰，确定化合物可能有多少种不同类型的质子；②从各吸收峰占有的相对面积推测各类质子的相对数目，结合分子式，确定各组峰所含的具体质子数目；③由吸收峰的位置（即化学位移 δ 值），大致判断各组峰的质子类别；④根据裂分情况可知邻近基团结构的信息；⑤对于简单化合物，综合上述因素就可推断结构并对结论进行核对。对于较复杂的化合物，还需结合红外光谱、紫外光谱和质谱等，推测化合物的结构。

例如：已知某一化合物的分子式为 C_8H_9Br，试根据其 ^1H-NMR 谱（图 3-21）推断结构。

图 3-21　C_8H_9Br 的 ^1H-NMR 谱

解：(1)该化合物的 ^{1}H-NMR 谱中，TMS 信号除外，共有 3 组峰，从低场到高场积分线高度比为 25∶5∶15，可知各组吸收峰 H 的个数比为 5∶1∶3。由分子式共有 9 个氢可推知各组峰代表的氢核数分别为 5、1、3。

(2)δ 在 7.3 的多重峰，表明分子中含有苯环，且为单取代苯。

(3)δ 值为 5.1 的四重峰(1H)应是被邻近的甲基所裂分，δ 值为 2.0 双重峰(3H)应被邻近的 —CH— 所裂分。

(4)综合上述分析，该化合物的结构为 α- 溴乙苯，即：

$$\text{C}_6\text{H}_5\overset{\text{Br}}{\underset{\quad}{\text{CH}}}\text{—CH}_3$$

磁共振成像

磁共振成像(magnetic resonance imaging, MRI)是 20 世纪 80 年代以 ^{1}H-NMR 的基本原理为基础发展的一种先进的影像检查技术，已经成为医学临床诊断的重要手段之一。人体的每个细胞都含有相当量的水，MRI 可观察到水分子中的质子共振图像。依据人体正常细胞的质子与病变细胞的质子的分布等差异，MRI 图像可识别病变组织，同时可判断病变的不同发展阶段，为临床诊断提供分子水平的直接信息。磁共振所获得的图像清晰、精细、分辨率高，对比度好，信息量大，提高了诊断效率。这种技术优于 X-CT 技术，因它不产生辐射损伤，也不需要摄入可能引起过敏的造影剂，它也可得到很清晰的软组织图像。

美国科学家保罗·劳特布尔(P. Lauterbur)和英国科学家彼得·曼斯菲尔德(P.Mansfield)对磁共振成像技术起到了奠基性的作用，在此领域做出了突出性成就，因此获得了 2003 年度诺贝尔生理学和医学奖。近年来，超高强 MRI 系统发展迅速，其临床应用完成了从形态学到功能学的结合，应用先进的生物制剂，可以使医学影像进入到基因分子成像的领域，是医学影像技术的一次重大革命。

第六节　质　　谱

质谱(mass spectroscopy, MS)是基于化合物分子破坏后所得的碎片离子按质荷比(质量与所带电荷之比 m/z)排列而成的一种谱图，质谱不属于吸收光谱。质谱主要用来精确测定化合物的相对分子质量，还可以通过碎片离子的质荷比以及强度推测化合物的结构。质谱分析具有样品用量少 ($<10^{-5}$mg)，灵敏度高等优点。特别是色谱与质谱联用技术以及一些新的质谱技术的发展，为有机混合物的分离以及生物大分子的研究和鉴定提供了快速、有效的分析方法。

一、质谱的基本原理

质谱仪主要由高真空系统、进样系统、离子源、质量分析系统、检测和记录系统组成(图 3-22)。目前使用的磁偏转质谱仪有单聚焦质谱仪和双聚焦质谱仪，前者为低分辨质谱仪，后者为高分辨质谱仪。此外还有四级杆质谱仪和飞行时间质谱仪等。

在离子源部分，当化合物分子(M)进入高真空电离室，受高能电子束轰击，失去一个外层电子而生成带正电荷的分子离子 M$^{+\cdot}$(·表示一个未成对的孤电子，+ 表示正离子)，同时还会发生某些化学键的断裂而形成各种碎片离子，分子离子和碎片离子被加速后进入分析器，不同 m/z(质荷比，离子的相对质量 m 与其所带的电荷数 z 的比值)的正离子在磁场的作用下按相对质量和所带电荷以不同弯曲轨道运动,不同 m/z 的正离子按着质量大小的顺序通过狭缝进入离子捕集器,转变为电信号,经放大得质谱图。

图 3-22   单聚焦质谱仪工作示意图

质谱图是不同 m/z 的正离子的条图,每条竖线代表一种 m/z 正离子的峰。通常质谱图横坐标为质荷比 m/z,纵坐标为离子相对丰度。谱图中最强离子峰(基峰)的强度为 100%,其他峰的强度则用相对于基峰的相对强度百分数(相对丰度)表示。例如,图 3-23 是丁酮的质谱图,$m/z=43$ 峰为基峰,而 $m/z=29$ 和 $m/z=72$ 峰的相对丰度分别为 25% 和 18%。根据分子离子和各种碎片离子的 m/z 及其相对丰度,可进行结构分析。

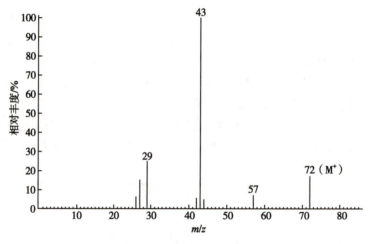

图 3-23   丁酮的质谱图

二、质谱解析

利用质谱中出现的分子离子、碎片离子、同位素离子、重排离子以及亚稳离子等,可分析、确定有机化合物的相对分子质量和分子式。进一步可根据分子结构的裂解方式及经验规律,鉴定化合物的官能团,给出分子的结构信息。

(一)分子离子

在质谱解析过程中,分子离子为有机化合物的相对分子质量确定提供了可靠的信息。分子经电子束轰击后失去一个价电子生成分子离子,该分子离子的质谱峰通常出现在谱图的最右端。由于 z 的电荷数常为 +1,分子离子与分子相比,仅差一个电子,故一般情况下分子离子峰的 m/z 值可近似表示该分子的相对分子质量。如果能够指认质谱图上的分子离子峰,再根据分子离子和相邻质荷比较小的碎片离子的关系,可以判断出化合物的类型及可能含有的基团。

有机化合物的分子离子峰相对强度取决于其分子结构和稳定性。例如,含有 π 电子的芳环、杂环或脂环化合物的分子离子峰强度较大;若碳链长或含有羟基、氨基等时,则分子离子峰的强度一般较弱。

（二）碎片离子

碎片离子是由分子离子开裂或由碎片离子进一步开裂生成。离子碎片提供分子结构信息。开裂形式主要有单纯开裂和重排开裂。

单纯开裂主要是由正电荷的诱导效应或自由基强烈的电子配对倾向所引起，其特点是开裂的产物系分子中原已存在的结构单元。例如，丁酮的分子离子（m/z 72）经单纯开裂脱去甲基或乙基自由基，分别得到 m/z 57，m/z 43 碎片离子。m/z 57 碎片离子进一步脱去 CO 而得 m/z 29 碎片离子。丁酮的开裂方式可表达如下：

$$\text{CH}_3\text{COCH}_2\text{CH}_3 \Big]^{+}$$
$$m/z\ 72(\text{M}^{+})$$

$$\cdot\text{CH}_3 + \text{CH}_3\text{CH}_2\text{CO}^{+} \longrightarrow \text{CO} + \text{CH}_3\text{CH}_2^{+}$$
$$m/z\ 57(\text{M}^{+}-15) \qquad m/z\ 29(\text{M}^{+}-15-28)$$

$$\cdot\text{CH}_2\text{CH}_3 + \text{CH}_3\text{CO}^{+}$$
$$m/z\ 43(\text{M}^{+}-29)$$

重排开裂一般伴随着多个键的断裂，往往在脱去一个中性分子的同时，产生分子的重排，生成在原化合物中不存在的结构单元的离子。如常见 Mclafferty 重排往往是经过六元环迁移，涉及两个键的断裂和一个 γ- 氢的转移。例如，4- 甲基 -2- 戊酮的 m/z 58 的碎片离子就是经 Mclafferty 重排开裂而成。凡具有 γ- 氢原子的醛、酮、羧酸、酯、酰胺、链烯、侧链芳烃等都易发生这类重排。

（三）同位素离子

有机分子中的一些元素如 C、H、O、S、Cl、Br 等元素均有重同位素。在质谱中，分子离子峰或碎片离子峰往往相邻有较其质量多 1 或 2 的峰，表示为 M+1 和 M+2 峰，这些峰称为同位素峰。同位素峰的强度与分子中含该元素原子的数目以及该重同位素的天然丰度有关。质谱中几种常见同位素（丰度比 %）为 $^{34}\text{S}/^{32}\text{S}$（4.40），$^{37}\text{Cl}/^{35}\text{Cl}$（32.5），$^{81}\text{Br}/^{79}\text{Br}$（98.0）。通常对于一氯代烃 M+2 峰的相对强度一般是相应分子离子峰的三分之一。而对于单溴代烃的 M+2 峰一般与其相应分子离子峰的相对强度相同。质谱图中，如果在高质荷比处有两个相对丰度相等的 M 和 M+2 峰时，可以推测分子中含一个溴原子。图 3-24 为 1- 溴丙烷的质谱图。

图 3-24　1- 溴丙烷的质谱图

三、质谱在生物大分子研究中的应用

质谱的电离过程中，生物大分子的结构很容易被破坏，所以以往质谱主要用于分析相对分子质量小于 1000Da（道尔顿）的有机分子。20 世纪 80 年代以来，质谱技术在离子源和质量分析器方面取得了突破性进展。美国科学家芬恩（J.B.Fenm）和日本科学家田中耕一分别发明了电喷雾电离方法（electrospray ionization，ESI）和基质辅助激光解吸电离方法（matric-assisted laser desorption ionization，MALDI）。ESI 源因容易使样品带上多个电荷，而适用于多肽、蛋白质等生物大分子分析；MALDI 技术通过引入基质分子，使待测分子不产生碎片，解决了非挥发性和热不稳定生物大分子解析离子化问题，这种方法已成为检测和鉴定多肽、蛋白质、多糖等生物大分子的有力工具。TOF-MS、磁质谱、傅里叶变换离子回旋共振质谱（FT-ICR-MS）等高分辨质谱相继问世，它们具有质量分辨率高、灵敏度高、相对分子量精确、质量范围宽等优点，对生物大分子的分析具有重要意义。借助于这些技术，质谱分析可用于测定多肽、蛋白质、核苷酸和多糖等生物分子的相对分子质量，并提供分子结构信息。也可运用于探讨蛋白质分子的折叠和非共价键的相互作用，获取蛋白质中二硫键、糖基化、磷酸化连接点的有关信息等。

第七节　多谱联用

解析结构较为复杂的有机化合物，往往需要同时利用多种波谱法进行综合分析，从不同的角度获取有关结构的信息，相互补充，相互印证，从而推断出正确的结论，即所谓多谱联用。多谱联用解析步骤一般如下：①根据质谱确定有机化合物的相对分子质量，推测可能的分子式；②由分子式计算不饱和度，并推测出该化合物的大致类型；③通过红外光谱确定该化合物中可能具有的官能团。④由紫外光谱确定该化合物中是否具有共轭结构；⑤根据核磁共振谱确定分子中不同类型氢的数目、相邻氢之间的关系，推测和印证该化合物可能的结构式。

在有机分子结构的推测过程中，要注意将各种波谱的数据互相对照比较，确保推测结构的一致性。如果是对已知物进行分析，可将其纯品的波谱图与之对照，或在标准图谱手册查核，看两者是否一致。

例如：某化合物沸点 221℃，仅含 C、H 和 O。MS 测得其分子离子峰的 m/z 为 148，其 UV、IR、^{1}H-NMR 见图 3-25（a）、（b）和（c），试解析其结构。

解：根据该化合物仅含 C、H 和 O，质谱给出的分子量，可知该化合物的分子式为 $C_{10}H_{12}O$。从分子式可判断不饱和度为 5，从它的 C、H 比例来看，可能为芳香族化合物。

IR 谱图中，1690cm^{-1} 处强峰表明有羰基；在 1600cm^{-1} 和 1480cm^{-1} 处有两个峰是苯环的 C＝C 骨架振动，3100cm^{-1} 处为芳基 C—H 的伸缩振动，证实为芳香族化合物。

（a）UV谱　　　（b）IR谱

图 3-25　未知物的 UV、IR 和 ^{1}H-NMR 谱

（c）^{1}H–NMR谱

图 3-25　未知物的 UV、IR 和 ^{1}H-NMR 谱（续）

再看 ^{1}H-NMR，δ3.47（1H）的七重峰和 δ1.17（6H）的两重峰彼此偶合，表明存在异丙基—CH(CH₃)₂ 片段，δ7.3～7.9 处的 5H 多重峰，表示有一个苯基片段。

UV 谱图中，λ_{max}=240nm 和 280nm 为取代苯 π → π* 跃迁所引起的，其 λ_{max} 值红移提示苯基片段与 C＝O 片段相连，使共轭体系有所延长；318～320nm 处的极弱吸收为酮的 n → π* 跃迁所成的。

综合以上分析，该化合物的结构式为异丙基苯基酮，即：

与标准品的物理常数和已知波谱数据对照，两者一致，证实以上推论无误。

习　题

3-4　下列各组化合物中，何者吸收的紫外光波较长？

（1）

（2）

（3）CH₃CH＝CH₂ 与 CH₃CH＝CHOCH₃

3-5　利用红外光谱可鉴别下列哪几对化合物？并说明理由。

（1）CH₃CH₂CH₂OH　　　与　　　CH₃CH₂NHCH₃

（2）CH₃C≡CCH₃　　　与　　　CH₃CH₂C≡CH

（3）CH₃CH₂CH₂OCH₃　　　与　　　CH₃CH₂COCH₃

3-6　根据下列红外光谱数据，试推测分子中所存在的官能团。

（1）在 1700cm⁻¹ 有强吸收；（2）在 2100cm⁻¹ 处有弱吸收。

3-7　应用 IR 或 ^{1}H-NMR 谱快速而有效地鉴别下列各对化合物。

（1）CH₃CH₂CH₂CH₂CHO　　　与　　　CH₃COCH₂CH₃

（2）

（3）CH₃CH₂CHCH₃ 与
　　　　　　|
　　　　　OH

(4) 与

3-8   预测下列化合物有几种不等性质子?

(1) $ClCH_2CH=CH_2$ (2) $CH_3CONHCH_2CH_3$ (3) cis-1,3-二甲基环丁烷

(4)   (5)   (6) COCH₂CH₃

3-9   下列各组化合物中用下划线标记的质子,哪个δ值最大?

(1) a. CH₃环己基   b. CH₂环己基   c. CHO环己基

(2) a. $CH_3\underline{CH_3}$ b. $CH_3\underline{CH_2}Cl$ c. $CH_3\underline{CH_2}I$

3-10   具有下列各分子式的化合物,在 ^1H-NMR 谱中均只出现 1 个信号,其可能的结构式是什么?

(1) C_5H_{12} (2) $C_3H_6Br_2$ (3) C_2H_6O

(4) C_3H_6O (5) C_4H_6 (6) C_8H_{18}

3-11   二甲基环丙烷的 3 个异构体分别给出 2、3、4 个核磁共振信号,写出与其相符的结构式。

3-12   分子式为 $C_8H_{18}O$ 的化合物只在 ^1H-NMR 谱中 δ 为 1.0 左右显示 1 个很尖的单峰,试推测其结构。

3-13   分子式为 $C_4H_8O_2$ 的化合物 A,能在酸或碱液催化下反应生成 B 和 C,C 能与金属钠反应放出 H_2,也能发生碘仿反应。A 在 IR 光谱 1735cm^{-1}、1300~1050cm^{-1} 出现强的特征吸收峰,在 ^1H-NMR 中的 δ 值分别为 1.2(三重峰 3H)、2.1(单峰 3H)、4.1(四重峰 2H),试推测 A、B、C 的结构式。

3-14   化合物 $C_{10}H_{12}O$ 的 MS 中有 m/z 为 15、43、57、91、105、148 的峰,试推出此化合物的结构式。

3-15   在一种蒿科植物中分离出分子式为 $C_{12}H_{10}$ 的化合物"茵陈烯",UV 在 λ_{max}=239nm 处有吸收峰;IR 只在 2210cm^{-1} 及 2160cm^{-1} 处出现强吸收峰;^1H-NMR 给出:δ=1.8(s,3H),δ=2.3~2.5(s,2H),δ=6.8~7.5(m,5H)。试推测"茵陈烯"的可能结构。

3-16   某化合物 A 的波谱数据如下:MS:88(M$^+$);IR:3600cm^{-1};^1H-NMR:1.41(2H,q,J=7Hz),1.20(6H,s),1.05(1H,s,加 D_2O 后消失),0.95(3H,t,J=7Hz),试推测 A 的结构式。

(李发胜)

第二篇

有机化学各论

第四章 烷烃和环烷烃

由碳和氢两种元素组成的化合物称为烃（hydrocarbon），其中烷烃的通式为 C_nH_{2n+2}。其他各类有机化合物可视为烃的衍生物（derivatives），如甲醇 CH_3OH 可视为 CH_4 分子中的一个 H 原子被羟基—OH 取代的衍生物。

本章介绍烷烃和环烷烃的结构、命名法、异构现象、物理和化学性质等内容，是后续各章的基础；烷烃的自由基反应是有机化学的典型反应，也是从分子水平理解和研究生物自由基化学过程的基础。

第一节 烷 烃

一、结构

烷烃（alkane）分子的所有碳原子均为 sp^3 杂化，原子之间以单键（σ 键）相连。甲烷是最简单的烷烃分子，其碳原子的 4 个 sp^3 杂化轨道分别与 4 个氢原子的 s 轨道沿键轴方向重叠，形成 4 个 C—Hσ 键，分子中的键角均为 109°28′，在空间呈正四面体排布，见图 4-1。

（a）电子云图　　　　　　　　（b）球棍模型

图 4-1　甲烷分子的结构

从乙烷开始，分子中除具有 C—H（sp^3-s）σ 键外，还存在 C—C（sp^3-sp^3）σ 键，电子云沿键轴近似于圆柱形对称分布，如图 4-2 所示。当成键原子绕键轴旋转时，不会改变成键轨道的重叠程度，即两个成键原子可绕键轴自由旋转。由于 σ 键的轨道重叠程度大，所以键强度大，对化学试剂很稳定。

烷烃的碳原子均为饱和碳原子，按照与它直接连接的碳原子的数目不同，可分为伯、仲、叔、季碳原子，又称为一、二、三、四级碳原子，分别用 1°、2°、3° 和 4° 表示。例如：

图 4-2　乙烷分子的电子云图

$$\overset{\underset{\displaystyle CH_3}{|}}{\underset{\underset{\displaystyle CH_3}{|}}{CH_3-CH_2-CH-CH_2-C-CH_3}}$$

伯、仲、叔碳原子上的氢原子，分别称为伯（1°）氢原子、仲（2°）氢原子和叔（3°）氢原子。不同类型氢原子的相对反应活性不同。

二、构造异构和命名

分子式相同的不同化合物彼此互为同分异构体，简称异构体（isomer）。分子中原子间相互连接的次序和方式称为构造。构造异构是指分子式相同，分子中原子间相互连接的次序和方式不同而形成不同化合物的现象。

（一）碳链异构

甲烷、乙烷和丙烷分子只存在一种碳原子连接方式，无异构体。随着碳原子数的增加，烷烃可以有多种碳原子连接方式。具有相同的分子式，由于碳链结构不同而产生的同分异构现象称为碳链异构。碳链异构属于构造异构。

C_4H_{10}　　$CH_3CH_2CH_2CH_3$　　$\overset{\underset{\displaystyle CH_3}{|}}{CH_3CHCH_3}$

　　　　　　　　丁烷　　　　　　　异丁烷

C_5H_{12}　　$CH_3CH_2CH_2CH_2CH_3$　　$\overset{\underset{\displaystyle CH_3}{|}}{CH_3CHCH_2CH_3}$　　$\overset{\overset{\displaystyle CH_3}{|}}{\underset{\underset{\displaystyle CH_3}{|}}{CH_3CCH_3}}$

　　　　　　　　正戊烷　　　　　　　异戊烷　　　　新戊烷

烷烃同分异构体的数目随着其碳原子数增加而迅速增加。例如：己烷 C_6H_{14} 有 5 个异构体，庚烷 C_7H_{16} 有 9 个异构体，十二烷 $C_{12}H_{26}$ 有 355 个异构体，二十烷则有 366 319 个异构体。

（二）命名

有机化合物的英文命名依据国际纯粹与应用化学联合会（International Union of Pure and Applied Chemistry, IUPAC）的规则，有机化合物的中文命名则是根据汉字的特点，按照 IUPAC 规则拟定的。

烷烃的命名原则是各类有机化合物命名的基础。烷烃的命名通常分为普通命名法（common nomenclature）和系统命名法（systematic nomenclature）。

普通命名法适合结构简单烷烃的命名。烷烃分子中碳原子的数目在 10 以下的，用天干（甲、乙、丙、丁、戊、己、庚、辛、壬、癸）表示碳原子的个数，含 10 个以上碳原子的烷烃用中文数字命名。如 $C_{11}H_{24}$（十一烷）。烷烃的词尾用烷，相应的英文后缀为 -ane，常见的烷烃见表 4-1。

表 4-1　常见的烷烃

中文名	英文名	结构式	中文名	英文名	结构式
甲烷	methane	CH_4	庚烷	heptane	$CH_3(CH_2)_5CH_3$
乙烷	ethane	CH_3CH_3	辛烷	octane	$CH_3(CH_2)_6CH_3$
丙烷	propane	$CH_3CH_2CH_3$	壬烷	nonane	$CH_3(CH_2)_7CH_3$
丁烷	butane	$CH_3(CH_2)_2CH_3$	癸烷	decane	$CH_3(CH_2)_8CH_3$
戊烷	pentane	$CH_3(CH_2)_3CH_3$	十一烷	undecane	$CH_3(CH_2)_9CH_3$
己烷	hexane	$CH_3(CH_2)_4CH_3$	十二烷	dodecane	$CH_3(CH_2)_{10}CH_3$

为了区分烷烃的异构体，常用一些词头来表示，"正"字表示直链烷烃，"异"和"新"分别表示碳链一端具有 $\overset{\underset{\displaystyle CH_3}{|}}{CH_3-CH-}$ 和 $\overset{\overset{\displaystyle CH_3}{|}}{\underset{\underset{\displaystyle CH_3}{|}}{CH_3-C-}}$，此外，再无其他取代基的烷烃，英文分别用 n-, iso- 和 neo- 表示。例如：

$$CH_3CH_2CH_2CH_2CH_3 \qquad CH_3\underset{\underset{CH_3}{|}}{C}HCH_2CH_3 \qquad CH_3\underset{\underset{CH_3}{|}}{\overset{\overset{CH_3}{|}}{C}}CH_3$$

（正）戊烷   异戊烷   新戊烷
n-pentane   isopentane   neopentane

烃分子中去掉一个氢原子，所剩下的基团叫做烃基，用 R- 表示。命名烷基时，把相应的烷烃命名中的"烷"字改为"基"字。烷基的英文命名只需将烷烃词尾的 -ane 改为 -yl，常见的烷基结构和名称见表 4-2。

表 4-2 常见烷基的结构与名称

常见基团的结构	中文名称	英文名称	简写
CH_3-	甲基	methyl	Me
CH_3CH_2-	乙基	ethyl	Et
$CH_3CH_2CH_2-$	（正）丙基	n-propyl	n-Pr
$CH_3-\underset{\underset{CH_3}{\ }}{C}H-$	异丙基	isopropyl	iso-Pr
$CH_3CH_2CH_2CH_2-$	丁基	butyl	n-Bu
$CH_3CHCH_2CH_3$	仲丁基	secbutyl	sec-Bu
$CH_3\underset{\ }{C}HCH_2-$，$CH_3$	异丁基	isobutyl	iso-Bu
$CH_3-\overset{\overset{CH_3}{|}}{\underset{\underset{CH_3}{|}}{C}}-$	叔丁基	tertbutyl	tert-Bu

直链烷烃的系统命名法和普通命名法基本相同，只是不写"正"字；带有侧链的烷烃可看做是直链烷烃的烷基取代衍生物。命名时，要确定主链、取代基的位次、数目和名称。烷烃系统命名的要点是：

选择含有取代基最多的最长碳链为主链，以此作为"母体烷烃"，并按主链所含碳原子数命名为某烷。

主链上若有取代基，则从靠近取代基的一端开始编号，主链上的碳原子依次用 1、2、3……标出其位次；两个不同的取代基位于相同位次时，按次序规则中排列小的取代基具有较小的编号；当两个相同取代基位于相同位次时，应使第三个取代基的位次尽可能小。例如：

$$\overset{7}{C}H_3\overset{6}{C}H_2\overset{5}{C}H\overset{4}{C}H_2\overset{3}{C}H\overset{2}{C}H_2\overset{1}{C}H_3 \qquad \overset{1}{C}H_3\overset{2}{C}H\overset{3}{C}H_2\overset{4}{C}H\overset{5}{C}H_2\overset{6}{C}H_2\overset{7}{C}H_3$$
$$\underset{C_2H_5}{|} \quad \underset{CH_3}{|} \qquad\qquad \underset{CH_3}{|} \quad \underset{CH_3}{|} \qquad\qquad \underset{CH_3}{|}$$

对于烯烃、炔烃、醇、羧酸等化合物，编号时应使官能团的位次最小。

主链为母体化合物，若连有多个取代基时，则各取代基的位次都应用数字标出，取代基的位次与名称之间用半字线连接起来，写在母体化合物名称的前面；多个相同取代基，依次写出取代基的位次，用"，"隔开，用二、三、四等中文数字表明取代基的数目与取代基名称合并写在母体化合物名称之前，位次与中文数字之间用半字线连接起来。含多个相同取代基时，英文名称中分别用词头 di、tri 和 tetra 表示二个、三个和四个。例如：

3–乙基己烷   2,4,4,6–四甲基辛烷
3–ethylhexane   2,4,4,6–tetramethyloctane

主链上若连有不同的取代基,应按次序规则比较优先次序,再按优先基团后列出原则列出各取代基。常见烷基的优先顺序是:

$$异丙基 > 异丁基 > 丁基 > 丙基 > 乙基 > 甲基$$

在英文命名中,取代基是按字首的字母排列顺序先后列出。

$$\overset{CH_3}{\underset{1}{H_3C}}\overset{2}{-}\overset{\overset{CH_3}{|}}{\underset{3}{-}}\overset{4}{-}\overset{5}{-}\overset{6}{-}\overset{7}{CH_3}$$

2–甲基–4–乙基庚烷
4–ethyl–2–methylheptane

4-1 写出化合物的名称,并指出各碳原子的类型。

(1) $\overset{C_2H_5}{\underset{\underset{CH_3}{|}}{\underset{|}{H_3C-}}}\underset{\underset{CH_3}{|}}{}CH_3$

(2) $(CH_3)_3CCH_2CH_2C(CH_3)_3$

三、构象异构

由于碳碳单键可自由旋转,导致分子中原子或原子团在空间的不同排列方式称为构象(conformation)。由此产生的异构体称为构象异构体(conformational isomer)。构象异构体的分子构造相同,但其空间排列取向不同,因此构象异构是立体异构中的一种。

(一)乙烷的构象

乙烷是最简单的含有 C—C 单键的化合物,如果固定乙烷分子中的一个碳原子,另一个碳原子围绕 C—Cσ 键旋转时,则该碳原子上的三个氢原子相对另一个碳原子上的三个氢,可以有无数种空间排列,即有无数种构象异构体,其中重叠式(eclipsed)和交叉式(staggered)是两种典型的构象。

常用锯架式(sawhorse formula)和纽曼投影式(Newman projection formula)表示烷烃的构象。锯架式是从分子模型的侧面观察分子立体结构的表达方式,能直接反映碳原子和氢原子在空间的排列情况。图 4-3 为乙烷的锯架式结构图。

交叉式　　　　　　　重叠式

图 4-3　乙烷的锯架式结构图

纽曼投影式是沿着 C—C 键轴观察分子模型所得的平面的表达方式,用圆圈表示碳原子,从圆圈中心伸出的三条直线,表示离观察者近的碳原子上的价键,而从圆周向外伸出的三条短线,表示离观察者远的碳原子上的价键(图 4-4)。

交叉式　　　　　　　　　重叠式

图4-4　乙烷的纽曼投影式

　　在化合物分子中非键合的原子之间存在着相互作用力,其作用力的大小与原子间的距离有关,当该距离等于或大于它们的范德华(van der Waals)半径之和时,就相互吸引;当该距离小于范德华半径之和,它们就彼此排斥,从而产生范德华张力,又称为空间张力。当乙烷分子处于交叉式构象时,两个碳原子上的氢原子之间相距最远,相互间斥力最小,分子的能量最低;随着分子中 C—C 键相对旋转,碳上氢原子之间的距离越来越近,相互之间的斥力逐渐增大,分子的内能逐渐升高,当碳原子上的氢原子距离最近时,分子的内能达到最高,此时乙烷分子处于重叠式;随着 C—C 键的继续相对旋转,碳上氢原子之间的距离越来越远,相互之间的斥力逐渐增减小,分子的内能逐渐降低,最终乙烷分子的构象又回复到交叉式。乙烷分子的构象变化及能量变化曲线见图4-5。

图4-5　乙烷分子构象的能量曲线

　　乙烷分子的各种构象中,能量最低的构象是最稳定构象,也称为优势构象。交叉式构象的能量最低,所以交叉式是乙烷稳定的优势构象。乙烷的交叉式构象比重叠式构象低 12.6kJ·mol^{-1},分子间的这一能垒并不难以逾越，因为室温下分子间的碰撞即可产生 $83.8kJ\cdot mol^{-1}$ 的能量，足以使 C—C 键"自由"旋转，致使各构象间迅速互变，因此乙烷分子体系成为无数个构象异构体的动态平衡混合物，无法分离出其中某一构象异构体，但大多数乙烷分子是以最稳定的交叉式构象状态存在。介于交叉式和重叠式两种构象之间，尚有无数种构象，其能量也介于两者之间。

（二）丁烷的构象

正丁烷分子可看做是乙烷分子的两个碳原子上各一个氢原子被甲基取代的化合物，正丁烷分子具有比乙烷分子更为复杂的构象。当 C_2 和 C_3 围绕 σ 键旋转时，丁烷分子会出现以下 4 种典型的构象异构体，即对位交叉式、邻位交叉式、部分重叠式和全重叠式。

对位交叉式中，两个体积较大的甲基处于对位，相距最远，基团间的相互斥力最小，分子的能量最低，这是正丁烷分子的优势构象，大多数正丁烷分子以这种优势构象存在；邻位交叉式中的两个甲基处于邻位，相互距离比对位交叉式近，两个甲基间的相互斥力使这种构象的能量较对位交叉式高，因而较对位交叉式不稳定；全重叠式中的两个甲基及氢原子都各处于重叠位置，相互间的相互斥力最大，故分子的能量最高，是最不稳定的构象；部分重叠式中，甲基和氢原子的重叠使其能量较高，但比全重叠式的能量低。因此 4 种典型构象的稳定性次序如下：

对位交叉式　　　邻位交叉式　　　部分重叠式　　　全重叠式

稳 定 性 降 低 次 序 ⟶

正丁烷各种构象之间的能量差别不太大。在室温下分子碰撞的能量足可引起各构象间的迅速转化，因此正丁烷实际上是构象异构体的混合物。从正丁烷分子绕 C_2—C_3 键旋转时的能量曲线图（图 4-6）可知，室温下正丁烷主要以对位交叉式和邻位交叉式的构象存在，其他两种构象所占的比例很小。

图 4-6　正丁烷 C_2—C_3 旋转时各种构象的能量曲线

随着正烷烃碳原子数的增加，它们的构象也随之而复杂，但其优势构象都类似正丁烷的能量最低的对位交叉式。因此，直链烷烃的碳链在空间的排列，绝大多数是锯齿形（图 4-7），而不是一条真正的直链。通常只是为了书写方便，才将结构式写成直链的形式。

图 4-7 戊烷分子结构球棍模型

分子的构象不仅影响化合物的物理和化学性质,而且还对一些生物大分子(如蛋白质、核酸)的结构和性能产生影响。许多药物分子的构象异构与药物生物活性密切相关,药物受体一般与药物多种构象中的一种结合,这种构象称为药效构象。药物的非药效构象异构体较难与药物的受体结合,通常低效或无药效。例如,抗震颤麻痹药物多巴胺作用于受体的药效构象是对位交叉式。

4-2 用 Newman 投影式表示正丁烷以 C_1—C_2 键为轴旋转的典型构象式,并指出最优构象。

四、物理性质

有机化合物的物理性质,一般是指状态、沸点、熔点、密度、溶解度、折光率等。烷烃同系物的物理性质通常随碳原子数的增加,而呈现规律性的变化。

在室温和常压下,正烷烃中 C_1～C_4 是气体,C_5～C_{17} 是液体,C_{18} 以上的高级正烷烃是固体。直链烷烃的熔点也随着碳原子数的增加而升高,但变化的规律性与沸点的变化有所不同:含偶数碳的直链烷烃的熔点升高幅度比奇数碳的大一些(图 4-8)。这是由于熔点不仅与分子间的作用力有关,还与分子在晶格中排列的紧密度有关。分子越对称,其在晶格中排列得越紧密,熔点越高。正烷烃的沸点随着碳原子的增多而呈现出有规律的升高。除了很小的烷烃外,链上每增加 1 个碳原子,沸点升高 20～30℃。这是由于烷烃的碳原子数增多,分子间作用力增大,使之汽化就必须提供更多的能量,所以沸点就越高。但在同分异构体中,支链越多,沸点越低。这是因为随着支链的增多,分子的形状趋于球形,减少了分子间有效接触的程度,使分子间的作用力变弱而降低沸点。

图 4-8 直链烷烃的熔点(a)和沸点(b)与分子中碳原子数的关系

正烷烃的密度随着碳原子数的增多而增大,但在 0.8g·cm^{-3} 时趋于恒定。烷烃是密度最小的一类有机化合物,其密度都小于 1g·cm^{-3}。烷烃是非极性或弱极性的化合物。根据"极性相似者相溶"的经验规律,烷烃易溶于非极性或极性较小的苯、氯仿、四氯化碳、乙醚等有机溶剂,而难溶于水和其他强极性溶剂。

烷烃分子中只含 C—C 和 C—H。红外光谱主要为 C—H 的伸缩振动:3000～2850cm^{-1}(一般为强吸收）和弯曲振动：1465～1340cm^{-1}，C—C 振动吸收很弱。烷烃分子核磁共振氢谱（^{1}H-NMR）氢的共振吸收出现在高场 0.9～1.8 之间。例如，2- 甲基戊烷的核磁共振图谱（图 4-9），有 5 组不同的氢：0.85～0.87（6H，d），0.85～0.92（3H，t），1.05～1.20（2H，m），1.20～1.40（2H，m），1.45～1.60（1H，m）。

图 4-9　2- 甲基戊烷核磁共振图谱

五、化学性质

（一）稳定性

烷烃分子中只有稳定的 C—Cσ 键和 C—Hσ 键，所以烷烃具有高度的化学稳定性。在室温下，烷烃与强酸、强碱、强氧化剂、强还原剂一般都不发生反应，烷烃常用作溶剂和药物基质。烷烃在适宜的反应条件（如光照、高温或存在催化剂）下，也能进行一些化学反应，如卤代反应。

（二）卤代反应

有机化合物分子中的氢原子（或其他原子）或基团被另一原子或基团取代的化学反应称为取代反应（substitution reaction）。烷烃分子中的氢原子被卤素原子取代的反应称为卤代反应（halogenation reaction）。

1. 甲烷的卤代反应　在紫外光照射或加热至 250～400℃ 的条件下，甲烷和氯气的混合物可剧烈地发生氯代反应，反应一般情况下较难限定在一元取代的阶段，得到氯化氢和一氯甲烷、二氯甲烷、三氯甲烷（氯仿）及四氯甲烷（四氯化碳）的取代混合物。但可以通过控制反应条件，利用各自不同的沸点将其分开。

$$CH_4 + Cl_2 \xrightarrow{\text{紫外光}} CH_3Cl + HCl$$
$$\xrightarrow[\quad]{Cl_2} CH_2Cl_2 + HCl$$
$$\xrightarrow[\quad]{Cl_2} CHCl_3 + HCl$$
$$\xrightarrow[\quad]{Cl_2} CCl_4 + HCl$$

2. 卤代反应的机制　反应机制是对某个化学反应逐步变化过程的详细描述。它是以大量的实验事实为依据，做出的理论推导。烷烃的卤代反应机制可分为链引发、链增长和链终止三个阶段，下面是甲烷卤代形成一氯甲烷的反应机制：

链引发阶段(chain-initiating step):氯分子从光或热中获得能量,发生化学键的均裂,生成高能量的氯自由基。自由基是带有单电子的原子或基团,自由基非常活泼,只能瞬间存在,有很强的获取一个电子形成稳定的八隅体结构的倾向,因而具有很强的反应活性。

$$Cl \overparen{} Cl \longrightarrow 2Cl \cdot \quad \triangle_r H_m^q = +243 kJ \cdot mol^{-1} \quad ①$$

链增长阶段(chain-propagating step):氯自由基夺取甲烷分子中的一个 H 原子,形成氯化氢分子和一个新的甲基自由基。紧接着活泼的甲基自由基再夺取氯分子中的一个的氯原子,形成一氯甲烷和一个新的氯自由基。

$$Cl \cdot + H : CH_3 \xrightarrow{\text{光或热}} HCl + \cdot CH_3 \quad \triangle_r H_m^{\theta} = +4 kJ \cdot mol^{-1} \quad ②$$

$$Cl : Cl + \cdot CH_3 \xrightarrow{\text{光或热}} CH_3Cl + Cl \cdot \quad \triangle_r H_m^{\theta} = -108 kJ \cdot mol^{-1} \quad ③$$

甲烷的氯代反应,每一步都消耗一个活泼的自由基,同时又为下一步反应产生另一个活泼的自由基,所以这是自由基的链反应(free radical chain reaction)。

反应式③是放热反应,所放出的能量足以补偿反应②所需吸收的能量,因而反应可以不断地进行,将甲烷转变为一氯甲烷。新生成的氯自由基又可重复上述②和③步的反应。

链终止(chain-terminating step):在反应后期,随着反应物的量逐渐减少,自由基与反应物碰撞的机会减少,而自相碰撞的机会增多,自由基一旦相互碰撞结合成分子,取代反应就逐渐终止。例如:

$$Cl \cdot + Cl \cdot \longrightarrow Cl_2$$

$$CH_3 \cdot + CH_3 \cdot \longrightarrow CH_3CH_3$$

$$CH_3 \cdot + Cl \cdot \longrightarrow CH_3Cl$$

在自由基的链反应中,加入少量能抑制自由基生成或降低自由基活性的抑制剂,可使反应速率减慢或终止反应,这是一个自由基消除的过程。

甲烷的氯代反应是自由基反应,其机制既适用于甲烷的溴代反应,也适用于其他烷烃的卤代反应。卤素与烷烃的反应活性顺序为:$F_2 > Cl_2 > Br_2 > I_2$。甲烷的氟代反应十分剧烈,难以控制,强烈的放热反应所产生的热量可破坏大多数的化学键,以致发生爆炸。碘最不活泼,碘代反应难以进行。因此,卤代反应一般是指氯代反应和溴代反应。

3. 烷烃卤代反应的取向   碳链较长的烷烃含有不同类型的氢原子,发生氯代反应,生成多种氯代烃异构体的混合物。由于不同类型的氢原子的解离速率不同,导致反应活性不同,形成各氯代产物的比例也不同。例如:

$$CH_3CH_2CH_3 + Cl_2 \xrightarrow[25℃]{\text{光照}} \underset{\substack{\text{1-氯丙烷} \\ (43\%)}}{CH_3CH_2CH_2-Cl} + \underset{\substack{\text{2-氯丙烷} \\ (57\%)}}{\underset{\overset{|}{Cl}}{CH_3CHCH_3}}$$

$$\underset{\overset{|}{CH_3}}{CH_3CHCH_3} + Cl_2 \xrightarrow[25℃]{\text{光照}} \underset{\substack{\text{2-甲基-1-氯丙烷} \\ (37\%)}}{\underset{\overset{|}{CH_3}}{CH_3CHCH_2-Cl}} + \underset{\substack{\text{2-甲基-2-氯丙烷} \\ (63\%)}}{\underset{\overset{|}{Cl}}{\overset{\overset{|}{CH_3}}{CH_3CCH_3}}}$$

由上述两个实例可知:碳链较长的烷烃与卤素发生自由基取代反应时,烷烃分子中不同类型氢的反应活性支配着卤素取代的"主"、"次"产物。烷烃分子中不同类型的氢对卤素的自由基取代反应活性次序是：

$$叔氢 > 仲氢 > 伯氢$$

由于氯的活泼性较大，选择性较差，在氯代反应中，各种产物间的相对比例相差不大；溴的活泼性较小，选择较强，以一种产物占优势，例如：

$$CH_3CH_2CH_3 + Br_2 \xrightarrow[127℃]{光照} CH_3CH_2CH_2Br + CH_3\underset{\underset{Br}{|}}{C}HCH_3$$

1-溴丙烷　　2-溴丙烷
(3%)　　　　(97%)

$$\underset{\underset{CH_3\underset{\underset{|}{Br}}{|}}{|}}{CH_3CHCH_3} + Br_2 \xrightarrow[127℃]{光照} CH_3\overset{\overset{CH_3}{|}}{\underset{\underset{Br}{|}}{C}}CH_3 \quad + \quad CH_3\overset{\overset{CH_3}{|}}{C}HCH_2{-}Br$$

2-甲基-2-溴丙烷　　2-甲基-1-溴丙烷
(>99%)　　　　　　(痕量)

上述例子说明，烷烃卤代反应的取向取决于烷烃的结构及卤素的活性。

4. 烷基自由基稳定性与构型　烷基自由基形成过程中涉及 C—H 共价键的均裂，共价键均裂成自由基所需的能量称为共价键的键离解能（bond dissociation energy）。共价键的离解能可衡量共价键的强度，化学键越牢固，越不易断裂，需要的离解能越大，反之，化学键越易断裂，需要的离解能越小，不同类型的碳氢键的键离解能是不同的。例如：

	$CH_3{-}H$	$CH_3CH_2{-}H$	$(CH_3)_2CH{-}H$	$(CH_3)_3C{-}H$
键离解能	435	410	397	385
$(kJ\cdot mol^{-1})$				

C—H 键的离解能越小，键发生均裂需要的能量越低，自由基越容易形成，也就相对越稳定，有利于进一步形成卤代产物。根据不同 C—H 键离解能的不同，烷烃的自由基相对稳定性次序如下：

$\dot{C}H_3$　　$R\dot{C}H_2$　　$R_2\dot{C}H$　　$R_3\dot{C}$

甲基自由基　伯碳自由基　仲碳自由基　叔碳自由基

稳　定　性　增　加　次　序 →

自由基的稳定性次序对反应的取向和反应的活性起着支配的作用，尤其是碳链较长的烷烃与溴发生自由基取代反应更为明显。

甲基自由基是最简单的有机自由基，光谱分析已证实其碳原子为 sp^2 杂化，3 个 sp^2 杂化轨道与 3 个氢原子的 $1s$ 轨道形成的 3 个 C—Hσ 键处于同一平面，未成对的单电子处于未参与杂化的 p 轨道中，且垂直于该平面（图 4-10）。其他烷基自由基的结构与甲基自由基的结构类似。

图 4-10　甲基自由基（a）及叔丁基自由基（b）的结构

第二节　环　烷　烃

一、命名

环烷烃的命名与烷烃相似，只是在同数碳原子的链状烷烃的名称前加"环"字。英文命名则加词头 cyclo。

环丙烷
cyclopropane

环丁烷
cyclobutane

环戊烷
cyclopentane

环己烷
cyclohexane

环碳原子的编号,应使环上取代基的位次最小。有多个取代基时,应使它们的位次和最小;书写名称时遵守基团次序规则。例如:

甲基环戊烷
methylcyclopentane

1-甲基-3-乙基环己烷
3-ethyl-1-methylcycolhexane

当环上有复杂取代基时,可将环作为取代基命名。例如:

1,4-二环丙基丁烷
1,4-dicyclopropylbutane

1-环丁基丁烷
1-cyclobutylbutane

环烷烃碳环的 C—C 单键因受环的限制而不能自由旋转,所以当成环的两个碳原子各连有一个取代基时,可产生顺、反两种异构体,两个取代基位于环平面同侧的,称为顺式异构体(cis isomer);位于环平面异侧的,则称为反式异构体(trans isomer)。顺反异构是立体异构中的一种,例如 1,3- 二甲基环戊烷,具有顺式和反式两种异构体。

顺-1,3-二甲基环戊烷
cis-1,3-dimethylcyclopentane

反-1,3-二甲基环戊烷
trans-1,3-dimethylcyclopentane

二、结构与稳定性

环烷烃的稳定性与其环的几何形状和环张力有关,饱和碳原子之间成键都以 sp^3 杂化轨道成键,分子的键角越接近正四面体角(109°28′),分子越稳定,成键角度与之产生偏差会产生角张力,偏差越大,角张力越大,环越不稳定。

在环丙烷分子中,环内键角均为 60° 导致 sp^3 杂化轨道彼此只能沿键轴方向达到部分重叠,形成弯曲的碳碳单键(图 4-11),这种弯曲的碳碳单键与一般的碳碳单键比,存在很大的角张力,导致分子不稳定,易发生开环反应。

环丁烷的情况与环丙烷类似、只是环内键角比环丙烷大一些、几何角度和成键角度偏差小,角张力相对较小,比环丙烷稳定些,但仍易发生开环反应。

为减少角张力,构成脂环的碳原子并不固定在同一平面,实际上除了环丙烷中的三个原子在一个平面外,其他环烷烃的

图 4-11 环丙烷分子中的"弯曲键"

原子都不在一个平面,通过改变环的几何形状(详见环己烷的构象)使得环内键角接近 sp^3 杂化轨道键角,减少张力,增大环的稳定性。一般环戊烷和环己烷较稳定,不发生开环反应,化学性质稳定。环烷烃稳定性的顺序是:环己烷 > 环戊烷 > 环丁烷 > 环丙烷。

三、性质

(一)物理性质

环烷烃的物理性质与烷烃相似。环烷烃都不溶于水,易溶于苯、四氯化碳、氯仿等低极性的有机

溶剂。由于环烷烃分子中单键旋转受到一定的限制，分子运动幅度较小，并具有一定的对称性和刚性。因此，环烷烃的沸点、熔点和密度都比同碳原子数的烷烃高。

（二）化学性质

五元环和六元环等较大环的环烷烃与链状烷烃的化学性质很相似，与酸、碱、氧化剂和还原剂（如金属钠）等一般都不起反应；在光照、高温加热或者在过氧化物（R—O—O—R）存在下，也能发生像链状烷烃那样的自由基取代反应。例如：

$$\text{环戊烷} + Br_2 \xrightarrow{300℃} \text{溴代环戊烷} + HBr$$

三元、四元环烷烃容易发生开环反应，生成开链化合物。例如：

$$\text{环丙烷} + H_2 \xrightarrow[80℃]{Ni} CH_3CH_2CH_3（\text{丙烷}）$$

$$\text{环丁烷} + H_2 \xrightarrow[120℃]{Ni} CH_3CH_2CH_2CH_3（\text{丁烷}）$$

环丙烷在常温下即能与卤素或氢卤酸发生开环反应，生成链状化合物。

$$\text{环丙烷} + Br_2 \xrightarrow{CCl_4} \underset{Br\quad\quad Br}{CH_2CH_2CH_2}（\text{1,3-二溴丙烷}）$$

$$\text{环丙烷} + HBr \longrightarrow CH_3CH_2CH_2Br（\text{1-溴丙烷}）$$

当烷基取代的环丙烷与氢卤酸作用时，碳环开环发生在连氢原子最多和连氢原子最少的两个碳原子之间。氢卤酸中的氢原子加在连氢原子较多的碳原子上，而卤原子则加在连氢原子较少的碳原子上。

$$\text{甲基环丙烷} + HBr \longrightarrow \underset{Br\quad H}{CH_3CHCH_2CH_2}（\text{2-溴丁烷}）$$

环丁烷的反应活性比环丙烷略低，常温下环丁烷与卤素或氢卤酸不发生开环反应，在加热条件下才能发生反应。

四、构象

（一）环戊烷的构象

通常环戊烷的四个碳原子处在一个平面上，一个碳原子离开平面，时而在上，时而在下，呈动态平衡。环戊烷环上每一个碳原子在构象动态转换时，依次轮流离开平面。环戊烷较稳定的优势构象是离开平面的碳原子上的氢原子与相邻碳上的氢原子呈交叉式。

环戊烷的构象

（二）环己烷的构象

1. 椅式构象和船式构象　若环己烷分子中碳原子在同一平面上时，其C—C键角为120°，存在较大的角张力。实际上分子自动折曲而形成非平面的构象，在一系列构象的动态平衡中，椅式构象（chair conformation）和船式构象（boat conformation）是两种典型的构象（图4-12）。

椅式构象　　　　**船式构象**

图4-12　环己烷的两种典型构象

在常温下，由于分子的热运动可使船式和椅式两种构象互相转变，因此不能拆分环己烷的船式或椅式中的某一种构象异构体。

2. 构象稳定性的分析　环己烷分子椅式构象环内的C—C—C键角均接近109°28′，基本消除了角张力的影响；C_1、C_3、C_5或C_2、C_4、C_6上的三个竖氢原子间的距离均为230pm，与氢原子的范德华半径之和240pm相近，无范德华斥力，即没有空间张力；环上相邻碳上所有的氢原子间均为交叉式，碳原子上的氢原子相距较远，不产生斥力，扭转张力很低。因椅式构象的环己烷既无角张力，又几乎无扭转张力和空间张力，所以是一种广泛存在于自然界的稳定性极高的优势构象。

锯架式　　　　　　　　　纽曼投影式

环己烷的椅式构象

船式构象的环己烷虽然也无角张力，但C_1与C_4两个船头碳上的氢原子伸向环内侧，彼此间相距183pm，远小于两个氢原子的范德华半径之和，相互间斥力较大，存在因空间拥挤而产生的空间张力；此外，同处"船底"的C_2与C_3、C_5与C_6两对碳上的氢原子间均为重叠式，具有较大的扭转张力。由于这两种张力的存在，分子内能较高，船式构象的能量比椅式构象高29.7kJ·mol^{-1}。在室温下，99.9%的环己烷分子是以椅式构象存在。

锯架式　　　　　　　　　纽曼投影式

环己烷的船式构象

在椅式环己烷分子中有12条C—H键，它们可分为两组：垂直于C_1、C_3、C_5（或C_2、C_4、C_6）碳原子所组成平面的6条C—H键，称为竖键（axial bond），用a键表示，其中3条竖键相间分布于环平面之上，另外3条竖键则相间分布于环平面之下。其余6条C—H键与垂直于环平面的对称轴成109°28′的夹角，大致与环平面平行，称为横键（equatorial bond），用e键表示。环上的每个碳原子都有1条a键和1条e键，通过环内C—C键的转动，可使原来环上的a键全部变为e键，而原来的e键则全部变为a键，但键在环上方或环下方的空间取向不变。

这种从一种椅式构象转变为另一种椅式构象的过程称为翻环作用。翻环作用需要46kJ·mol^{-1}的能量，在常温下可迅速地进行。

3. 取代环己烷的构象分析　环己烷分子中的一个氢原子被其他原子或基团取代时，取代基可处于横键或竖键，故取代环己烷可以两种不同的椅式构象存在，其中竖键上的取代甲基与C_3和C_5位上的竖键氢原子距离较近,相互间斥力较大,该构象较不稳定;平伏键取代的构象能量较低,是较稳定的优势构象。在甲基环己烷分子中,由于甲基在平伏键的构象比在竖键的构象能量低 $7.5kJ\cdot mol^{-1}$,因此室温下,平伏键取代的甲基环己烷在两种构象的平衡混合物中占95%。

排斥力较大　　　　　　　　稳定构象

取代基的体积越大,取代基在横键和在竖键的两种构象的能量差也越大,横键取代构象所占的比例就越高。例如,在室温下,叔丁基几乎100%处于横键。总之,一取代环己烷的最稳定的椅式构象是最大基团在横键的构象。

当环己烷分子中两个碳原子上的氢原子被其他原子或基团取代时,则存在顺反异构体。例如:顺-1,2-二甲基环己烷的两种椅式构象中,均有一个甲基在 a 键,另一个甲基在 e 键(ea 键或 ae 键)。两种构象的能量相等,稳定性相同。

ea 键　　　　　　　　　　　ae 键

反-1,2-二甲基环己烷也有两种椅式构象,一种是两个甲基都处于横键(ee 键),另一种则都处于竖键(aa 键)。显然 ee 键构象是比 aa 键构象稳定的优势构象。

ee 键（优势构象）　　　　　　aa 键

反-1,2-二甲基环己烷的优势构象中,两个甲基都处于 e 键,而在顺-1,2-二甲基环己烷的任一构象中,只有一个甲基处于 e 键,所以反-1,2-二甲基环己烷比顺-1,2-二甲基环己烷稳定。实验测定,反式异构体比顺式异构体的能量低 $7.8kJ\cdot mol^{-1}$。

4-3　分析1,3-二甲基环己烷构象,并由大到小排列各构象异构体的稳定性。

当环己烷环上的取代基不同时,大基团位于 e 键的构象为优势构象,如:在1-甲基-4-叔丁基环己烷中,由于庞大的叔丁基倾向于占据 e 键的位置,叔丁基位于 e 键的构象为优势构象。因此1-甲基-4-叔丁基环己烷顺式和反式异构体的优势构象分别为:

顺-1-甲基-4-叔丁基环己烷　　　反-1-甲基-4-叔丁基环己烷

判断取代环己烷的优势构象,一般应把握以下要点:椅式构象是最稳定的构象;多个取代基时,e 键取代基最多的构象是稳定构象;有不同取代基时,较大取代基处于 e 键的构象是稳定构象。

4-4 命名下列化合物。

(1) $(CH_3CH_2)_4C$

(2)

(3) $CH_3CH_2CH_2\underset{\underset{\underset{CH_2CH_3}{|}}{H_3C-CH}}{C}HCH_2\underset{\underset{CH_3}{|}}{C}HCH_3$

(4) $CH_3\underset{\underset{\triangle}{|}}{C}HCH_2\underset{\underset{CH_3}{|}}{C}HCH_3$

(5)

(6)

4-5 写出下列化合物的结构。

(1) 2,2-二甲基-4-乙基庚烷

(2) 5-甲基-3,3-二乙基-6-异丙基壬烷

(3) 2-环丙基-4-叔丁基辛烷

(4) 反-1-甲基-4-叔丁基环己烷

4-6 化合物 2,2,4,6-四甲基庚烷分子中的碳原子,各属于哪一类型(伯、仲、叔、季)碳原子?

4-7 写出下列烷烃或环烷烃的结构式。

(1) 不含有仲碳原子的 4 碳烷烃。

(2) 具有 12 个等性氢原子、分子式为 C_5H_{12} 的烷烃。

(3) 分子中各类氢原子数之比为:1°氢:2°氢:3°氢=6:1:1,分子式为 C_7H_{16} 的烷烃。

(4) 只有 1 个伯碳原子、分子式为 C_7H_{14} 的环烷烃。

4-8 将下列化合物按沸点降低的顺序排列:

(1) 丁烷　　　　　　(2) 己烷　　　　　　(3) 3-甲基戊烷

(4) 2-甲基丁烷　　　(5) 2,3-二甲基丁烷　(6) 环己烷

4-9 按稳定性从大到小的次序,用 Newman 投影式表示 2,3-二甲基丁烷以 C_2-C_3 键为轴旋转的 4 种典型构象式。

4-10 用 Newman 投影式表示己烷围绕 C_3-C_4 化学键旋转时的最稳定构象和最不稳定的构象。

4-11 写出下列化合物的优势构象。

(1) 叔丁基环己烷　　　　　　(2) 1-甲基-3-氯环己烷

(3) 顺-1-甲基-2-乙基环己烷

4-12 将下列自由基按稳定性从大到小的次序排列:

(1) $CH_3\underset{\underset{CH_3}{|}}{C}HCH_2\overset{\cdot}{C}H_2$　(2) $CH_3\overset{\cdot}{C}H\underset{\underset{CH_3}{|}}{C}HCH_3$　(3) $CH_3\overset{\cdot}{\underset{\underset{CH_3}{|}}{C}}CH_2CH_3$　(4) $\overset{\cdot}{C}H_3$

4-13 完成下列反应式:

(1) $(CH_3)_3CH \xrightarrow{Br_2, hv}$

(2)

(3)

(4)

（张静夏）

第五章　烯烃和炔烃

烯烃（alkene）和炔烃（alkyne）均为含有 π 键的不饱和烃（unsaturated hydrocarbon），它们的官能团分别为碳碳双键（C＝C）和碳碳三键（C≡C）。烯烃和炔烃的化学性质比烷烃活泼。无论是合成的还是天然的不饱和烃，在化学工业和生命科学中都有着十分重要的地位。本章将讨论烯烃和炔烃中 π 键的结构和特点，烯烃和炔烃的主要化学性质—亲电加成反应及其反应机制、电子效应对亲电加成反应的影响等。

第一节　烯　　烃

一、结构

烯烃是分子中含有碳碳双键（C＝C）的碳氢化合物。含有一个碳碳双键的开链烯烃比含有相同碳原子数的烷烃少两个氢原子，通式为 C_nH_{2n}。

最简单的烯烃是乙烯，其分子结构如图 5-1。乙烯分子的各键角均接近 120°（图 5-1a），这表明乙烯的碳原子发生 sp^2 杂化。乙烯的两个碳原子各用一个 sp^2 杂化轨道互相重叠，形成碳碳 σ 键，再各用两个 sp^2 杂化轨道分别与两个氢原子的 $1s$ 轨道形成两个碳氢 σ 键，碳碳 σ 键和碳氢 σ 键均处于同一个平面。同时，每个 sp^2 杂化的碳原子上还各有一个未参与杂化的 p 轨道，这两个 p 轨道的对称轴都垂直于 sp^2 杂化轨道所在的平面，它们彼此平行，侧面互相重叠形成 π 键，π 键电子云对称分布于 σ 键所在平面的上下，见图 5-1b。烯烃的碳碳双键是由一个 σ 键和一个 π 键构成的。

（a）结构式　　　　　　　　　　　（b）电子云图

图 5-1　乙烯分子的结构示意图

碳碳双键的平均键能是 610.28kJ•mol^{-1}，是碳碳单键键能（346.94kJ•mol^{-1}）的 1.76 倍左右；碳碳双键的平均键长（134pm）比碳碳单键的键长（154pm）短。碳碳双键不能自由旋转。

> 5-1　试比较 σ 键和 π 键的主要特征。

二、烯烃的异构现象和命名

（一）烯烃的异构现象
烯烃存在构造异构和立体异构。

63

1. 构造异构　与含有相同碳原子数的烷烃相比,烯烃的构造异构体更多。例如,戊烯有五个构造异构体:

$$CH_3CH_2CH_2CH=CH_2 \qquad CH_3CH_2CH=CHCH_3$$
$$(1) \qquad\qquad\qquad\qquad (2)$$

$$\underset{(3)}{CH_3\overset{\displaystyle CH_3}{\underset{\displaystyle |}{CH}}CH=CH_2} \qquad \underset{(4)}{CH_3\overset{\displaystyle CH_3}{\underset{\displaystyle |}{C}}=CHCH_3} \qquad \underset{(5)}{CH_3CH_2\overset{\displaystyle CH_3}{\underset{\displaystyle |}{C}}=CH_2}$$

(1)、(2)与(3)、(4)、(5)的碳链骨架不同,属于碳链异构。而(1)与(2)之间或(3)、(4)、(5)之间的碳链骨架相同,只是双键的位置不同,这种异构现象称为位置异构。

2. 顺反异构　顺反异构属于立体异构。产生顺反异构的原因是烯烃分子中存在着限制碳原子自由旋转的双键,当双键碳原子上分别连接不同的原子或基团时,这些原子或基团在双键碳原子上就有着不同的空间排列方式,即存在着与环烷烃类似的顺反异构现象。以 2- 丁烯为例,其双键碳原子上的氢原子和甲基在空间上有如下两种排列方式:

顺式(cis) 　　　　　反式(trans)

烯烃产生顺反异构体的条件为,两个双键碳原子上分别连接不同的原子或基团。因此,下列两个烯烃均无顺反异构体,因为它们其中一个双键碳原子上连接了相同的原子或基团。

综合环烷烃和烯烃的顺反异构现象,可以总结出顺反异构的形成条件:①分子中存在限制两个原子之间自由旋转的刚性结构(双键或脂环);②刚性结构上的两个原子上分别连接不同的原子或基团。

(二) 烯烃的命名

简单烯烃的命名常用普通命名法,例如:

$$CH_2=CH_2 \qquad CH_3CH=CH_2 \qquad CH_3-\overset{\displaystyle CH_3}{\underset{\displaystyle |}{C}}=CH_2 \qquad CH_2=CH-\overset{\displaystyle CH_3}{\underset{\displaystyle |}{C}}=CH_2$$

乙烯　　　　　　　丙烯　　　　　　　异丁烯　　　　　　　异戊二烯
ethylene 　　　　　propylene 　　　　isobutylene 　　　　isoprene

烯烃的系统命名与烷烃相似,其命名原则为:

(1) 选择含双键在内的最长碳链为主链,按主链碳原子的数目命名为某烯,多于 10 个碳的烯烃在中文数字后加"碳烯"。

(2) 编号时首先考虑碳碳双键具有最低位次,其次兼顾取代基具有较低位次。双键的位次以两个双键碳原子中编号较小的一个表示。

(3) 列出取代基时,按"次序规则"优先基团置后。取代基的位次和名称写在双键位次之前并用半字线隔开,在烯烃母体名称之前标明双键的位次并用半字线隔开。用英文命名烯烃时,将取代基按字母顺序列出,烯烃英文名称的词尾为"-ene"。例如:

$$CH_3CH_2CH=CH_2 \qquad CH_3CH=CHCH_3 \qquad CH_3(CH_2)_{15}CH=CH_2$$

1-丁烯　　　　　　　2-丁烯　　　　　　　1-十八碳烯
1-butene 　　　　　　2-butene 　　　　　　1-octadecene

2-乙基-1-戊烯　　　　3,4-二甲基-2-己烯　　　4-甲基-3-乙基-1-戊烯
2-ethyl-1-pentene 　　3,4-dimethyl-2-hexene 　3-ethyl-4-methyl-1-pentene

烯烃去掉一个氢原子称为烯基，下面是几个常见的烯基：

$$H_2C=CH-$$ $$CH_3CH=CH-$$ $$H_2C=CH-CH_2-$$

乙烯基   1- 丙烯基（丙烯基）   2- 丙烯基（烯丙基）

ethenyl（vinyl）   1-propenyl   2-propenyl（allyl）

5-2　请写出下列化合物的结构，并指出哪些名称不符合系统命名法，并加以改正。

（1）4,4- 二甲基 -2- 戊烯   （2）1,1- 二甲基 -2- 丙烯

（3）3- 乙基 -4- 甲基 -2- 庚烯   （4）2- 甲基环己烯

（4）顺反异构体的命名需在烯烃名称前加上顺（cis）和反（trans）表示构型。两个相同的原子或基团分布在双键键轴同侧的构型为顺式，分布在双键键轴异侧的构型为反式。

顺–2–丁烯   反–2–丁烯

cis-2-butene   *trans*-2-butene

当双键碳原子上连接四个不相同的原子或基团时，便无法以顺 / 反构型命名法来命名，此时需要用 *Z/E* 构型命名法。应用 *Z/E* 构型命名法时，首先按"次序规则"分别排列每个双键碳原子上所连的两个原子或基团的优先次序，然后观察每个双键碳原子上两个优先基团的位置，若它们分布于双键键轴的同侧，烯烃为 *Z*- 构型；若它们分布于双键键轴的异侧则为 *E*- 构型。例如，1- 氟 -1- 氯 -2- 溴乙烯有如下两个异构体：

（a）   （b）

将 1- 氟 -1- 氯 -2- 溴乙烯的两个碳原子所连原子按"次序规则"排列分别为 Cl > F 和 Br > H。因此，按照 *Z/E* 构型命名法，（a）为（*Z*)-1- 氟 -1- 氯 -2- 溴乙烯，（b）为（*E*)-1- 氟 -1- 氯 -2- 溴乙烯。例如：3- 甲基 -3- 庚烯，两个双键碳上取代基的优先次序为：$-CH_2CH_3 > -CH_3$；$-CH_2CH_2CH_3 > -H$。则两个异构体的构型命名如下：

（*Z*)-3–甲基–3–庚烯   （*E*)-3–甲基–3–庚烯

Z/E 构型命名法比顺 / 反构型命名法的适用范围大，二者可并用，但这两种命名法之间没有必然的对应关系。例如：

（*Z*)-1,2-二氯–1–溴乙烯   （*E*)-1,2-二氯–1–溴乙烯

（反–1,2–二氯–1–溴乙烯）   （顺–1,2–二氯–1–溴乙烯）

5-3　试写出分子式为 C_4H_8 的烯烃的所有构造异构体及顺反异构体并命名之。

生理活性物质常常为特定的构型。例如，油脂中不饱和脂肪酸分子的双键全部为顺式构型。顺

反异构体不仅理化性质不同,还往往有不同的生理活性。顺反异构体性质的差异,主要由于分子的刚性导致双键碳上的原子或基团空间距离不同,造成在生物体中与生物大分子作用的强弱不同,引起生理活性的差别。

三、物理性质

烯烃与烷烃的物理性质相似,在室温下,含有 2～4 个碳原子的烯烃为气体,含有 5～18 个碳原子的烯烃为液体,含有 19 个以上碳原子的烯烃为固体。烯烃的熔点和沸点随碳原子数的增加而升高。由于顺式异构体的偶极矩比反式的大,液态下,偶极矩大的分子之间引力较大,故顺式异构体的沸点比反式的高;而反式异构体比顺式异构体在晶格中排列更紧密,因此,反式异构体的熔点较高。部分烯烃的物理常数见表 5-1。

表 5-1　部分烯烃的物理常数

中文名	英文名	结构式	熔点(℃)	沸点(℃)	液态密度(g·cm^{-3})
乙烯	ethene	$CH_2{=}CH_2$	−169.1	−103.7	0.610
丙烯	propene	$CH_3CH{=}CH_2$	−185.2	−47.4	0.610
1-丁烯	1-butene	$CH_3CH_2CH{=}CH_2$	−185.3	−6.1	0.625
顺-2-丁烯	cis-2-butene	$\underset{H}{\overset{H_3C}{>}}C{=}C\underset{H}{\overset{CH_3}{<}}$	−139.0	3.7	0.621
反-2-丁烯	trans-2-butene	$\underset{H}{\overset{H_3C}{>}}C{=}C\underset{CH_3}{\overset{H}{<}}$	−105.5	0.9	0.604
2-甲基丙烯	2-methylpropene	$(H_3C)_2C{=}CH_2$	−140.3	−6.9	0.600

四、化学性质

烯烃的主要化学性质体现在碳碳双键上,有亲电加成反应、氧化反应和催化氢化等。由于双键的 π 电子受原子核的束缚力较弱、流动性较大、容易发生极化,烯烃的化学性质比烷烃活泼。

(一)亲电加成反应

烯烃的 π 键受到亲电试剂的进攻很容易发生断裂,两个双键碳原子分别与相应的原子或基团间生成 σ 键,即通过碳碳双键的亲电加成反应,生成各种加成产物。烯烃可与卤素、卤化氢、硫酸和水等亲电试剂发生亲电加成反应。

1. 与卤素的加成　烯烃与卤素(Br$_2$、Cl$_2$)在四氯化碳中进行反应,生成邻二卤代烷。例如:

$$(CH_3)_2CHCH{=}CHCH_3 + Br_2 \xrightarrow[0℃]{CCl_4} (CH_3)_2CHCH\underset{Br}{|}CH\underset{Br}{|}CHCH_3$$

4-甲基-2-戊烯　　　　　　　　　2-甲基-3,4-二溴戊烷

烯烃与溴的加成产物二溴代烷为无色化合物。因此,反应后溴的四氯化碳溶液的棕色褪去,所以此反应常用于鉴别烯烃。

烯烃与氟的反应太剧烈,反应过程中放出大量的热,容易使烯烃分解,烯烃与氟的加成需要在特殊的条件下完成;而碘的活泼性低,通常烯烃不能直接与其进行加成反应。烯烃容易与氯、溴发生加成反应,此反应通常具有很强的立体选择性,生成反式产物。例如,环己烯与溴发生加成反应,只生成反-1,2-二溴环己烷。

环己烯　　　　　　　1,2-二溴环己烷

大量实验研究证明烯烃的加成反应分两步进行。乙烯在水溶液中与溴发生加成反应时，如果溶液中存在氯化钠，反应产物为二溴加成产物①和氯溴加成物②的混合物。由于氯化钠并不能与烯烃发生加成反应，这说明两个溴原子不是同时加到双键碳原子上的，而是分步加上去的。

$$H_2C{=}CH_2 + Br_2 \xrightarrow{\ NaCl\ } \underset{①}{BrCH_2CH_2Br} + \underset{②}{BrCH_2CH_2Cl}$$

溴与烯烃的加成分为两步：首先是烯烃与极化的溴分子（$\overset{\delta+}{Br}{-}\overset{\delta-}{Br}$）中带部分正电荷的溴（$\overset{\delta+}{Br}$）加成生成环状的溴鎓离子中间体，同时生成负溴离子（Br^-），接着 Br^- 从溴鎓离子环的相反方向进攻碳原子，生成反式加成产物。

$$>\!C{=}C\!< + \overset{\delta+}{Br}{-}\overset{\delta-}{Br} \xrightarrow{\ 慢\ } \underset{溴鎓离子中间体}{\left[\overset{\overset{+}{Br}}{C{-}C}\right]} \xrightarrow{\ 快\ } \underset{反式加成产物}{Br{-}C{-}C{-}Br}$$

由于决定加成反应速率的第一步是极化了的溴分子中带正电荷部分进攻 π 电子云，因此，此加成反应称为亲电加成反应（electrophilic addition reaction）。烯烃与卤化氢、硫酸和水等也能发生亲电加成反应。

2. 与卤化氢的加成　烯烃与卤化氢发生亲电加成反应，生成卤代烷。为避免水与烯烃双键的加成，通常将干燥的 HX 气体通入烯烃，有时也使用中等极性的无水溶剂。

$$>\!C{=}C\!< + HX \longrightarrow \underset{\ \ H\ \ X}{>\!C{-}C\!<}$$

$$\underset{2\text{-丁烯}}{H_3C{-}CH{=}CH{-}CH_3} + HBr \longrightarrow \underset{2\text{-溴丁烷}}{\underset{Br\ H}{CH_3CHCHCH_3}}$$

烯烃与卤化氢加成的活性顺序为 HI > HBr > HCl > HF，HI 和 HBr 很容易与烯烃加成，HCl 与烯烃反应的速率较慢，HF 一般不能直接与烯烃加成。

结构不对称的烯烃（如丙烯）与卤化氢发生加成反应，可生成两种不同的加成产物，实验证实一般是以其中一种产物为主。1870 年，俄国化学家马尔可夫尼可夫（V. V. Markovnikov）总结了不对称烯烃加卤化氢的规律：HX 与不对称烯烃加成，HX 中的 H^+ 总是加到双键中含氢较多的碳原子上，带负电荷的 X^- 加到双键中含氢较少的碳原子上。此规律称为马尔可夫尼可夫规则（Markovnikov's Rule）。

$$\underset{丙烯}{CH_3CH{=}CH_2} + HBr \longrightarrow \underset{主要产物}{\underset{Br}{CH_3CHCH_3}} + CH_3CH_2CH_2Br$$

$$\underset{1\text{-丁烯}}{CH_3CH_2CH{=}CH_2} + HBr \xrightarrow{\ CH_3COOH\ } \underset{\substack{2\text{-溴丁烷}\\(80\%)}}{\underset{Br}{CH_3CH_2CHCH_3}} + \underset{\substack{1\text{-溴丁烷}\\(20\%)}}{CH_3CH_2CH_2CH_2Br}$$

$$\underset{\substack{1\text{-甲基环戊烯}}}{\overset{CH_3}{\bigcirc}} + HCl \xrightarrow{\ 0℃\ } \underset{\substack{1\text{-甲基-1-氯环戊烷}\\(100\%)}}{\overset{H_3C\ \ Cl}{\bigcirc}}$$

5-4　某烯烃 C_5H_{10} 与 HBr 加成，生成 2-甲基-2-溴丁烷，请写出此烯烃可能的结构式。

烯烃与卤化氢的加成反应是分步进行的。首先，是卤化氢中带正电荷的质子作为亲电试剂进攻碳碳双键的 π 电子，使 π 键打开，形成正碳离子中间体，然后，负卤素离子与正碳离子中间体很快结合生成加成产物。反应中涉及 π 键断裂的第一步较慢，是决定整个反应速率的关键步骤。

$$>C=C< \ + \ H-X \xrightarrow[\text{慢}]{} \ >\overset{|}{\underset{H}{C}}-\overset{+}{C}< \xrightarrow[\text{快}]{X^-} \ >\overset{|}{\underset{H}{C}}-\overset{X}{\underset{|}{C}}<$$

正碳离子中间体

烯烃发生亲电加成的中间体是环状的鎓离子还是链状的正碳离子，取决于这两种中间体的相对稳定性。由于质子的半径较小，不易形成稳定的环状鎓离子，因此，烯烃加卤化氢的中间体应是链状的正碳离子。

诱导效应（inductive effect）是一种电子效应，用 I 表示。当组成共价键的两个原子的电负性不同时，形成共价键的一对电子偏向电负性较大的原子一边，使电负性较大的原子带部分负电荷，而电负性较小的原子带部分正电荷。通常以碳氢键作为标准，比较不同原子和基团诱导效应的大小。X 的电负性大于 H，C—X 键的电子云偏向 X，X 具有吸电子性，称为吸电子基团；相反，Y 的电负性小于 H，C—Y 键的电子云偏向 C，Y 具有斥电子性，称为斥电子基团。

$$-\overset{|}{\underset{|}{C}}\to X \qquad -\overset{|}{\underset{|}{C}}-H \qquad -\overset{|}{\underset{|}{C}}\leftarrow Y$$

X吸电子   Y斥电子

有机化合物中常见的一些吸电子基团和斥电子基团及其作用效应的相对大小次序如下：

吸电子基团　$-NO_2 > -X > -OCH_3 > -NHCOCH_3 > -C_6H_5$

斥电子基团　$-C(CH_3)_3 > -CH(CH_3)_2 > -C_2H_5 > -CH_3$

无论吸电子基团还是斥电子基团取代了 C—H 的 H 以后，都使共价键上的电子云密度分布发生变化。这种效应可以沿着 σ 键传递到相邻的碳原子上去，影响到碳链上其他共价键上的电子云密度分布。例如：

$$-\!\!-\overset{|}{\underset{|}{C}}\overset{4}{\to}\overset{|}{\underset{|}{C}}\overset{3}{\to}\overset{|}{\underset{|}{C}}\overset{2}{\to}\overset{|}{\underset{|}{C}}\overset{1}{\to}Cl$$

因为氯原子的电负性大于碳，使氯原子带有部分负电荷 δ^-，C_1 上带有部分正电荷 δ^+，δ^+ 使 C_1—C_2 共价键的一对电子偏向 C_1，使 C_2 也带有部分正电荷，依次下去，又使 C_3 带部分正电荷。这种由氯原子的吸电子作用而影响到碳链其他碳原子上电子云密度分布是靠静电诱导作用产生的，称为诱导效应。吸电子基团引起的诱导效应称为吸电子诱导效应（−I 效应）；斥电子基团引起的诱导效应称为斥电子诱导效应（+I 效应）。诱导效应是静态的电子效应，这种效应沿着分子链传递，并逐渐减弱，一般经过 3 个碳原子后，诱导效应可忽略不计。

p轨道中无电子

图 5-2 正碳离子

正碳离子（图 5-2）是某些化学反应过程中产生的活泼中间体，其碳原子上带正电核。烷基正碳离子为 sp^2 杂化，其构型与烷基自由基的构型相似，区别为正碳离子 p 轨道中无电子。

按正碳离子所连烃基的数目，正碳离子可分为伯、仲、叔和甲基正碳离子。与正碳离子相连的烃基具有斥电子诱导效应，可以分散正碳离子上的正电荷。不同正碳离子的稳定性次序为：

$$R_3\overset{+}{C} \ > \ R_2\overset{+}{C}H \ > \ R\overset{+}{C}H_2 \ > \ \overset{+}{C}H_3$$

叔(3°)　　仲(2°)　　伯(1°)　甲基正碳离子

正碳离子中间体越稳定,相应的反应越容易进行。

可以从诱导效应和正碳离子稳定性两个方面解释马尔可夫尼可夫规则。以丙烯和卤化氢的加成为例:丙烯中甲基是斥电子基团,其斥电子作用使碳碳双键的 π 电子云发生偏移,导致碳碳双键上含氢较多的碳原子上带部分负电荷 δ^-,而含氢较少的双键碳原子上带部分正电荷 δ^+。当卤化氢对丙烯亲电加成时,HX 中带正电荷的 H^+ 首先加到带 δ^- 的双键碳原子上,形成正碳离子中间体,然后负卤素离子很快与正碳离子中间体结合。

$$CH_3 \overset{\delta^+}{\rightarrow} \overset{\delta^-}{CH} = CH_2 + \overset{\delta^+}{H} - \overset{\delta^-}{X} \xrightarrow{\text{慢}} [CH_3 \overset{+}{C}HCH_3]$$

$$[CH_3 \overset{+}{C}HCH_3] + X^- \xrightarrow{\text{快}} CH_3CHCH_3 \\ \qquad\qquad\qquad\qquad\qquad | \\ \qquad\qquad\qquad\qquad\qquad X$$

另外,从正碳离子中间体的稳定性考虑:烯烃与 HX 发生亲电加成反应,决定反应速率的步骤取决于正碳离子中间体的稳定性,并决定了加成反应的主产物。

$$CH_3CH=CH_2 + H-Br \begin{cases} \longrightarrow CH_3\overset{+}{C}HCH_3 \xrightarrow{Br^-} CH_3CHCH_3 \\ \qquad\qquad\qquad\qquad\qquad\qquad\quad | \\ \text{仲正碳离子} \qquad\qquad\qquad\qquad Br \\ \text{(相对较稳定)} \qquad\quad \text{主要产物} \\ \\ \times\longrightarrow CH_3CH_2\overset{+}{C}H_2 \xrightarrow{Br^-} CH_3CH_2CH_2 \\ \qquad\qquad\qquad\qquad\qquad\qquad\qquad\qquad | \\ \text{伯正碳离子} \qquad\qquad\qquad\qquad\quad Br \\ \text{(不稳定)} \end{cases}$$

因为仲正碳离子比伯正碳离子稳定,所以反应的主产物是氢加到含氢多的双键碳原子上,负卤素离子加到含氢较少的双键碳原子上的产物。

> **5-5** 写出下列反应的主产物,并简单解释之。
>
> $$CF_3CH=CH_2 + HCl \longrightarrow$$

3. 与硫酸加成 将烯烃与硫酸在低温下(0℃左右)混合,即可生成加成产物烷基硫酸氢酯,烷基硫酸氢酯在水中加热可以水解生成醇。例如:

$$\underset{\text{乙烯}}{CH_2=CH_2} + H_2SO_4(98\%) \longrightarrow \underset{\text{硫酸氢乙酯}}{CH_3CH_2OSO_2OH}$$

$$\xrightarrow[\triangle]{H_2O} \underset{\text{乙醇}}{CH_3CH_2OH} + H_2SO_4$$

烷基硫酸氢酯水解是工业上制备醇的方法之一,称为间接水合法。由于生成的烷基硫酸氢酯可溶于硫酸,实验室中还可用此法除去烷烃等化合物中少量烯烃杂质。烯烃双键上连接烷基的斥电子作用使 π 键电子云密度增加,与硫酸的加成反应更加容易,在稀硫酸下即可反应,烯烃双键上连接的烷基越多,加成反应越容易进行。不对称烯烃与硫酸的加成,也按马尔可夫尼可夫规则进行。

$$\underset{\text{丙烯}}{CH_3CH=CH_2} + H_2SO_4(80\%) \longrightarrow \underset{\underset{OSO_2OH}{|}}{CH_3CHCH_3} \quad \text{硫酸氢异丙酯}$$

$$\xrightarrow[\triangle]{H_2O} \underset{\underset{OH}{|}}{CH_3CHCH_3} + H_2SO_4 \\ \qquad\qquad\qquad \text{异丙醇}$$

4. 与水加成 在硫酸、磷酸等酸催化下,烯烃也可直接与水加成生成醇。除乙烯外,其他烯烃的水合产物为仲醇或叔醇。工业上常用此方法制备低相对分子质量的醇。酸催化下,烯烃与水的加成反应也属于亲电加成。不对称烯烃与水加成遵循马尔可夫尼可夫规则。

$$H_2C=CH_2 + H_2O \xrightarrow[300℃]{H_3PO_4} CH_3CH_2OH$$

乙烯　　　　　　　　　　　　　　乙醇

$$(CH_3)_2C=CH_2 + H_2O \xrightarrow{H_2SO_4(65\%)} (CH_3)_3COH$$

2-甲基丙烯　　　　　　　　　　叔丁醇

（二）催化加氢

存在 Pt、Pd、Ni 等金属催化剂的条件下，烯烃与氢发生加成反应，生成相应的烷烃。烯烃催化加氢主要生成顺式加成产物。

$$>C=C< \ + H_2 \xrightarrow{催化剂} \ >CH-CH<$$

1,2-二甲基环己烯　　　　　　　顺-1,2-二甲基环己烷

催化加氢反应是放热反应，每一个双键大约放出 125.5kJ·mol^{-1}，加氢所放出的热量称为氢化热。通过比较不同烯烃加氢的氢化热数值可知，碳碳双键上连接两个取代基的 2- 丁烯的稳定性大于双键上只连接一个取代基的 1- 丁烯，说明碳碳双键上连接的取代基越多越稳定；而反 -2- 丁烯的稳定性又大于顺 -2- 丁烯。这是因为顺式结构中，位于双键同侧的两个甲基比较拥挤，其内能较高；而反式结构中的两个甲基距离较远，其内能较低。随着双键碳原子上取代基增多，空间位阻加大，催化加氢的速率降低。不同烯烃加氢的相对速率为：

乙烯 > 一烷基取代烯烃 > 二烷基取代烯烃 > 三烷基取代烯烃 > 四烷基取代烯烃

（三）自由基加成反应

1. 过氧化物存在下加溴化氢　如有过氧化物（R—O—O—R）存在，不对称烯烃与溴化氢加成主要生成反马尔可尼可夫规则的产物。例如：

$$CH_3CH=CH_2 + HBr \xrightarrow{ROOR} CH_3CH_2CH_2Br$$

这种现象称为过氧化物效应（peroxide effect）。美国科学家 M. S. Kharasch 于 1933 年首先发现这一现象。研究表明：有过氧化物存在时，烯烃与溴化氢发生的反应不是离子型的亲电加成反应，而是自由基加成反应。其反应机制为：

$$ROOR \longrightarrow 2RO\cdot$$

$$RO\cdot + HBr \longrightarrow ROH + Br\cdot$$

$$CH_3CH=CH_2 + Br\cdot \longrightarrow CH_3\dot{C}HCH_2Br$$

仲碳自由基

$$CH_3\dot{C}HCH_2Br + HBr \longrightarrow CH_3CH_2CH_2Br + Br\cdot$$

由于自由基稳定性的次序为：$R_3\dot{C}>R_2\dot{C}H>R\dot{C}H_2>\dot{C}H_3$，所以溴自由基与丙烯加成时，溴加到含氢较多的双键碳原子上，生成较稳定的仲碳自由基中间体，最终生成了反马尔可尼可夫规则的产物。

HF 和 HCl 的键较牢固，不能形成自由基；HI 虽可以形成碘自由基，但其活性较低，难以与碳碳双键发生自由基加成反应。因此，只有 HBr 与烯烃的加成才观察到过氧化物效应。

2. 自由基聚合反应　在一定的条件下，烯烃分子中的 π 键打开，双键所在的碳原子彼此以 σ 键结合成长链的大分子。这种反应称为聚合反应（polymeric reaction），形成的大分子称为高分子化合物或者聚合物（polymer），发生聚合反应的烯烃叫做单体（monomer）。下式中的 n 称为高分子化合物的聚合度。聚合反应常常需要在高温高压下进行。例如：

$$nCH_2=CH_2 \xrightarrow[O_2]{200℃,200MPa} \left[CH_2-CH_2\right]_n$$
乙烯　　　　　　　　　　　　聚乙烯

此反应也是一种自由基加成反应,自由基引发剂通常为过氧化物,反应也经过链引发、链增长和链终止的过程。一些双键上有取代基的烯烃也可以在自由基引发剂的存在下聚合成各种有用的高分子化合物。例如:

$$nClCH=CH_2 \longrightarrow \left[\begin{array}{c} Cl \\ | \\ CHCH_2 \end{array}\right]_n$$
氯乙烯　　　　聚氯乙烯(用于塑料制品及人工关节)

$$nF_2C=CF_2 \longrightarrow \left[CF_2 \cdot CF_2\right]_n$$
四氟乙烯　　　　聚四氟乙烯(可用于人工食道)

(四)氧化反应

有机化学中,氧化反应通常指有机化合物分子加氧或去氢的反应。烯烃的双键极易被氧化。常见的氧化剂有高锰酸钾、过氧化物及臭氧等,空气中的氧也可使烯烃氧化。

1. 高锰酸钾氧化　烯烃与中性(或碱性)高锰酸钾的冷溶液反应,双键处被氧化,生成邻二醇,$KMnO_4$ 溶液的紫红色褪去,生成褐色的 MnO_2 沉淀。

$$\begin{array}{c} R \\ R \end{array}C=C\begin{array}{c} R \\ R \end{array} + KMnO_4 \xrightarrow{H_2O} R-\underset{\underset{OH}{|}}{\overset{\overset{R}{|}}{C}}-\underset{\underset{OH}{|}}{\overset{\overset{R}{|}}{C}}-R + MnO_2\downarrow$$

利用 $KMnO_4$ 溶液的颜色变化,可鉴别分子的不饱和键。此氧化反应是先形成环酯中间体,然后水解得到顺式氧化产物——邻二醇(两个羟基为同侧连接到双键碳原子上)。

$$\begin{array}{c} H_3C \\ H \end{array}C=C\begin{array}{c} CH_3 \\ H \end{array} + KMnO_4 \longrightarrow \left[\begin{array}{c} H_3C\ CH_3 \\ H-C-C-H \\ O\ \ O \\ \diagdown Mn \diagup \\ O\ \ O^- \end{array}\right] \xrightarrow{H_2O} \begin{array}{c} H_3C\ CH_3 \\ H-C-C-H \\ HO\ \ OH \end{array} + MnO_2\downarrow$$
环酯中间体

若用酸性 $KMnO_4$ 溶液或在加热条件下氧化烯烃,反应很难停留在邻二醇的阶段。在此情况下,烯烃的碳碳双键发生断裂,最终反应产物为酮、羧酸、二氧化碳或它们的混合物,而紫红色的高锰酸钾溶液褪为无色溶液。通过分析氧化产物的结构可以推断原来烯烃的结构。

$$CH_3CH_2CH=CH_2 \xrightarrow[H_3O^+]{KMnO_4} CH_3CH_2COOH + CO_2 + H_2O$$
1-丁烯　　　　　　　　丙酸

$$CH_3CH_2\underset{\underset{CH_3}{|}}{C}=CHCH_3 \xrightarrow[H_3O^+]{KMnO_4} CH_3CH_2\underset{\underset{CH_3}{|}}{C}=O + CH_3COOH$$
3-甲基-2-戊烯　　　　　　2-丁酮　　　乙酸

2. 臭氧氧化　将含有臭氧的氧气在低温下通入液态烯烃或烯烃的非水溶液,臭氧能迅速而且定量地与烯烃反应生成臭氧化物,并进一步水解为醛或酮以及过氧化氢。因此,可根据臭氧化物还原水解的产物来推断烯烃的结构。

$$>C=C< + O_3 \longrightarrow >C\underset{\underset{O}{\diagdown}}{\overset{\overset{O}{\diagup}}{}}\underset{O}{}C< \xrightarrow{H_2O} >C=O + O=C< + H_2O_2$$
臭氧化物　　　　　　　　醛或酮

3. 环氧化反应　烯烃与过氧酸作用,可被氧化为环氧化合物,此反应称为环氧化反应。环氧化合物是化学性质非常活泼的一类重要化合物。

$$RCH{=}CH_2 + R{-}\underset{O}{\overset{\|}{C}}OOH \longrightarrow RCH{-}CH_2 + RCOOH$$

　　　烯烃　　　　　　过氧酸　　　　　环氧化合物

5-6　写出下面反应的主要产物。

　+ KMnO₄(冷、稀)⟶

五、共轭烯烃

含有两个或两个以上碳碳双键的不饱和烃称为多烯烃,其中含有两个碳碳双键的不饱和烃称为二烯烃(diene)。开链二烯烃的通式为 C_nH_{2n-2},根据二烯烃中碳碳双键的相对位置,将其分为如下三种类型:

二烯烃 ⎰ 隔离二烯烃(isolated diene)　　如 1,4- 戊二烯　$H_2C{=}CHCH_2CH{=}CH_2$
　　　　⎨ 累积二烯烃(cumulated diene)　如丙二烯　　　$H_2C{=}C{=}CH_2$
　　　　⎩ 共轭二烯烃(conjugated diene)　如 1,3- 丁二烯　$H_2C{=}CH{-}CH{=}CH_2$

隔离二烯烃也称孤立二烯烃,其两个碳碳双键被两个或两个以上的单键隔开,如 1,4- 戊二烯。隔离二烯烃的两个碳碳双键距离较远,彼此互相影响很小,因此,其化学性质与单烯烃类似。

累积二烯烃的两个碳碳双键通过一个碳原子相连接,如丙二烯,其中间的碳原子为 sp 杂化,两端的碳原子为 sp^2 杂化,由于两个 sp^2 杂化的平面互相垂直,因此,两个 π 键也互相垂直。这类化合物自然界中存在的较少。

共轭二烯烃是指两个双键被一个单键隔开的二烯烃,这样的两个双键称为共轭双键。共轭二烯烃除了具有单烯烃的性质外,还具有一些特殊的性质。本节主要以 1,3- 丁二烯为例,讨论共轭二烯烃的结构特点和特殊性质。

多烯烃的命名要选择含双键最多的碳链为主链,其编号及命名原则与单烯烃相同。例如:

$$\overset{1}{H_2}C{=}\overset{2}{C}H{-}\overset{3}{C}H{=}\overset{4}{C}H_2 \qquad \overset{1}{H_2}C{=}\overset{2}{C}{=}\overset{3}{C}H{-}\overset{4}{C}H_2\overset{5}{C}H_3 \qquad \overset{1}{H_2}C{=}\overset{2}{C}H{-}\overset{3}{C}H_2{-}\overset{4}{C}H{=}\overset{5}{C}H{-}\overset{6}{C}H{-}\overset{7}{C}H_3$$
　　　　　　　　　　　　　　　　　　　　　　　　　　　　　　　　　　　|
　　　　　　　　　　　　　　　　　　　　　　　　　　　　　　　　　　　CH₃

　　1,3-丁二烯　　　　　　　　1,2-戊二烯　　　　　　　6-甲基-1,4-庚二烯
　　1,3-butadiene　　　　　　 1,2-pentadiene　　　　　6-methyl-1,4-heptadiene

随着双键数目的增加,顺反异构体的数目也增加,如 2,5- 庚二烯有 3 个顺反异构体:

　　　顺,顺-2,5-庚二烯　　　　　　顺,反-2,5-庚二烯　　　　　　反,反-2,5-庚二烯

(一)共轭二烯烃的结构与共轭效应

1. 1,3- 丁二烯的结构　最简单的共轭二烯烃是 1,3- 丁二烯,1,3- 丁二烯的碳原子都是 sp^2 杂化,碳原子之间以 sp^2 杂化轨道形成碳碳 σ 键,同时碳原子又以 sp^2 杂化轨道和氢原子的 $1s$ 轨道形成六个碳氢 σ 键,分子中所有的 σ 键都在同一个平面上,四个碳原子上的四个未杂化的 p 轨道均垂直于该平面,并且互相平行,侧面互相重叠形成 π 键(图 5-3)。

1,3-丁二烯 C_1—C_2 及 C_3—C_4 之间存在 π 键，C_2—C_3 之间的 p 轨道亦可发生重叠，也具有 π 键的性质。实际上，1,3-丁二烯分子中四个 π 电子的运动范围已经不局限在 C_1—C_2 及 C_3—C_4 之间了，而是扩展到四个碳原子的范围，这样的 π 键称为大 π 键、共轭 π 键或离域 π 键，以区别单烯烃及隔离二烯烃的定域 π 键。

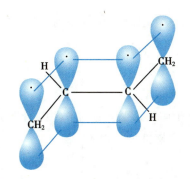

2. 共轭烯烃的特点　具有共轭 π 键的结构体系称为 π-π 共轭体系。具有单双键交替的多烯烃属于共轭烯烃，1,3-丁二烯是最简单的共轭烯烃。共轭烯烃具有键长平均化，共轭体系能量降低和分子稳定的特点。

图 5-3　1,3-丁二烯分子的大 π 键示意图

共轭体系的 π 电子离域使电子云密度发生平均化，键长也发生平均化，即连接两个双键的碳碳单键比烷烃的碳碳单键短，而碳碳双键比单烯烃的双键长。如 1,3-丁二烯的碳碳双键键长（137pm）比乙烯的碳碳双键键长（134pm）长；碳碳单键键长（146pm）比烷烃的碳碳单键键长（154pm）短。

共轭体系的 π 电子的离域使得电子可以在更大的空间运动，这样可以降低体系的内能，使分子稳定。

3. 共轭效应　当共轭体系受到外电场的影响（如试剂进攻等）时，外电场的影响（电子效应）可以通过 π 电子的运动、沿着整个共轭链传递，这种电子效应称为共轭效应（conjugation effect）。共轭效应包括斥电子共轭效应（用 +C 表示）和吸电子共轭效应（用 −C 表示）。共轭效应沿整个共轭体系传递的特点是单、双键出现交替极化现象，其强度一般不受共轭体系的大小影响。1,3-丁二烯分子中由 π-π 共轭产生的共轭效应称为 π-π 共轭效应。此外，还存在 p-π 共轭，σ-π 超共轭及 σ-p 超共轭等。

（二）共轭二烯烃的性质

共轭二烯烃具有单烯烃的化学性质，如发生加成反应、氧化反应和聚合反应等，此外，共轭二烯烃还能发生一些特殊的反应——1,2-加成和 1,4-加成。

1,3-丁二烯发生亲电加成反应，除了生成在一个碳碳双键上加成（1,2-加成）的产物外，还生成在共轭体系两端加成（1,4-加成）的产物。例如：

$$H_2C=CH-CH=CH_2 + HCl \longrightarrow CH_2=CH-CH-CH_2 + CH_2-CH=CH-CH_3$$

1,2-加成产物　　　　　1,4-加成产物

$$H_2C=CH-CH=CH_2 + Br_2 \longrightarrow CH_2=CH-CH-CH_2 + CH_2-CH=CH-CH_3$$

1,2-加成产物　　　　　1,4-加成产物

此反应是分步进行的。以加氯化氢为例，反应的第一步是 H^+ 进攻 1,3-丁二烯，当 H^+ 接近共轭链上 π 电子云时，π 电子出现交替极化现象。H^+ 优先进攻共轭碳链末端的碳原子，生成比较稳定的烯丙基型正碳离子中间体。

$$H_2C\overset{\delta^+}{=}CH-CH\overset{\delta^+}{=}CH_2 + H^+ \longrightarrow H_2C=CH-\overset{+}{C}H-CH_3$$

烯丙基型正碳离子

烯丙基型正碳离子可用下列两个共振式或者其共振杂化体表示：

$$CH_2=CH-\overset{+}{C}H-CH_3 \longleftrightarrow \overset{+}{C}H_2-CH=CH-CH_3$$

$$\underset{4}{\overset{\delta^+}{C}H_2}\cdots\underset{3}{CH}\cdots\underset{2}{\overset{\delta^+}{C}H}-\underset{1}{CH_3}$$

反应的第二步是负氯离子（Cl⁻）分别进攻共振杂化体中带部分正电荷的碳原子（2和4位），得到1,2-加成产物和1,4-加成产物。

$$\underset{4}{\overset{\delta^+}{C}H_2}\cdots\underset{3}{CH}\cdots\underset{2}{\overset{\delta^+}{C}H}-\underset{1}{CH_3} + Cl^-$$
共振杂化体

$$CH_2=CH-CH-CH_2$$
$$\quad\quad\quad\quad | \quad\; |$$
$$\quad\quad\quad\quad Cl \quad H$$
1,2-加成产物

$$CH_2-CH=CH-CH_2$$
$$\,\,| \quad\quad\quad\quad\quad |$$
$$\,\,Cl \quad\quad\quad\quad\quad H$$
1,4-加成产物

如果H⁺进攻的不是共轭碳链末端碳原子，则生成不稳定的伯正碳离子中间体$\overset{+}{C}H_2-CH_2-CH=CH_2$，不利于加成反应的进行。在烯丙基正碳离子中，正电荷所在的碳原子为sp^2杂化，有一个空的p轨道，这个p轨道与π键侧面重叠形成3个原子2个电子的缺电子大π键，即π键电子可以转移到空p轨道上去，因此，烯丙基正碳离子中间体可用前面两个共振式或者其共振杂化体表示。这种由π键和p轨道组成的大π键体系称为p-π共轭体系。p-π共轭使烯丙基正碳离子更加稳定，有利于亲电加成反应的进行。

1,2-加成产物和1,4-加成产物的比例，取决于反应的条件。一般情况下，在较低温度下以1,2-加成产物为主，在较高温度下以1,4-加成产物为主。

$$H_2C=CH-HC=CH_2 + Br_2 \longrightarrow CH_2=CH-CH-CH_2 + CH_2-CH=CH-CH_2$$
$$\quad\quad\quad\quad\quad\quad\quad\quad\quad\quad\quad\quad\quad\quad | \quad\; | \quad\quad\quad | \quad\quad\quad\quad\quad\quad\quad |$$
$$\quad\quad\quad\quad\quad\quad\quad\quad\quad\quad\quad\quad\quad\quad Br \;Br \quad\quad Br \quad\quad\quad\quad\quad\quad Br$$

−15℃	55%	45%
60℃	10%	90%

1,4-加成产物的双键位于中间，为双取代烯烃，对称性较好，较稳定；而1,2-加成产物的双键位于末端，为单取代烯烃，对称性较差，不太稳定。所以，从热力学方面考虑，生成1,4-加成产物比生成1,2-加成产物有利。故提高温度有利于热力学稳定产物的生成，而且1,2-加成产物也可以转化为较稳定的1,4-加成产物（平衡控制产物）。但生成1,2-加成产物比生成1,4-加成产物的活化能低，因此，低温时1,2-加成比1,4-加成的反应速率快，主要生成1,2-加成产物（速率控制产物）。1,4-加成又称共轭加成（conjugated addition），是共轭二烯烃的特性反应。

第二节　炔　　烃

炔烃是含有碳碳三键的不饱和烃，它比相应的烯烃少两个氢原子，其通式为C_nH_{2n-2}。

一、结构

最简单的炔烃是乙炔。乙炔分子的四个原子在同一直线上，为线性分子。乙炔分子中的两个三键碳原子均为sp杂化，碳原子之间用sp杂化轨道重叠成碳碳σ键，另外的sp杂化轨道再分别与氢的1s轨道重叠成碳氢σ键。每个碳原子还各有两个未杂化的且互相垂直的p轨道，它们彼此分别从侧面重叠成两个π键，这两个π键互相垂直，对称分布在σ键的周围，围绕着两个碳原子之间的σ键呈圆柱形分布。乙炔分子的结构如图5-4所示：

由于sp杂化轨道的长度比sp^2杂化轨道和sp^3杂化轨道短，则碳碳三键的键长比碳碳双键及碳碳单键都短，为120pm；三键碳上的碳氢键的键长也比烷烃和烯烃碳氢键的键长短，为106pm。三键的键能为836kJ·mol⁻¹，比碳碳双键及碳碳单键更稳定。

（a）结构式　　　　（b）σ键和π键　　　　（c）π键绕σ键呈圆柱形分布

图 5-4　乙炔的结构

二、异构现象和命名

炔烃无顺反异构现象，三键碳原子处也不能形成支链。与含有相同碳原子数的烯烃相比，炔烃的异构体数目相对较少。例如，丁炔只有下面两个位置异构体：

$$HC\equiv C-CH_2CH_3 \qquad\qquad H_3C-C\equiv C-CH_3$$
1-丁炔　　　　　　　　　　2-丁炔

炔烃的系统命名方法与烯烃相似。选择含碳碳三键最长的碳链做主链，编号从离三键最近的一端开始。炔烃的英文名称词尾为 -yne。

$$\overset{1}{H_3}C-\overset{2}{C}\equiv \overset{3}{C}-\overset{4}{C}H_2\cdot \overset{5}{C}H_3 \qquad\qquad \overset{1}{H_3}C-\overset{2}{C}\equiv \overset{3}{C}-\overset{4}{C}H-\overset{5}{C}H_2\cdot \overset{6}{C}H_3$$
$$\qquad\qquad\qquad\qquad\qquad\qquad\qquad\qquad\qquad | $$
$$\qquad\qquad\qquad\qquad\qquad\qquad\qquad\qquad CH_3$$

2-戊炔　　　　　　　　　4-甲基-2-己炔
2-pentyne　　　　　　　　4-methyl-2-hexyne

当化合物同时含有双键和三键时，若双键和三键距离碳链末端的位置不同，应该从靠近不饱和键的一端开始编号；若双键和三键距离碳链末端的位置相同，则按先烯后炔的顺序编号。书写名称时，双键总是写在三键的前面。例如：

$$\overset{5}{H_3}C-\overset{4}{H}C=\overset{3}{C}H-\overset{2}{C}\equiv \overset{1}{C}H \qquad \overset{5}{H}C\equiv \overset{4}{C}-\overset{3}{C}H_2-\overset{2}{C}H=\overset{1}{C}H_2 \qquad \overset{1}{H_2}C=\overset{2}{C}H-\overset{3}{H}C=\overset{4}{C}H-\overset{5}{C}\equiv \overset{6}{C}H$$

3-戊烯-1-炔　　　　　　　1-戊烯-4-炔　　　　　　1,3-己二烯-5-炔
3-penten-1-yne　　　　　　1-penten-4-yne　　　　　1,3-hexadien-5-yne

三、物理性质

炔烃的物理性质与烯烃类似，常温下乙炔、丙炔和 1-丁炔为气体。炔烃难溶于水，易溶于丙酮、石油醚及苯等有机溶剂。部分炔烃的物理常数见表 5-2。

表 5-2　部分炔烃的物理常数

中文名	英文名	结构式	熔点（℃）	沸点（℃）	液态密度（g·cm^{-3}）
乙炔	ethyne	$HC\equiv CH$	$-81.5^{118.7kpa}$	-75	0.6181
丙炔	propyne	$CH_3C\equiv CH$	-102.7	-23.2	0.6714
1-丁炔	1-butyne	$CH_3CH_2C\equiv CH$	-125.7	8.7	0.6784
2-丁炔	2-butyne	$CH_3C\equiv CCH_3$	-32.2	27.0	0.6910
1-戊炔	1-pentyne	$CH_3CH_2CH_2C\equiv CH$	-106.5	39.7	0.6901
2-戊炔	2-pentyne	$CH_3CH_2C\equiv CCH_3$	-109.5	56.1	0.7107

四、化学性质

炔烃的碳碳三键比较活泼，其化学性质与烯烃相似，可以发生加成、氧化等反应。但炔烃的三键

碳原子是 sp 杂化，使其化学性质与烯烃有一些区别，能发生一些烯烃不能发生的反应。

（一）酸性

炔烃中与三键碳原子连接的氢原子具有弱酸性，可以被一些金属离子取代。乙炔、乙烯和乙烷的 pK_a 如下：

$$\begin{array}{cccc} & HC\equiv CH & H_2C=CH_2 & H_3C-CH_3 \\ pK_a & \sim25 & \sim44 & \sim50 \end{array}$$

乙炔及末端炔烃（ $RC\equiv CH$ ）在液氨溶液中与氨基钠反应，三键碳原子上的氢被取代生成相应的炔化钠：

$$RC\equiv CH + NaNH_2 \longrightarrow RC\equiv CNa + NH_3(pK_a=34)$$
$$\text{炔化钠}$$

乙炔及 $RC\equiv CH$ 类型的炔烃与硝酸银或氯化亚铜的氨溶液反应，可生成白色的炔化银沉淀或红棕色的炔化亚铜沉淀：

$$HC\equiv CH + 2Ag(NH_3)_2NO_3 \longrightarrow AgC\equiv CAg\downarrow + 2NH_4NO_3 + 2NH_3$$
$$\text{乙炔} \qquad\qquad\qquad \text{乙炔银（白色）}$$

$$HC\equiv CH + 2Cu(NH_3)_2Cl \longrightarrow CuC\equiv CCu\downarrow + 2NH_4Cl + 2NH_3$$
$$\text{乙炔} \qquad\qquad\qquad \text{乙炔亚铜（红棕色）}$$

上述反应的灵敏度很高，常用于乙炔及 $RC\equiv CH$ 类型炔烃的鉴别，三键上无氢的炔烃不能发生此反应。干燥的金属炔化物在受热或受震动时易发生爆炸，因此，实验结束后应及时加入稀 HNO_3 将其分解。

（二）加成反应

炔烃与烯烃一样，可以进行催化加氢及亲电加成反应。

1. 催化加氢　在铂或钯等催化剂的存在下，炔烃可以发生加氢反应，通常反应不能停留在生成烯烃的一步，而是直接生成烷烃。

$$HC\equiv CH \xrightarrow[H_2]{Pt} H_2C=CH_2 \xrightarrow[H_2]{Pt} H_3C-CH_3$$
$$\text{乙炔} \qquad\quad \text{乙烯} \qquad\quad \text{乙烷}$$

若用特殊方法制备的催化剂，如 Lindlar Pd（将金属钯的细粉末沉淀在碳酸钙上，再用醋酸铅溶液处理以降低其活性），反应产物为顺式烯烃。例如：

$$CH_3(CH_2)_2C\equiv C(CH_2)_7CH_3 \xrightarrow[H_2]{Lindlar\ Pd} \begin{array}{c} CH_3(CH_2)_2 \\ H \end{array}\!\!\!\! C=C \!\!\!\! \begin{array}{c} (CH_2)_7CH_3 \\ H \end{array}$$
$$\text{顺-4-十三碳烯}$$

2. 与卤素加成　炔烃与烯烃一样，也可以和卤素（ Br_2 或 Cl_2 ）发生亲电加成反应，但炔烃的亲电加成反应速率比烯烃略慢些。只要有足够量的卤素就可以将两个 π 键打开，直接得到四取代烷烃的加成物。例如：

$$CH_3C\equiv CH + 2Br_2 \xrightarrow{CCl_4} \begin{array}{c} Br\ Br \\ | \ | \\ CH_3C-CH \\ | \ | \\ Br\ Br \end{array}$$
$$\text{丙炔} \qquad\qquad \text{1,1,2,2-四溴丙烷}$$

炔烃与溴的加成产物也是无色化合物，其反应现象为溴的四氯化碳溶液的红棕色褪去，因此，此反应也可用于炔烃的鉴别。

当分子内同时存在碳碳三键和碳碳双键时，控制卤素用量，一般可使碳碳双键优先加成：

$$HC\equiv C-CH_2-CH=CH_2 + Br_2(1mol) \longrightarrow \begin{array}{c} HC\equiv C-CH_2-CH-CH_2 \\ | \ \ \ | \\ Br \ \ Br \end{array}$$

$$\text{1-戊烯-4-炔} \qquad\qquad\qquad\qquad\qquad \text{4,5-二溴-1-戊炔}$$

5-7　试用简单的化学方法鉴别戊烷、1-戊烯、1-戊炔。

3. 与卤化氢加成　炔烃与过量的卤化氢（HCl、HBr、HI）加成生成相应的卤代烃，反应速率也比烯烃慢。首先，加一分子卤化氢生成卤代烯烃，继续加卤化氢生成二卤代烷。此加成反应也遵循马尔可夫尼可夫规则。例如：

$$\text{CH}_3\text{C}\equiv\text{CH} + \text{HCl} \longrightarrow \underset{\underset{\text{Cl}}{|}}{\text{CH}_3\text{C}}=\text{CH}_2 \xrightarrow{\text{HCl}} \text{CH}_3\text{CCl}_2\text{CH}_3$$

丙炔　　　　　　　2-氯丙烯　　　　2,2-二氯丙烷

如果控制卤化氢的量也可以得到卤代烯烃。

炔烃加溴化氢反应也存在过氧化物效应，反应机制也是自由基加成，生成反马尔可夫尼可夫规则的产物。

4. 与水加成　在汞盐（如硫酸汞）的催化下，炔烃在稀硫酸溶液中，能与水发生加成反应，首先生成烯醇，但这样的烯醇结构并不稳定，会异构化为更稳定的羰基化合物，此反应也称为炔烃的水合反应。不对称炔烃加水也遵守马尔可夫尼可夫规则。

$$\text{RC}\equiv\text{CH} + \text{H}_2\text{O} \xrightarrow[\text{H}_2\text{SO}_4]{\text{HgSO}_4} \underset{|}{\overset{\overset{\text{OH}}{|}}{\text{R}-\text{C}}}=\text{CH}_2 \rightleftharpoons \text{R}-\overset{\overset{\text{O}}{\|}}{\text{C}}-\text{CH}_3$$

炔烃　　　　　　　　　　烯醇　　　　　酮
　　　　　　　　　　　　　　　　　　　（羰基化合物）

乙炔加水的最终产物是乙醛，这是工业上制备乙醛的方法之一；其他炔烃加水的产物都是酮。

5-8　写出下面反应的产物。

$$\text{CH}_3\text{CH}_2\text{CH}_2\text{C}\equiv\text{CCH}_2\text{CH}_3 + \text{H}_2\text{O} \xrightarrow[\text{H}_2\text{SO}_4]{\text{HgSO}_4}$$

（三）氧化反应

炔烃的碳碳三键在高锰酸钾等氧化剂的作用下可发生断裂，生成羧酸，二氧化碳等产物。例如：

$$3\text{HC}\equiv\text{CH} + 10\text{KMnO}_4 + 2\text{H}_2\text{O} \longrightarrow 6\text{CO}_2 + 10\text{KOH} + 10\text{MnO}_2$$

$$\text{CH}_3(\text{CH}_2)_2\text{C}\equiv\text{CCH}_2\text{CH}_3 \xrightarrow[\text{H}^+]{\text{KMnO}_4} \text{CH}_3(\text{CH}_2)_2\text{COOH} + \text{CH}_3\text{CH}_2\text{COOH}$$

根据生成产物的种类和结构也可推断炔烃的结构。

与烯烃一样，炔烃与高锰酸钾溶液反应使其褪色的现象，也可作为鉴别分子中是否存碳碳三键的依据。

习　题

5-9　写出 C_5H_8 的所有同分异构体（不包括立体异构体和环状化合物），并用系统命名法命名。

5-10　用系统命名法命名下列化合物。

（5）$CH_3CH_2CH=\underset{CH_3}{C}-\underset{CH_3}{C}=CHCH_2CH_3$

（6）$CH_2=CHCH_2\underset{\underset{CH_3}{|}}{CH}C\equiv CH$

5-11 写出下列化合物的结构式。

（1）顺 -4- 甲基 -2- 戊烯

（2）(Z)-3,4- 二甲基 -2- 己烯

（3）3- 氯环己烯

（4）环戊二烯

（5）2,2- 二甲基 -3- 己炔

（6）2- 己烯 -4- 炔

5-12 写出下列反应的主要产物。

（1）$CH_3CH_2\underset{\underset{CH_3}{|}}{C}=CH_2 + HBr \longrightarrow$

（2）$CCl_3CH=CH_2 + HCl \longrightarrow$

（3）$(CH_3)_2CHC\equiv CH + HCl(1mol) \longrightarrow$

（4）$CH_3\underset{\underset{CH_3}{|}}{C}=CH_2 \xrightarrow[H^+]{KMnO_4}$

（5）$CH_3CH=CH_2 + H_2SO_4 \longrightarrow$

（6）$CH_3CH_2C\equiv CH + AgNO_3(氨溶液) \longrightarrow$

（7）$CH_3CH_2C\equiv CH + H_2O \xrightarrow[H_2SO_4]{HgSO_4}$

5-13 指出下列反应是否正确，不正确的请加以改正并说明原因。

（1）$CH_3\underset{\underset{CH_3}{|}}{C}=CHCH_3 \xrightarrow{HBr} CH_3\underset{\underset{Br}{|}}{CH}CHCH_3$

（2）
环己烯 $\xrightarrow[H_2O,OH^-]{KMnO_4}$ 二醇产物

（3）$CH_3CH_2\underset{\underset{CH_3}{|}}{CH}CH_2C\equiv CH \xrightarrow[HgSO_4]{H_2O,H_2SO_4} CH_3CH_2\underset{\underset{CH_3}{|}}{CH}CH_2CH_2CHO$

5-14 用简便的化学方法区别下列各组化合物。

（1）己烷、1- 己炔、3- 己炔

（2）1- 戊烯、2- 戊烯、环戊烷

5-15 下面是单烯烃经高锰酸钾氧化所得的产物，试根据这些产物写出烯烃的结构。

（1）$(CH_3)_2CHCOOH$ 和 CO_2

（2）$HOOCCH_2CH_2CH_2COOH$

（3）$(CH_3)_2CO$ 和 CH_3COOH

5-16 比较下列各对烯烃加硫酸反应的活泼性大小。

（1）丙烯和 2- 丁烯

（2）1- 戊烯和 2- 甲基 -1- 丁烯

（3）2- 丁烯和 2- 甲基丙烯

（4）丙烯和 3,3,3- 三氯丙烯

5-17 指出下列化合物有无顺反异构体，若有，则写出它们的异构体，并用顺、反法和 Z、E 法表示其构型。

（1）2- 丁烯酸

（2）2- 甲基 -3- 溴 -2- 己烯

（3）2- 苯基 -2- 丁烯

（4）1- 氯 -1,2- 二溴乙烯

5-18 排列下列正碳离子的稳定性次序。

（1）$CH_3\overset{+}{C}HCH=CH_2$

（2）$CH_2=CHCH_2\overset{+}{C}H_2$

（3）$H_3C-HC=CH-\overset{+}{C}H_2$

（4）$CH_3-\overset{+}{\underset{\underset{CH_3}{|}}{C}}-CH=CH_2$

5-19 分子式为 C_4H_6 的链状化合物 A 和 B，A 能使高锰酸钾溶液褪色，也能与硝酸银的氨溶液发生反应，B 能使高锰酸钾溶液褪色，但不能与硝酸银的氨溶液发生反应，写出 A 和 B 可能的结构式。

（刘雅茹）

第六章 芳 香 烃

芳香烃（aromatic hydrocarbon）是芳香族碳氢化合物的简称，最简单的芳香烃是苯。在早期研究中人们发现许多苯的衍生物具有芳香气味，如桂皮醛（cinnamaldehyde）、β-苯乙醇（β-phenylethanol）等，因此将此类化合物称为"芳香化合物"。随着研究的深入，"芳香"一词已失去原有的含义，"芳香性"（aromaticity）现被用于描述化合物所具有的特殊理化性质。具有芳香性的化合物称为芳香化合物（aromatic compound）。

第一节 苯及其同系物

一、苯的结构

苯（benzene）于 1825 年由英国科学家 Michael Faraday 从煤焦油中分得，当时仅确定其碳氢比为 1∶1。1833 年德国科学家 Eilhard Mitscherlich 确定了苯的分子式为 C_6H_6。人们通过研究知道苯中的六个 H 完全相同，苯具有难氧化、难加成的化学性质。同时知道苯有一个单取代物，二、三、四取代物各有三种，五、六取代物各有一种。对应苯高碳氢比及特殊的化学性质，苯的可能结构曾困扰化学家们很多年。直到现代键价理论建立，苯的结构才被确定下来。现在已知苯中的 6 个碳原子均为 sp^2 杂化，其杂化轨道彼此通过"头对头"重叠形成平面六元环，未参与杂化的 p 轨道彼此"肩并肩"重叠形成完全离域的大 π 键，其碳 - 碳平均键长约为 140pm，介于单键（154pm）和双键（134pm）之间。因此苯中碳 - 碳键并无单、双键之分。苯的碳 - 氢平均键长为 108pm，碳 - 碳键和碳 - 氢键的键角均为 120°（图 6-1）。

对于苯的结构书写，人们仍习惯使用边长相等的单、双键交错形式来表示，这一形式也被称为 Kekulé 式，两种不同方式书写的 Kekulé 式完全等同。也有用正六边形加一个圆圈来表示苯的大 π 键，这种书写方式的缺点是不能显示苯环上 π 电子的数目。

（a） （b）*p*轨道 （c）大π键

图 6-1 苯的结构示意图

二、苯同系物的命名

苯的同系物是指苯中的 H 被烃基取代的产物,命名时通常选择苯为母体,如甲苯、乙苯、异丙苯。

甲苯
toluene

乙苯
ethylbenzene

异丙苯
isopropylbenzene

苯环上有多个烃基取代时,取代基编号按照"依次最小"的原则(环上加合也是最小)。在不同取代基编号方式相同的情况下中文命名时基团优先次序低的取代基编号最小,IUPAC 命名时取代基词头字母排序靠前的编号最小。例如:

2-乙基-4-丙基-1-异丙基苯
2-ethyl-1-isopropyl-4-propylbenzene

1,3-二甲基-5-乙基苯
1-ethyl-3,5-dimethylbenzene

当苯环上的烃基较复杂时也可以将苯环作为取代基,将烃基作为主链,编号方式与烷、烯、炔相同。苯环作为取代基时称为"苯基"(phenyl,缩写为 Ph)。苯甲基作为取代基时称为"苄基"(benzyl,缩写为 Bn)。苯基或取代的苯基统称为"芳基"(aryl group,缩写为 Ar)。例如:

苯(基)乙烯
styrene

(E)-2-苯基-2-戊烯
(E)-2-phenyl-2-pentene

2-苯基丁烷
2-phenylbutane

二取代苯衍生物的普通命名可使用邻 -(o-)、间 -(m-)、对 -(p-)作为前缀,例如:

邻二甲苯
o-xylene

间二甲苯
m-xylene

对二甲苯
p-xylene

三取代苯的俗名有时也使用"连"、"偏"、"均"来表示,例如:

连三甲苯
1,2,3,-trimethyl benzene

均三甲苯
mesitylene

偏三甲苯
1,2,4,-trimethylbenzene

三、苯及其同系物的物理性质

苯为无色、有芳香气味的液体,密度比水小,难溶于水,可溶于醚、醇等有机溶剂,苯也常作为低极性溶剂使用。苯具有致癌性,可通过皮肤和呼吸道进入人体。简单芳烃在常温下一般也为液体,具有特殊的气味,也具有不同程度的毒性。苯及其同系物的物理常数见表6-1。

苯红外光谱的特征峰为:$\nu_{=C-H}$ 3000～3100cm^{-1}(*m*);$\nu_{C=C}$ 1500cm^{-1}(*s*),1600cm^{-1}(*m*)。^{1}H-NMR 谱中苯环上 H 的化学位移值为 6～9ppm。

表 6-1　苯及其同系物的物理常数

名称	英文名	熔点(℃)	沸点(℃)	密度(g·cm⁻³)
苯	benzene	5.5	80	0.879
甲苯	toluene	−95	111	0.866
邻二甲苯	*o*-xylene	−25	144	0.880
间二甲苯	*m*-xylene	−48	139	0.864
对二甲苯	*p*-xylene	13	138	0.861
连三甲苯	hemimellitene	−25	176	0.894
偏三甲苯	pseudocumene	−44	169	0.889
均三甲苯	mesitylene	−45	165	0.864

四、苯的化学性质

由于苯的大 π 键具有相当的电子稳定性，因此苯较难发生加成和氧化反应，而较易发生亲电取代反应(electrophilic substitution)。

(一)亲电取代反应

苯为富电子结构，可与亲电试剂(E^+)结合，反应后苯环上的 H 被取代，生成一系列苯的衍生物。常见的亲电取代反应包括卤代反应(halogenation)、硝化反应(nitration)、磺化反应(sulfonation)、Friedel-Crafts 烷基化反应(alkylation)、酰基化反应(acylation)等，其中磺化反应为可逆反应。

苯的亲电取代反应分两步进行。首先苯与亲电试剂结合，形成环正碳离子。这一步反应活化能高，是限速步骤。然后反应体系中的负离子作为碱夺取环正碳离子上的 H，形成取代产物。这一步是从不稳定的环正碳离子重新恢复到稳定的大 π 键结构，活化能小、反应速度快。

（反应机理图示：第一步、第二步）

如果在反应的第二步环正碳离子与体系中的负离子结合生成加成产物，因该产物不具有大 π 键结构，稳定性较差，反应活化能高，且产物较起始物能量高，为吸热反应，不利于反应进程。

1. 卤代反应　苯在 Fe 或 FeX_3 催化作用下与氯或溴反应可生成氯苯(chlorobenzene)或溴苯(bromobenzene)。

（反应式：苯 + Cl_2 —$\frac{FeCl_3\ or\ Fe}{55\sim60℃}$→ 氯苯 + HCl）

（反应式：苯 + Br_2 —$\frac{FeCl_3\ or\ Fe}{55\sim60℃}$→ 溴苯 + HBr）

苯与溴的反应机制为：

（反应式：$Br—Br + FeBr_3 \longrightarrow Br^+ + Br—^-FeBr_3$）

（反应式：苯 + Br^+ —慢→ 环正碳离子）

$$\text{（图：溴代苯的形成）} + Br—^-FeBr_3 \xrightarrow{\text{快}} \text{（溴苯）} + HBr + FeBr_3$$

2. 硝化反应   苯在浓硫酸催化作用下与浓硝酸反应生成硝基苯（nitrobenzene）。

$$\text{（苯）} + HNO_3 \xrightarrow[55\sim60℃]{H_2SO_4} \text{（硝基苯 }NO_2\text{）} + H_2O$$

硝基苯

在硝化反应中，HNO_3 在浓硫酸作用下先脱水生成硝基正离子（$^+NO_2$），然后苯与 $^+NO_2$ 结合再失 H 得到取代产物。

$$H\overset{\frown}{O}—NO_2 + H—\overset{\frown}{O}—SO_3H \rightleftharpoons H—\overset{+}{\underset{|}{O}}\underset{\smile}{NO_2} \rightleftharpoons {}^+NO_2 + H_2O$$

3. 磺化反应   苯与浓硫酸或发烟硫酸（H_2SO_4 和 SO_3 的混合物）反应生成苯磺酸（benzene sulfonic acid）。这一反应是可逆反应，苯磺酸与稀酸共热时，可脱去磺酸基转变为苯。

$$\text{（苯）} + SO_3 \xrightarrow[\Delta]{H_2SO_4} \text{（苯磺酸 }SO_3H\text{）}$$

苯磺酸

磺化反应中的亲电试剂是 SO_3：

$$\text{（图：苯与 }SO_3\text{反应）} \xrightarrow{\text{慢}} \text{（中间体）}$$

苯磺酸易溶于水，可通过磺化反应在难溶于水的苯衍生物中引入磺酸基，增强其水溶性。

4. Friedel-Crafts 烷基化、酰基化反应   苯在无水 $AlCl_3$ 等 Lewis 酸催化下，与卤代烃或酰卤反应生成烷基苯或酰基苯（芳香酮）。该反应是由法国化学家 C. Friedel 和美国化学家 J. M. Crafts 共同发现的，因此被称为 Friedel-Crafts（傅 - 克）反应。

$$\text{（苯）} + CH_3CH_2Cl \xrightarrow[25℃]{AlCl_3} \text{（乙苯 }CH_2CH_3\text{）} + HCl$$

$$\text{（苯）} + H_3C—\overset{O}{\overset{\|}{C}}—Cl \xrightarrow{AlCl_3} \text{（苯乙酮 }CH_3\text{）} + HCl$$

在烷基化反应中，卤代烃首先在 Lewis 酸催化作用下生成正碳离子，然后再与苯环结合。

$$H_3CH_2C\overset{\frown}{—}Cl + AlCl_3 \longrightarrow H_3C—\overset{+}{CH_2} + Cl—^-AlCl_3$$

由于正碳离子形成后可能会发生重排，因此用卤代烃作为烷基化试剂可能会在苯环上引入与卤代烃中不同的烷基。

> **6-1**   试解释（a）为什么芳香族化合物的亲电取代反应需要催化剂？（b）为什么环正碳离子中间体是脱去 H 形成取代产物而不是结合亲核基团生成加成产物？

（二）还原反应

苯在催化氢化作用下可被还原成环己烷，但苯较烯烃难还原。

$$\text{（苯）} \xrightarrow{H_2/Pt} \text{（环己烷）}$$

五、苯衍生物的化学反应

（一）苯衍生物的亲电取代反应

1. 单取代苯的亲电取代反应　取代苯在发生亲电取代反应时，苯环上已有的取代基将影响反应速度，并决定新引入基团进入苯环的位置。如甲苯硝化时反应温度30℃即可，主产物为邻硝基甲苯和对硝基甲苯。而硝基苯硝化时，须提高温度、增加硝酸的浓度，主产物为间二硝基苯。

以苯的反应速率为标准，能使亲电取代反应速率提高的取代基称为活化基团（activating group），而使苯环亲电取代反应速率降低的取代基称为钝化基团（deactivating group）。取代反应中新基团主要进入原有基团邻位和对位的称为邻、对位定位基（*ortho*-、*para*-directing group），新基团主要进入间位的原有基团称为间位定位基（*meta*-directing group），原有取代基的这种导向作用称为定位效应（orienting effect）。

表 6-2　取代基对苯衍生物取代反应速率的影响及定位效应

对反应速率的影响	基团	定位结果
强活化	$-NH_2$，$-NHR$，$-NR_2$，$-OH$	邻、对位
中等活化	$-NHCOR$，$-OR$，$-OCOR$	邻、对位
弱活化	$-R$，$-Ar$，$-CH=CHR$	邻、对位
强钝化	$-CF_3$，$-NO_2$，$-^+NH_3$，$-^+NR_3$	间位
中等钝化	$-SO_3H$，$-CHO$，$-COOH$，$-COR$，$-CN$，$-COOR$，$-CONH_2$	间位
弱钝化	$-X$	邻、对位

（1）活化基团：能使苯环电子云密度增大的供电基团为活化基团。供电基团的存在使苯环上碳的相对电子云密度不再均一化。由于电子效应的影响，活化基团邻、对位碳的相对电子云密度更高，也更容易与亲电试剂结合，所以活化基团均为邻、对位定位基。

由于邻位碳有2个，被取代的几率高，因此在空间位阻效应不明显时邻位取代产物较多。而当空间位阻效应较大时，如苯环上连接叔丁基，或亲电试剂为SO_3时，主要产物即为对位取代产物。

（2）钝化基团：能使苯环电子云密度下降的吸电子基团为钝化基团，其中卤素由于吸电的诱导效应强于供电的共轭效应而使苯环电子云密度下降。碳-卤键为极性共价键，卤原子的电负性比碳强，因此卤原子邻、对位碳的相对电子云密度高，卤原子为邻、对位定位基。$-NO_2$、$-CHO$、$-COOH$ 等为具有共轭效应的吸电子基团，$-CF_3$ 为具有强烈诱导效应的吸电子基团，这些基团均使其间位的相对电子云密度较高,因此是间位定位基。

由于 $-CF_3$、$-NO_2$、$-COOH$、$-CHO$、$-SO_3H$ 等基团的钝化作用,使苯环发生亲电取代反应的难度增大。因此这些苯衍生物通常不能发生 Friedel-Crafts 反应。

供电效应   供电的共轭效应强于吸电子的诱导效应   吸电共轭效应   吸电的诱导效应强于共轭的供电效应

苯环电子云密度增大   苯环电子云密度增大   苯环电子云密度下降   苯环电子云密度下降

亲电取代反应的定位效应对芳香族化合物的合成有重要的意义。应用取代基的定位效应,可以预测取代反应的主要产物、设计合成方案。例如,用苯合成间硝基溴苯,应先硝化、再溴代:

而合成邻或对硝基溴苯,则应先溴代、再硝化:

通过分馏方式分离

2. 二取代苯的亲电取代反应　当苯环上已有两个取代基,再次发生亲电取代反应时,若两个取代基的定位效应不一致则情况会较为复杂。如果一个是强活化基团、另一个是钝化基团或弱活化基团,或者一个是活化基团、另一个是强钝化基团,则第三个取代基进入的位置由活化基团决定。如果两个取代基的活化或钝化能力差异不大,则第三个基团进入的位置可由任一个取代基决定,没有主要产物。当有空间位阻效应存在时,第三个取代基优先进入空间位阻效应较小的位置。

（二）烷基苯的自由基取代反应

烷基苯在光照或加热条件下可与 Cl_2 或 Br_2 发生烷基的自由基取代反应。虽然 Cl_2 的反应活性比 Br_2 高,但选择性比 Br_2 差。因此当烷基上有不同的 H 时与 Cl_2 反应常得到混合物。而由于苄自由基稳定性较高,因此与 Br_2 反应时主要得到 α- 取代产物。烃基自由基相对稳定性顺序如下:

N-溴代琥珀酰亚胺（NBS）可引发溴自由基反应，也常用作烷基苯的自由基溴代反应试剂。

$$\text{PhCH}_2\text{CH}_2\text{CH}_3 \xrightarrow[\text{CCl}_4]{\text{NBS, (PhCO}_2\text{)}_2} \text{PhCHBrCH}_2\text{CH}_3$$

（三）烷基苯的氧化反应

苯环不易被高锰酸钾或重铬酸钾等强氧化剂氧化。烃基苯中如果位于苯环 α 位的碳原子上有 H，可被氧化为苯甲酸，如果没有 α-H 则不能被氧化。

$$\left. \begin{array}{c} \text{Ph—CH}_2\text{R} \\ \\ \text{Ph—CHRR}' \end{array} \right\} \xrightarrow[\text{H}_2\text{O, H}_2\text{SO}_4, \Delta]{\text{Na}_2\text{Cr}_2\text{O}_7} \text{Ph—COOH}$$

$$\text{Ph—CR}_3 \xrightarrow[\text{H}_2\text{O, H}_2\text{SO}_4, \Delta]{\text{Na}_2\text{Cr}_2\text{O}_7} \text{不反应}$$

> 6-2　以甲苯为原料合成间溴苯甲酸和对溴苯甲酸。

第二节　稠环芳香烃

稠环芳香烃（condensed aromatics）是由两个或两个以上苯环共用碳-碳键稠合形成的多环芳香烃，如萘、蒽、菲等。

一、萘

（一）结构

两个苯环稠和而成的化合物称为萘（naphthalene）。萘为无色结晶，熔点 80℃、沸点 218℃，可升华，不溶于水，能溶于乙醇、乙醚、苯等有机溶剂，在煤焦油中的含量约为 4%～10%。萘环上碳原子的编号是固定的，其中 C_1、C_4、C_5、C_8 也称为 α 位，C_2、C_3、C_6、C_7 也称为 β 位。单取代萘有 α-取代和 β-取代两种异构体。

萘的结构与苯类似，10 个碳原子和 8 个氢原子共平面。10 个未参与杂化的 p 轨道垂直于分子平面，形成大 π 键（图 6-2）。与苯不同，萘环上的电子云密度不是完全平均化，α 位电子云密度较 β 位略高，其分子中有四种不等长的 C—C 键。

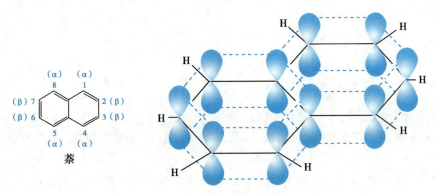

图 6-2　萘的 p 轨道组成的大 π 键

（二）化学性质

1. 亲电取代反应 萘的亲电取代反应活性比苯大。单卤代及单硝化反应主产物均为 α- 取代产物。

萘的磺化反应在较低温度下受动力学控制，主产物为 α- 萘磺酸；在较高温度下反应受热力学控制，主产物是 β- 萘磺酸。

α-萘磺酸
96%

β-萘磺酸
85%

2. 氧化反应 萘较苯容易发生氧化反应，温和氧化生成醌。

1,4-萘醌

3. 还原反应 萘比苯容易发生加氢还原反应。在不同条件下，萘可以部分加氢得到四氢萘或完全氢化得到十氢萘。

四氢萘   十氢萘

二、蒽和菲

蒽（anthracene）和菲（phenanthrene）都存在于煤焦油中。蒽为无色片状晶体，熔点 217℃、沸点 354℃。菲为具有光泽的无色晶体，熔点 101℃、沸点 340℃。蒽和菲均由三个苯环稠合而成，与萘类似，蒽和菲的电子云密度也不均匀，环上碳原子的编号也是固定的。

蒽   菲

与苯相比，蒽、菲的化学性质更活泼，可发生加成、氧化、还原等反应，反应主要发生在 C_9、C_{10} 位。

菲完全氢化后在 7、8 位与环戊烷稠合的结构称为环戊烷骈多氢菲（cyclopenta noperhydro-phenanthrene），是甾体类化合物的骨架（第十五章）。

三、致癌芳香烃

致癌芳香烃（carcinogenic aromatic hydrocarbon）中大多数是蒽和菲的衍生物。例如：

3,4-苯并芘	1,2,5,6-二苯并蒽	1,2,3,4-二苯并菲
3,4-benzpyrene	1,2,5,6-dibenzanthrene	1,2,3,4-dibenzphenanthrene

其中 3，4- 苯并芘的致癌作用最强。在煤焦油和烟熏食物中都含有少量的致癌芳香烃。

第三节 芳香性：Hückel 规则

一、Hückel 规则

除含有苯环的化合物外还有一些与苯结构或性质类似的化合物也被称为芳香化合物。传统芳香性的概念大致包括：电子离域、分子具有相当的稳定性、键长平均化、环上的 H 在外加磁场中受到环电流效应影响从而具有特殊的光谱特征、难加成、难氧化、易取代等。芳香性的判断方法于 1931 年由德国的物理学家 Erich A. A. J. Hückel 提出，即 Hückel（休克尔）规则：由 p 轨道共轭形成的平面单环系统（也可以用于部分双环系统），若具有 4n+2 个 π 电子（n 为 ≥0 的整数），即有相当的电子稳定性，即芳香性。按照这一规则，具有芳香性的除含有苯环的化合物外，还包括一些非苯型化合物、正离子和负离子。

二、非苯型芳香烃

（一）薁

薁（azulene）又称为蓝烃，是天蓝色固体，熔点 99℃，具有抗菌和镇痛等作用。它是由环戊二烯和环庚三烯稠合而成的平面分子，π 电子数为 10，符合 Hückel 规则，具有芳香性。

薁
azulene

[18]-轮烯
[18]-annulene

（二）[18]-轮烯

具有交替单、双键结构的单环多烯烃称为轮烯，其中 [18]- 轮烯（[18]-annulene）为平面单环结构，π 电子数为 18，符合 Hückel 规则，具有芳香性。在轮烯家族中 [10]- 轮烯（[10]-annulene）和 [14]- 轮烯（[14]-annulene）的 π 电子数也符合 4n+2，但由于这两个化合物不是平面结构，因此不具有芳香性。

[10]-轮烯   [10]-轮烯的球棒模型   [14]-轮烯   [14]-轮烯的球棒模型

三、具有芳香性的离子

一般的正碳离子和负碳离子均为活泼中间体,只在反应过程中存在,但某些特殊的离子因符合 Hückel 规则,具有芳香性而拥有特殊的稳定性。

环庚三烯正离子的 π 电子数为 6,符合 Hückel 规则。其可与 Br^- 形成稳定的盐,熔点 203℃。环戊二烯负离子中带有负电荷的碳为 sp^2 杂化,五个碳原子共平面使其电子可以离域,π 电子数为 6,符合 Hückel 规则,也具有芳香性。由于环戊二烯负离子具有的特殊稳定性,使得环戊二烯较易在强碱性条件下转变为负离子。

此外,环丙烯正离子、环辛四烯二负离子也具有 Hückel 芳香性。

三维球型芳香分子—富勒烯

1985 年多位科学家在氦气流中用激光气化蒸发石墨的实验中获得了碳的第三种同素异形体富勒烯(fullerene)C_{60}。此后人们陆续发现了地下矿石及宇宙星云中 C_{60} 及 C_{70} 存在的证据。

C_{60} 是由 60 个碳原子组成的中空 32 面体,包含 12 个五元环和 20 个六元环,为直径 0.71nm 的球型分子。因其稳定性可用美国著名的建筑设计师 R. B. Fuller 发明的短程线圆顶结构加以解释,故命名为富勒烯。由于球面弯曲效应和五元环的存在,引起碳原子轨道的杂化方式改变,C_{60} 分子中的杂化轨道介于石墨的 sp^2 和金刚石的 sp^3 杂化之间,σ 键沿球面方向,而 π 键则垂直分布在球的内外表面,形成了三维球状芳香分子(图 6-3)。五边形环为单键,两个六边形环的共用边则为双键。单键长 146pm,双键长 139pm。

富勒烯独特的三维结构具有特殊的物理和化学性质,在医药学和材料学等领域得到广泛的应用。富勒烯表面有大量的共价双

图6-3 C_{60} 分子结构示意图

键,极易与自由基反应,可以作为生物系统中的自由基清除剂;C_{60} 的体积与 HIV 病毒活性中心的孔穴大小相匹配,有可能堵住洞口,切断病毒的营养供给;C_{60} 通过光诱导产生单重态氧($^1O_2$),可以杀死癌细胞;高碘化的 C_{60} 分子,为血管造影创造了一种全新技术等。一系列的研究表明,富勒烯及其衍生物在清除自由基、抗艾滋病、抑制酶活性、光动力学治疗、疾病诊疗等方面具有独特应用,随着研究的深入,将展示出其潜在的应用价值。

习　题

6-3 命名下列化合物或写出结构式。

(1)

(2) （H₃C，CH₂CH₂CH₃，H₃CH₂C 取代的苯）

(3) （苯环带异丙烯基）

(4) （萘环带 SO₃H）

(5) 间二硝基苯

(6) 2-硝基-5-氯甲苯

(7) 对氯溴化苄

(8) 2,6-二甲基萘

6-4 以箭头表示下列化合物硝化时，硝基主要进入的位置。

(1) 苯-NO₂

(2) 苯-CHO

(3) 苯-CF₃

(4) 苯-CH=CH₂

(5) 苯-$\overset{+}{N}H_3$

(6) 苯-O-C(=O)-CH₃

6-5 试将下列各组化合物按一溴代反应的速率从快到慢排列。

(1) 溴苯、苯、硝基苯、甲苯

(2) 苯甲酸、苯胺、苯、三氟甲苯

(3) 甲苯、对甲基苯甲酸、间二甲苯、对苯二甲酸

6-6 在下列化合物中，哪一个苯环更容易发生硝化反应？

(1) A—B—NO₂

(2) A—CH₂—B—NO₂

6-7 写出下列反应的主要产物。

(1) H_3C—苯—$CH_2CH_2CH_3$ $\xrightarrow[H^+/\Delta]{KMnO_4}$

(2) 苯(COOH, H₃C) $\xrightarrow[H_2SO_4, \Delta]{HNO_3}$

(3) H_3C—苯—苯—NO_2 $\xrightarrow[Fe]{Br_2}$

(4) 苯(OCH₃, H₃C) $\xrightarrow[H_2SO_4, \Delta]{HNO_3}$

(5) 苯 $\xrightarrow[AlCl_3]{CH_3CH_2Cl}$ (　) $\xrightarrow[H_2SO_4]{SO_3}$ $\xrightarrow[\Delta]{Br_2/Fe}$ (　) $\xrightarrow[\Delta]{H_3O^+}$

(6) （茚环带CH₃） $\xrightarrow[Pt]{1mol\ H_2}$

(7) （萘环带CH₃） $\xrightarrow[H_2SO_4]{HNO_3}$

6-8 由苯或甲苯及其他合适的试剂制备下列化合物。

(1) 间溴苯磺酸

(2) 间硝基苯甲酸

(3) 3-硝基-4-溴苯甲酸

6-9 判断下列结构是否具有 Hückel 芳香性。

(1)

(2)

(3)

(4)

(5)

(6)

(7)　　　　　　　　(8)　　　　　　　　(9)

6-10　某化合物 A（C_9H_{12}）能被高锰酸钾氧化为化合物 B（$C_8H_6O_4$）。A 与浓硝酸、浓硫酸的混酸在加热条件下反应得到两种一硝基产物。试推测化合物 A 和 B 的结构。

（杨若林）

第七章 卤 代 烃

一个或多个氢原子被卤素原子取代的烃分子称为卤代烃（halohydrocarbon）。卤代烃 R—X 的官能团为卤原子。

卤代烃应用广泛，目前商品卤代烃达数万种，绝大多数卤代烃为合成产物。不同卤代烃的化学性质差别很大，有些卤代烃的性质稳定，可用作溶剂；而有些卤代烃的性质活泼，可作为有机合成原料或试剂。卤代烃中的卤原子可转变为其他官能团，通过这种转变可以制备多种类型的化合物。卤代烃（主要为卤代烷）的卤原子转变为其他官能团时所发生的反应及其机制在有机化学中有重要地位。

本章将在介绍卤代烃化学性质的基础上讨论亲核取代反应和消除反应及其机制。

一、分类和命名

按卤原子的种类，卤代烃可分为氟代烃（R—F）、氯代烃（R—Cl）、溴代烃（R—Br）和碘代烃（R—I）；按分子中卤原子的数目，卤代烃可分为一卤代烃（如 CH_3Cl）和多卤代烃（如 $CHCl_3$）；按烃基的种类，卤代烃可分为卤代烷（卤原子与饱和碳原子直接相连）、卤代芳烃（卤原子与芳烃的不饱和碳原子直接相连）等；根据卤代烃中卤原子与 π 键的位置，不饱和卤代烃可分为乙烯基卤代烃（见下式 n=0）、烯丙基卤代烃（见下式 n=1）和孤立型卤代烃（见下式 n≥2）：

$$R-CH=CH(CH_2)_nX$$

按卤原子连接的饱和碳原子的类型，卤代烃可分为伯（1°）卤代烷（烃）、仲（2°）卤代烷（烃）和叔（3°）卤代烷（烃）。

伯卤代烃　　　　仲卤代烃　　　　叔卤代烃

简单卤代烃用普通命名法命名，在烃的名称前加卤素名或称为烃基卤。例如：

CH_3CH_2I

碘乙烷（乙基碘）
iodoethane

氯化苄（苄基氯）
benzyl chloride

邻溴甲苯（2-溴甲苯）
2-bromotoluene

复杂的卤代烃采用系统命名法：烃基为母体，卤原子作为取代基，连有卤原子的最长碳链作为主链，按照烷烃或烯烃的命名法编号，依据"次序规则"优先基团排列在后的原则，在烃的名称前依次写出取代基的位置和名称。

2-甲基-1-溴丙烷
1-bromo-2-methylpropane

5-甲基-3-氯庚烷
3-chloro-5-methylheptane

4-氯-2-戊烯
4-chloro-2-pentene

1-氯-2-丁烯
1-chloro-2-butene

有些卤代烃采用习惯名称,例如:三氯甲烷 $CHCl_3$ 习惯称为氯仿,三碘甲烷 CHI_3 习惯称为碘仿。

二、物理性质

室温下,少数低级卤代烷(如:CH_3Cl)是气体,一卤代烃多为液体,15 个碳以上的卤代烷为固体。绝大多数卤代烃的密度比水大。许多卤代烃具有强烈的气味。卤代烃难溶于水,但可与醇、乙酸乙酯、乙醚和烃类等有机溶剂混溶。许多有机物可溶于卤代烃。氯仿、二氯甲烷、四氯化碳等是常用的有机溶剂,可用于从水溶液中提取有机物以及用作层析展开剂,三氯乙烯可用作衣物的干洗剂。多数卤代烃难燃或不燃。一些卤代烃的物理数据见表 7-1。

表 7-1　常见卤代烃的沸点和密度

名称	英文名	结构式	沸点(℃)	密度(g.mL^{-1}),20℃
氯甲烷	chloromethane	CH_3Cl	-24.2	0.936
溴甲烷	bromomethane	CH_3Br	3.6	1.676
碘甲烷	iodomethane	CH_3I	42.4	2.279
氯乙烷	chloroethane	CH_3CH_2Cl	12.3	0.898
溴乙烷	bromoethane	CH_3CH_2Br	33.4	1.460
氯乙烯	chloroethylene	$CH_2{=}CHCl$	-14	
溴乙烯	bromoethylene	$CH_2{=}CHBr$	15.6	
氯苯	chlorobenzene	C_6H_5Cl	132	1.106
溴苯	bromobenzene	C_6H_5Br	155.5	1.495
二氯甲烷	dichloromethane	CH_2Cl_2	40	1.336
三氯甲烷	chloroform	$CHCl_3$	61	1.489
四氯化碳	tetrachloromethane	CCl_4	77	1.595

碘代烷久置后,因光解产生游离的 I_2,其颜色由无色转变为棕色。因此碘代烷应保存在避光的棕色瓶内。卤代烃蒸气有毒,应避免吸入。卤代烃在铜丝上灼烧,产生绿色火焰,这是鉴定含卤素有机物的简便方法。

三、化学性质

(一)卤代烷的亲核取代反应

卤代烃的许多化学性质取决于卤原子。卤原子的电负性(F 4.0, Cl 3.2, Br 2.9, I 2.6)比碳原子的电负性(C 2.5)大,卤代烷的碳卤键的电子云偏向卤原子,碳原子带部分正电荷,卤原子带部分负电荷。碳卤键容易发生异裂,并由此引发一系列反应。卤代烷(haloalkane)能与许多试剂作用,生成其卤原子被其他原子或基团取代的产物。卤代烷与氢氧化钠(钾)的水溶液共热,卤原子被羟基取代生成醇。此反应为卤代烷的水解反应,可用于制备醇。卤代烷与氰化钠(钾)在醇溶液中反应,卤原子被氰基(—CN)取代而生成腈。卤代烷与醇钠(NaOR)或与氨反应可制备醚或胺。某些卤代烷可与硝酸银的乙醇溶液作用,生成卤化银沉淀。利用此性质可鉴别卤代烷。

上述反应的特点是，卤代烷分子中与卤原子直接相连的带部分正电荷的碳原子受到带负电荷的试剂（如：OH^-、CN^-、OR^-）或含有未共用电子对的试剂（如：NH_3）的进攻。上述进攻卤代烷正电荷部位的试剂称为亲核试剂（nucleophilic reagent），上述由亲核试剂对正电性碳原子进攻而引起的取代反应称为亲核取代反应（nucleophilic substitution），以 S_N 表示。反应通式如下：

$$:Nu^- + RCH_2 \overset{\delta+}{\longrightarrow} \overset{\delta-}{X} \longrightarrow RCH_2Nu + :X^-$$

式中，$:Nu^-$ 为亲核试剂；$:X^-$ 为反应中被取代的基团，又称为离去基团。受亲核试剂进攻的卤代烷称为反应底物；卤代烷中与卤原子相连的 α 碳原子是反应的中心，又称为中心碳原子。上述亲核取代反应中，碳卤键断裂的易难程度为 $C—I > C—Br > C—Cl$。氟代烷难发生取代反应。

卤代烷在氢氧化钠水溶液中的水解反应动力学研究表明，卤代烷的水解反应存在两种机制。一些卤代烷（如叔丁基溴）的水解反应速率仅取决于卤代烷的浓度，即决定反应速率的反应是单分子反应，属于单分子反应机制，用 S_N1（1 代表单分子）表示；而另一些卤代烷（如氯甲烷）的水解反应速率不仅取决于卤代烷的浓度，还与碱的浓度有关，决定反应速率的反应是双分子反应，属于双分子反应机制，用 S_N2（2 代表双分子）表示。

1. S_N1 机制　实验证明，叔丁基溴在碱性溶液中的水解反应速率 v 仅与叔丁基溴的浓度成正比。

$$(CH_3)_3C—Br + OH^- \longrightarrow (CH_3)_3C—OH + Br^-$$
$$v = k[(CH_3)_3CBr]$$

式中 k 为速率常数。该反应在动力学上属一级反应，反应分两步进行：

$$(CH_3)_3C—Br \overset{慢}{\longrightarrow} (CH_3)_3C^+ + Br^-$$
叔丁基正碳离子

$$(CH_3)_3C^+ + OH^- \overset{快}{\longrightarrow} (CH_3)_3C—OH$$
叔丁醇

反应的第一步是叔丁基溴的 C—Br 键异裂，生成活性中间体——叔丁基正碳离子和溴离子，这一步较慢，决定整个反应速率；反应第二步较快，为正碳离子与亲核试剂 OH^- 结合，生成叔丁醇。S_N1 机制的反应中生成的正碳离子是反应中间体。反应中间体较活泼，通常只能用物理方法或化学方法检测，只有少数反应中间体可以被分离。

S_N1 机制反应过程中，反应第一步的活化能（activation energy）为 Ea1，第二步的活化能为 Ea2，反应中间体活泼的正碳离子的能量处于能量曲线峰谷（图 7-1）。Ea1 过渡态的能量大于 Ea2 过渡态的能量，故第一步反应较慢，决定整个反应的速率。

图 7-1　叔丁基溴水解反应（S_N1）的能量曲线

叔丁基溴的碱性水解反应为 S_N1 机制，S_N1 机制反应的特点为：单分子反应，反应速率仅与卤代烷的浓度有关；反应是分步进行的；有活泼中间体正碳离子生成，若反应物中与卤素相连的 α 碳原子为手性碳原子，则该手性中心发生外消旋化。

2. S_N2 机制   氯甲烷在碱性溶液中的水解反应速率 v 不仅与氯甲烷的浓度成正比，也与碱的浓度 $[OH^-]$ 成正比，氯甲烷的水解反应动力学上为二级反应。

$$CH_3Cl + OH^- \longrightarrow CH_3OH + Cl^-$$

$$v = k[CH_3Cl][OH^-]$$

上式中 k 为速率常数。氯甲烷水解反应的机制可表示如下：

反应过程中，亲核试剂 OH^- 从碳氯键（C—Cl）氯原子的相反方向接近中心碳原子即 α 碳原子（通常称为"背面"进攻），并与之逐渐结合成键，同时碳氯键逐渐伸长，形成过渡态（transition state），此时 O、C、Cl 原子在同一直线上。当体系能量达到最大值后，随着 OH^- 继续接近碳原子，氯远离碳原子，体系能量逐渐降低。最后 OH^- 和碳原子形成碳氧键而生成甲醇，氯则以负离子形式离去。产物甲醇中甲基上的 3 个氢原子在水解过程中完全翻转到羟基的另一侧，即原氯原子的一侧，整个过程与大风中雨伞翻转的情况相似。上述转变过程中，中心碳原子的构型发生转化，整个转变过程是极快的连续变化过程。图 7-2 为氯甲烷水解的 S_N2 机制反应过程的能量变化示意图。

图 7-2   氯甲烷水解反应（S_N2）的能量曲线

氯甲烷碱性水解的 S_N2 机制反应的特点为：双分子反应，反应速率既与卤代烷浓度也与亲核试剂 OH^- 浓度有关；旧键的断裂和新键的形成同时进行，反应一步完成；若反应物中与卤素相连的 α 碳原子为手性碳原子，反应中该手性中心伴有"构型转化"。

3. 影响亲核取代反应机制的因素   从卤代烃的结构考虑，不同类型卤代烷发生 S_N1 机制反应和 S_N2 机制反应的相对速率通常为：

S_N1 机制反应：叔卤代烷>仲卤代烷>伯卤代烷>卤甲烷

S_N2 机制反应：卤甲烷>伯卤代烷>仲卤代烷>叔卤代烷

正碳离子的相对稳定性是 3°> 2°> 1°> 甲基正碳离子，稳定正碳离子的因素促进正碳离子的形成且有利于 S_N1 机制反应，而 S_N1 机制反应中生成正碳离子的一步决定反应的速率，因此从正碳离子稳定性的因素考虑，叔卤代烷最容易发生 S_N1 机制反应，而伯卤代烷和卤甲烷很难发生 S_N1 机制反应。叔卤代烷的中心碳原子上有 3 个体积大的烷基，彼此排斥，叔卤代烷的卤原子离解后可转变为平面结构的正碳离子，降低了拥挤程度，因此从空间效应看，也可以解释叔卤代烷最易发生 S_N1 机制反应的现象。

在氯甲烷碱性水解反应（S_N2 机制反应）中，亲核试剂从卤原子的背面进攻中心碳原子，如果中心碳原子连接的原子或基团体积大，亲核试剂接近中心碳原子时受到的阻碍就大，因而反应速率变慢。因此，从空间效应看，不同类型卤代烷发生 S_N2 机制反应与 S_N1 机制反应的相对速率次序相反。卤甲烷和伯卤代烷易发生 S_N2 机制反应，而叔卤代烷一般按 S_N1 机制进行反应。仲卤代烷的水解反应机制取决于反应条件，既可按 S_N1 机制又可按 S_N2 机制进行，或两者兼有。

因为 S_N1 机制反应的速率取决于生成正碳离子的第一步，而此步反应无亲核试剂参与，所以亲核试剂的结构和性质对 S_N1 机制反应速率的影响不大。而在 S_N2 机制反应中，亲核试剂的亲核性越强，反应速率越快。空间位阻大的亲核试剂难从背面接近中心碳原子，其 S_N2 机制的反应速率低。

在 S_N1 和 S_N2 机制反应中，都要发生 C—X 键的异裂，从离去基团的性质考虑，卤素离子离去倾向越大，亲核取代反应越易进行。在烷基相同的卤代烷中，I^- 是最好的离去基团，Cl^- 的离去能力较弱。因此，RI 亲核取代反应的速率最大。

极性溶剂促使卤代烷的碳卤键异裂生成正碳离子，因而有利于反应按 S_N1 机制进行。例如，苄基氯的水解反应，在水中按 S_N1 机制进行，在丙酮中则按 S_N2 机制进行。

> 7-1　卤代烃的鉴别方法之一如下：①将卤代烃与过量 NaOH 溶液混合（加热），充分振荡、静置；②然后再向混合溶液中加入稀 HNO_3 以中和过量的 NaOH；③最后，向混合液中加入 $AgNO_3$ 溶液，若有白色沉淀生成则证明是氯代烃；若有浅黄色沉淀生成，则证明是溴代烃；若有黄色沉淀生成，则证明是碘代烃。试解释。

（二）卤代烷的消除反应

卤代烷中碳卤键的极性使 α 碳带部分正电荷，并通过诱导效应影响 β 氢，使其显酸性。带正电荷的 α 碳易受亲核试剂进攻，发生取代反应；而酸性的 β 氢易受碱进攻，使卤代烷失去 β 氢和卤原子而发生消除反应（elimination，简称 E），又称为 β- 消除反应。

$$\text{碱} \quad R - \underset{\beta}{C}H - \underset{\alpha}{\overset{\delta+}{C}} \quad \text{亲核试剂}$$
$$\overset{H^{\delta+}}{\underset{X^{\delta-}}{}}$$
（消除反应）　　　　　　　（取代反应）

卤代烷与氢氧化钠或氢氧化钾醇溶液共热，可脱去 1 分子卤化氢而生成烯烃。仲卤代烷和叔卤代烷分别有 2 个或 3 个 β 碳原子，其消除反应可能有多种产物。例如：

$$CH_3CH_2-\underset{\overset{|}{Br}}{\overset{\beta}{C}H}-\underset{}{\overset{\beta}{C}H_3} \xrightarrow[\Delta]{KOH, C_2H_5OH} CH_3CH=CHCH_3 + CH_3CH_2CH=CH_2$$

仲卤代烷　　　　　　　　　2-丁烯(81%)　　　1-丁烯(19%)

$$CH_3CH_2-\underset{\overset{|}{Br}}{\overset{\overset{\beta CH_3}{|}}{C}}-\overset{\beta}{C}H_3 \xrightarrow[\Delta]{KOH, C_2H_5OH} CH_3CH=\underset{\overset{|}{CH_3}}{C}CH_3 + CH_3CH_2\underset{\overset{|}{CH_3}}{C}=CH_2$$

叔卤代烷　　　　　　　　2-甲基-2-丁烯　　2-甲基-1-丁烯
　　　　　　　　　　　　　　(71%)　　　　　(29%)

不同烯烃的稳定性为：$R_2C{=}CR_2 > R_2C{=}CHR > RHC{=}CHR > RHC{=}CH_2 > H_2C{=}CH_2$。因此卤代烷脱卤化氢时，主要是从含氢较少的 β 碳原子上脱去氢原子，即消除反应的主要产物是双键碳原子上连有最多烃基的烯烃，这一经验规则称为 Saytzeff 规则（Saytzeff rule）。

> 7-2　写出下列反应主要产物的结构式：
> （1）3- 甲基 -2- 溴戊烷与氢氧化钠醇溶液共热。
> （2）1- 苯基 -2- 溴丁烷与氢氧化钠醇溶液共热。

动力学研究表明，有些卤代烷消除反应的速率仅与卤代烷的浓度有关，为单分子消除（E1）反应；而有些消除反应速率与卤代烷浓度和碱浓度均有关，为双分子消除（E2）反应。

E1 机制反应也分两步进行：第一步卤代烷分子发生共价键的异裂，生成正碳离子，α 碳原子转变为 sp^2 杂化状态，此步与 S_N1 机制反应第一步相同；第二步，试剂 B^-（碱）进攻 β 氢原子，失去质子后 β 碳原子也转变为 sp^2 杂化状态，α 碳原子和 β 碳原子的 p 轨道平行重叠形成 π 键，生成烯烃。上述过程中，第一步决定反应速率。

$$
\overset{\begin{array}{c}H\\ |\end{array}}{-C}\overset{\beta}{-}\overset{\begin{array}{c}\alpha\\ |\\ -C-\\ |\\ X\end{array}}{} \xrightarrow{\text{慢}} \overset{\begin{array}{c}H\\ |\end{array}}{-C}-\overset{|}{\underset{+}{C}}- \ + \ X^-
$$

$$
B^- \quad \overset{\begin{array}{c}H\\ |\end{array}}{-C}\overset{\beta}{-}\overset{|}{\underset{+}{C}}- \xrightarrow{\text{快}} \ \text{>C=C<} \ + \ HB
$$

E1 和 S_N1 机制的反应往往同时发生。它们的第一步均生成正碳离子，反应第二步正碳离子消除质子或与亲核试剂结合的相对趋势决定反应为 E1 机制或 S_N1 机制。E2 与 S_N2 机制的反应都是一步完成。E2 机制的反应中，碱性亲核试剂（B^-）进攻卤代烷 β 氢，使其以质子形式脱去，同时卤原子在溶剂作用下离去，α 碳原子和 β 碳原子之间形成双键而生成烯烃。E2 机制的反应中 C—H 和 C—X 的断裂与双键的形成是同时发生的，决定反应速率的一步有卤代烷和试剂两种分子参加，为双分子机制。S_N2 和 E2 机制反应的差别是：试剂分别进攻 α 碳原子或 β 氢原子。

$$
B^- \quad \overset{\begin{array}{c}H\\ |\end{array}}{-C}\overset{\beta}{-}\overset{\begin{array}{c}\alpha\\ |\\ -C-\\ |\\ X\end{array}}{} \xrightarrow{\text{慢}} \left[\overset{\begin{array}{c}B^-\text{---}H\\ |\end{array}}{-C}=\overset{\begin{array}{c}|\\ -C-\\ |\\ X\end{array}}{} \right] \longrightarrow \ \text{>C=C<} \ + \ HB \ + \ X^-
$$

E1 和 E2 机制反应中不同卤代烷的消除反应的活性次序相同，叔卤代烷活性最高，伯卤代烷活性最低。这是由于叔卤代烷生成的烯烃稳定性高；对 E1 机制反应来说，还由于生成的叔碳正碳离子最稳定，伯碳正碳离子最不稳定。

> 7-3　试举例说明卤代烷 β- 消除反应与亲核取代反应有何联系，又有何不同？

在多数情况下，卤代烷的消除反应和亲核取代反应同时发生，且相互竞争（见下图，Y^- 代表碱或亲核试剂），两种反应产物的比例受卤代烷结构、试剂的碱性、溶剂的极性、反应温度等因素的影响。

$$
\begin{array}{c}
\text{E2} \qquad\qquad Y^- \qquad\qquad S_N1 \\
\delta''^+ H \qquad\qquad \qquad E1 \qquad H \\
\underset{\text{S_N2}}{-C\rightarrow C-} \qquad X^\delta \qquad \longrightarrow \qquad -C-\underset{+}{C}- \qquad X^-
\end{array}
$$

强亲核试剂（如 X^-、OH^-、RO^- 等）与无支链的伯卤代烷作用，主要发生 S_N2 机制反应，而与仲卤代烷和 β 碳原子上有支链的伯卤代烷作用时，E2 机制反应略占优势。例如：

$$
CH_3CH_2CH_2Br + C_2H_5O^- \xrightarrow[25℃]{C_2H_5OH}
\begin{cases}
\xrightarrow{S_N2} CH_3CH_2CH_2OCH_2CH_3(91\%) \\
\xrightarrow{E2} CH_3CH=CH_2(9\%)
\end{cases}
$$

$$
\underset{\underset{CH_3}{|}}{\overset{\beta}{C}H_3\overset{\alpha}{C}HCH_2Br} + C_2H_5O^- \xrightarrow{C_2H_5OH}
\begin{cases}
\xrightarrow{E2} \underset{\underset{CH_3}{|}}{H_3C-C}=CH_2(60\%) \\
\xrightarrow{S_N2} \underset{\underset{CH_3}{|}}{CH_3CHCH_2OCH_2CH_3}(40\%)
\end{cases}
$$

叔卤代烷在无强碱存在时，主要发生 S_N1 机制反应。有强碱性试剂存在时，主要发生 E2 机制反应。例如：

$$(CH_3)_3CBr + C_2H_5OH \longrightarrow (CH_3)_3COC_2H_5 + (CH_3)_2C=CH_2$$
$$(81\%) \qquad (19\%)$$

$$(CH_3)_3CBr + C_2H_5OH \xrightarrow[25℃]{C_2H_5O^-} (CH_3)_3COC_2H_5 + (CH_3)_2C=CH_2$$
$$(3\%) \qquad (97\%)$$

试剂的碱性是指其与质子结合的能力，而试剂的亲核性是指其与正碳离子结合的能力。亲核试剂一般都具有未共用电子对，所以既表现亲核性，也表现碱性。试剂的碱性强，有利于 E2 机制反应；试剂的亲核性强，则有利于 S_N2 机制反应。例如，OH^- 既是亲核试剂又是强碱，当仲卤代烷用 NaOH 水解时，往往得到取代和消除两种产物；而在 KOH 醇溶液中存在碱性更强的烷氧阴离子 RO^-，故仲卤代烷在 KOH 醇溶液中主要发生消除反应，产物为烯烃。另外，体积大的试剂不易接近 α 碳原子，而容易进攻空间位阻较小的 β 氢原子，因而有利于 E2 反应。综上所述，伯卤代烷与强亲核试剂作用主要发生 S_N2 机制反应，叔卤代烷与强碱作用主要发生 E2 机制反应。

通常，提高温度有利于消除反应。极性溶剂对 S_N1 和 E1 机制反应均有利，而对 S_N2 和 E2 机制反应都不利，因为双分子反应过渡态的电荷分布比反应物电荷分布更分散。

（三）不饱和卤代烃的取代反应

不饱和卤代烃分子中含有碳碳双键和卤素两种不同的官能团，属于混合官能团化合物。同其他混合官能团化合物相似，不饱和卤代烃中的碳碳双键和卤素之间相互影响，使卤原子的性质发生变化。不饱和卤代烃分子中卤素的活泼性取决于卤素与 π 键的相对位置。

乙烯基卤代烃（vinyl halohydrocarbon）$(H)R-CH=CHX$ 中，卤原子与双键碳原子直接相连，极不活泼。乙烯基卤代烃不易发生取代反应，这是因为卤原子的孤对电子与 π 键形成 p-π 共轭，碳卤键电子云密度增加，卤原子与碳原子结合得更牢固；另外，与卤原子直接相连的 sp^2 杂化碳原子比 sp^3 杂化碳原子对卤原子束缚强，卤原子不易与碳原子异裂，而生成负离子。乙烯基卤代烃与硝酸银醇溶液共热，无卤化银沉淀产生。

卤代芳烃的卤原子与乙烯基卤代烃的卤原子的反应性相似。

$$CH_2=CH-\ddot{X} \qquad \bigcirc\!\!-X$$

烯丙基卤代烃（allyl halohydrocarbon）的卤原子与 C=C（或苯环）相隔一个饱和碳原子，通式为 $(H)RCH=CHCH_2-X(C_6H_5-CH_2-X)$。例如：

$$CH_2=CH-CH_2-Cl \qquad \bigcirc\!\!-CH_2Cl$$

烯丙基氯　　　　　　　　　　苄基氯（氯化苄）

烯丙基卤代烃的卤原子与双键间不存在共轭效应，卤原子易离去。烯丙基卤代烃的卤原子离去后，转变为烯丙基正碳离子（图 7-3），其带正电荷的碳原子的 p 轨道与相邻的 π 键形成 p-π 共轭，使正电荷分散，正碳离子趋向稳定，此效应有利于取代反应。烯丙基卤代烃在室温下能与硝酸银醇溶液发生反应，生成卤化银沉淀。

$$RCH=CH-\overset{+}{C}H_2$$

(a)　　**(b)**

图 7-3　烯丙基正碳离子及其电子离域示意图
a. 烯丙基正碳离子　b. 烯丙基正碳离子电子离域示意图

苄基卤代烃（benzyl halohydrocarbon）与烯丙基卤代烃的反应性相似。这是由于反应中间体苄基正碳离子也存在着 p-π 共轭效应，正电荷分散至苯环而稳定（图 7-4）。

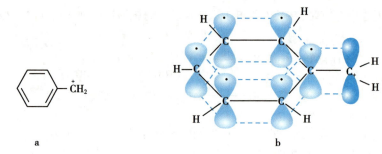

图 7-4 苄基正碳离子及其电子离域示意图
a. 苄基正碳离子 b. 苄基正碳离子电子离域示意图

孤立型不饱和卤代烃 $RCH=CH(CH_2)_n-X$ 和 $C_6H_5(CH_2)_n-X(n\geqslant2)$ 中，卤原子与双键（或苯环）相隔两个以上饱和碳原子，例如：

$$CH_2=CHCH_2CH_2Cl$$

4-氯-1-丁烯

苯-CH₂CH₂Cl

1-苯基-2-氯乙烷

此类卤代烯烃分子中，卤原子与双键（或苯环）间隔较远，相互影响很小。孤立型不饱和卤代烃中的卤素的活泼性与卤代烷中卤原子的活泼性相似。

上述 3 种不饱和卤代烃发生取代反应的活性次序为：

烯丙基卤代烃 > 孤立型不饱和卤代烃 > 乙烯基卤代烃

> 7-4 按与硝酸银醇溶液的反应活性大小排列下列卤代烃：
>
> 2- 溴 -2- 丁烯；1- 苯基 -2- 溴丁烷；3- 溴 -1- 丁烯

（四）卤代烃与金属反应

卤代烃可与 Li、Na、K、Mg、Al、Cd 等金属反应，生成具有不同极性 C—M（M 代表金属原子）键的金属有机化合物。例如，卤代烃与镁在无水乙醚中反应，生成的烃基卤化镁，称为 Grignard 试剂（Grignard reagent）。

$$R-X + Mg \xrightarrow{\text{无水乙醚}} RMgX(\text{Grignard试剂})$$

分子中的 C—Mg 键具有较强的极性，碳原子带部分负电荷。Grignard 试剂性质活泼，是有机合成中常用的一种强亲核试剂。利用 Grignard 试剂与二氧化碳反应可以制备羧酸；利用 Grignard 试剂与醛酮的反应可制备各种醇（见第十章）。Grignard 试剂若遇到水、醇等，立即分解，生成烷烃。因此，制备 Grignard 试剂的溶剂必须绝对干燥，应用 Grignard 试剂时要采取隔绝空气中湿气的措施。

$$RMgX + CO_2 \xrightarrow{\text{低温}} RCOOMgX \xrightarrow{H^+,H_2O} RCOOH + Mg(OH)X$$

$$RMgX + H_2O \longrightarrow RH + Mg(OH)X$$

$$RMgX + R'OH \longrightarrow RH + Mg(OR')X$$

（五）重要的卤代烃

氟氯代烃为一系列化合物，商品名为氟利昂（Freon），简写为 F×××。F 后第一个数字代表分子中的碳原子数减去 1（如为零，省略），第二个数字等于分子中的氢原子数加 1，第三个数字为分子中的氟原子数，如 CCl_2F_2 为 F12；$CClF_2CCl_2F$ 为 F113。氟利昂是常用的制冷剂，具有加压容易液化，汽化热大，不燃，不爆，无臭，无毒等优良性能。不同的氟利昂沸点不同，可用于不同的制冷设备，如家用冰箱用 F12，冷库用 F13（$CClF_3$）和 F23（CHF_3），空调器用 F114（$CClF_2CClF_2$）等。氟利昂还可用作气溶剂。将杀虫剂和除草剂与适当的氟利昂组成的混合物加压罐装，使用时氟利昂在大气压下膨胀蒸发,其中的溶质形成极为分散的粒子。氟溴代烃是灭火剂,F12B2(CBr_2F_2)和 F13B1($CBrF_3$)用于飞机、轮机舱及图书馆的灭火装置。它们受光和高温作用后的分解物无毒性、无残留物。由多氟代烃制备的氟塑料和氟橡胶具有耐高温、耐腐蚀和优良的电绝缘性能。

聚氯乙烯(polyvinyl chloride, PVC)结构为:$[-CH_2-CHCl-]_n$,是一种高分子材料,可由乙烯和氯经催化发生取代反应制成。由于聚氯乙烯具有防水耐热性质,被广泛用于电线、光纤外皮,鞋、袋,饰物,建筑装潢用品,家具,玩具、辅助医疗用品等。高温下聚氯乙烯会释放出氯化氢、氯气等有毒气体。自 20 世纪 70 年代开始,人们注意到 PVC 内存在一些可能渗出或汽化的有害添加剂和增塑剂,它们可能干扰生物的内分泌,影响生殖功能或可增加致癌风险。焚化 PVC 垃圾,会产生致癌的二噁英(dioxin)。

甲状腺素(thyroxine)为四碘甲状腺原氨酸。甲状腺素溶于碱溶液,不溶于水、乙醇和乙醚。甲状腺素可从动物甲状腺中提取,亦可由 3,5-二碘-*L*-酪氨酸为原料制取。甲状腺素有促进细胞代谢,增加氧消耗,刺激组织生长、成熟和分化等功能。体内甲状腺素过高过低均可能导致疾病。*L*-甲状腺素的生理活性是外消旋体的 2 倍。

HO—⟨⟩—O—⟨⟩—CH₂—CH—COOH   甲状腺素 (NH₂)

习 题

7-5 命名下列化合物。

(1) $(CH_3)_3CCH(CH_3)CH_2Br$ (2) CHI_3

(3) $(CH_3)_3CCl$ (4) Br—⟨⟩—CH₂Cl

(5) $CH_3CH=CHCH(CH_3)CH_2I$

7-6 写出下列化合物的结构式。

(1) 3,3-二甲基-2-氯戊烷   (2) 苄基氯   (3) 烯丙基溴

(4) 间氯甲苯   (5) 3-氯环己烯

7-7 下列伯卤代烷可看做是不同烷基取代的溴甲烷衍生物,比较它们发生 S_N2 反应时的相对反应速率,总结不同烷基取代对反应的影响。

溴代烷	CH_3CH_2Br	$CH_3CH_2CH_2Br$	$(CH_3)_2CHCH_2Br$	$(CH_3)_3CCH_2Br$
相对反应速率	1	0.4	0.03	$1.3×10^{-5}$

7-8 陈述叔丁基正碳离子稳定的原因。

7-9 完成下列反应式(写出主要产物)。

(1) $CH_3CH_2CH(CH_3)CHBrCH_3 \xrightarrow{NaOH/H_2O}$

(2) $(CH_3)_2CHCHClCH_3 \xrightarrow[\triangle]{KOH-乙醇}$

(3) ⟨环己烷 Br / CH₃⟩ $\xrightarrow[\triangle]{KOH-乙醇}$

(4) $CH_3CH=CH_2 \xrightarrow{HBr} \xrightarrow{NaCN}$

(5) $C_6H_5CH=CH_2 \xrightarrow{HBr} \xrightarrow[无水乙醚]{Mg} \xrightarrow[(2)\ H_3O^+]{(1)\ CO_2}$

7-10 从下列现象判断卤代烷与氢氧化钠在水-乙醇溶液中的反应,哪些属于 S_N2 机制,哪些属于 S_N1 机制?

（1）产物的构型完全转变。

（2）极性溶剂有利于反应的进行。

（3）增加氢氧化钠的浓度，反应速率明显加快。

（4）叔卤代烷反应速度明显大于仲卤代烷。

（5）反应不分阶段一步完成。

7-11   写出下列卤代烷进行β-消除反应的主要产物。

（1）3-甲基-1-溴丁烷   （2）2,3-二甲基-2-溴丁烷   （3）2,3-二甲基-1-溴丁烷

7-12   判断下列化合物能否与硝酸银的醇溶液发生反应,如能发生,则写出反应式,并注明是否需要加热?

（1）2-溴-2-戊烯   （2）3-溴-2-戊烯   （3）1-溴-2-戊烯

（4）4-溴-2-戊烯   （5）5-溴-2-戊烯

7-13   用化学方法区别下列各组化合物。

（1）$CH_3CH=CHBr, CH_2=CHCH_2Br, CH_3CH_2CH_2Br$

（2）$C_6H_5-Cl, C_6H_5-CH_2Cl, C_6H_5-CH_2CH_2Cl$

7-14   将下列各组化合物按反应速率大小顺序排列。

（1）S_N1 机制反应:$CH_3CH_2CH_2CH_2Br, (CH_3)_3CBr, CH_3CH_2CH(CH_3)Br$

（2）S_N1 机制反应:$C_6H_5-CH_2CH_2Br, C_6H_5-CH_2Br, C_6H_5-CH(CH_3)Br$

（3）S_N2 机制反应:$CH_3CH_2CH_2Br, (CH_3)_3CCH_2Br, (CH_3)_2CHCH_2Br$

（4）S_N2 机制反应:$CH_3CH_2CH(CH_3)Br, (CH_3)_3CBr, CH_3CH_2CH_2CH_2Br$

（陆   阳）

第八章 醇 硫醇 酚

醇(alcohol)是羟基与饱和碳原子(sp^3杂化)直接相连的一类化合物；硫醇(thiol 或 mercaptan)是硫原子替代醇中羟基氧原子的一类化合物；酚(phenol)是羟基与芳香环直接相连的一类化合物。这三类化合物的代表化合物如下：

$$CH_3-OH \qquad CH_3-SH \qquad \text{（苯环）}-OH$$

甲醇　　　　　　甲硫醇　　　　　　　苯酚

醇、硫醇和酚不仅是重要的有机合成原料或试剂，也是从分子水平理解、研究机体生化、生理、病理变化及药物作用的重要物质。硫醇可作为重金属解毒剂，具有调整物质代谢、保护酶系统等功能，在治疗疾病方面起着十分重要的作用。

第一节　醇

一、结构、分类和命名

醇的结构通式为 R—OH，其中羟基(—OH)为醇的官能团，也称为醇羟基。醇类化合物的羟基与饱和碳原子直接相连。例如，结构最简单的醇——甲醇(methanol)的羟基与甲基直接相连，其中氧原子为 sp^3 杂化，外层的 6 个电子分布于 4 个 sp^3 轨道，有 2 个电子分别占据 2 个 sp^3 轨道，与 C 和 H 成键；余下的 4 个电子(即两对孤对电子)占据另外 2 个 sp^3 轨道。甲醇的优势构象为醇羟基与甲基的 3 个 C—H 键呈交叉式，见图 8-1。

氧上两对孤对电子

图 8-1　甲醇的结构

根据羟基所连碳原子的类型不同，醇可分为：伯醇(1°醇)、仲醇(2°醇)和叔醇(3°醇)。

$$R-CH_2-OH \qquad R-\overset{\displaystyle R'}{\underset{\displaystyle H}{C}}-OH \qquad R-\overset{\displaystyle R'}{\underset{\displaystyle R''}{C}}-OH$$

伯醇　　　　　　　仲醇　　　　　　　　叔醇

根据醇分子中所含羟基的数目，醇又可分为一元醇、二元醇及三元醇等。含两个以上羟基的醇统称为多元醇。

$$CH_3-CH_2-OH \qquad \underset{OH\ \ OH}{CH_2-CH_2} \qquad \underset{OH\ \ OH\ \ OH}{CH_2-CH-CH_2}$$

一元醇　　　　　　二元醇　　　　　　三元醇

醇的普通命名法：一般仅用于简单醇的命名，即"醇"前加上烃基名，省去"基"字，例如：甲醇、异丙醇、叔丁醇、苄醇等。

$$CH_3-OH \qquad CH_3-\overset{\overset{\displaystyle CH_3}{|}}{C}H-OH \qquad CH_3-\overset{\overset{\displaystyle CH_3}{|}}{\underset{\underset{\displaystyle CH_3}{|}}{C}}-OH \qquad \bigcirc-CH_2OH$$

甲醇 　　　　　异丙醇(2-propanol) 　　　　　叔丁醇(tert–butanol) 　　　　　苄醇(benzyl alcohol)

醇的系统命名原则：①选择含有羟基的最长碳链作为主链，称某醇，从离羟基较近的一端用阿拉伯数字对主链编号，在醇名前表明羟基的位置，侧链或其他取代基的位置、数目、名称则依次写在羟基位置之前；②多元醇的命名应尽可能选择含多个羟基的最长碳链为主链，按羟基数分别称某二醇、某三醇，并在醇名前标明羟基位置；③脂环醇按脂环烃基的名称后加"醇"的方式命名；④不饱和一元醇的命名应选择含有羟基和不饱和键在内的最长的碳链为主链，从靠近羟基的一端开始编号，分别标明不饱和键和羟基的位置。例如：

2,2-二甲基丁醇 　　　　　1,3-丙二醇 　　　　　2-环己烯-1-醇 　　　　　1-苯基乙醇
（2, 2-dimethyl butanol） 　（1, 3-propanedio） 　（2-cyclohexene-1-ol） 　（1-phenylethanol）

一些天然醇习惯用俗名，例如：

甘露醇(mannitol) 　　　　　　　　　　　　　山梨醇(sorbitol)

8-1   分别用系统命名法命名下列醇类化合物或写出其结构式，并分类。

(1) $(C_2H_5)_2C=CHCH_2OH$　　(2) ⬡-CH-CH$_2$-⬡ (OH)　　(3)

(4) 2- 甲基 -4- 苯基 -2- 己醇　　(5) 1- 甲基 -1- 环戊醇　　(6) 2,2- 二氯乙醇

二、物理性质

含 1～4 个碳原子的醇为无色液体，含 6～11 个碳原子的醇为黏稠液体，含 12 个以上碳原子的醇则为蜡状固体。

醇在水中的溶解度取决于烃基的疏水性和羟基的亲水性。低级醇或多元醇因烃基较小，其羟基与水分子之间形成氢键（hydrogen bond）的作用力占主导地位（图 8-2），醇可与水互溶。随着烃基增大，醇的溶解度明显下降。

链状饱和一元醇的沸点与其碳链长的关系与烷烃的变化规律相似。但醇的沸点比相对分子质量相近的烷烃高得多。例如，甲醇（相对分子质量 32）的沸点为 64.7℃，而乙烷（相对分子质量 30）的沸点为 -88.6℃。因为液态甲醇可通过羟基之间的氢键使分子缔合（图 8-3），要使液态的甲醇气化，必须多提供一部分能量以断裂氢键，而烷烃分子间不存在氢键，因此甲醇的沸点比乙烷的高。

醇的直碳链增加一个 CH_2 沸点升高 18～20℃，醇的同分异构体支链越多沸点越低。例如，正丁醇沸点为 117℃，异丁醇沸点为 108℃，仲丁醇沸点为 99℃，叔丁醇沸点为 82℃。多元醇沸点随羟基数目增加而增加。例如，正丙醇的沸点 97.8℃，而丙三醇的沸点却高达 290℃。部分常见醇类化合物的物理常数见表 8-1。

图 8-2　醇羟基与水之间形成的氢键

图 8-3　液态甲醇分子之间缔合的氢键

表 8-1　部分常见醇的物理常数

名称	英文名	结构式	熔点(℃)	沸点(℃)	密度(g·mL^{-1})
甲醇	methanol	CH_3OH	−97.8	64.7	0.792
乙醇	ethanol	CH_3CH_2OH	−117.3	78.3	0.789
丙醇	1-propanol	$CH_3CH_2CH_2OH$	−126.0	97.8	0.804
异丙醇	2-propanol	$(CH_3)_2CHOH$	−88	82.3	0.789
正丁醇	1-butanol	$CH_3CH_2CH_2CH_2OH$	−89.6	117.7	0.810
环己醇	cyclohexanol	⬡—OH	24	161.5	0.949
苯甲醇	benzyl alcohol	$C_6H_5CH_2OH$	−15	205	1.046
乙二醇	ethanediol	$HOCH_2CH_2OH$	−12.6	197.5	1.113
丙三醇(甘油)	glycerol	$HOCH_2CH(OH)CH_2OH$	18	290	1.261

三、化学性质

由于氧原子的电负性比碳原子和氢原子的电负性大,所以醇分子中的碳氧键和氧氢键均为极性键,羟基的氧原子带部分负电荷(δ^-),与氧相连的碳原子和氢原子均带部分正电荷(δ^+)。醇羟基为醇的官能团,在不同的条件下,醇可发生羟基的氧氢键异裂,或者发生碳氧键异裂(图 8-4)。

(一)与金属钠的反应

醇与水一样,能与金属钠反应,反应生成醇钠,并同时放出氢气。在无水条件下,用金属钠处理乙醇的反应式为:

图 8-4　醇发生化学反应的主要部位

$$CH_3CH_2OH + Na \longrightarrow CH_3CH_2ONa + H_2\uparrow$$

醇与钠的反应速率比与水的反应速率缓慢得多。这也表明醇具有酸性,但其酸性比水弱。金属钠与甲醇的反应相当激烈。但随着醇中烷基碳原子数的增加,反应激烈程度逐渐减弱。例如,金属钠与水的反应是爆炸性的,与乙醇的反应速度是可控制的,而与正丁醇的反应则相当缓慢。在含水的醇溶液中,金属钠优先与水反应,反应剧烈,放出的热量可使氢气燃烧。醇钠遇水立即分解生成氢氧化钠和原来的醇。

$$CH_3CH_2ONa + H\text{—}OH \rightleftharpoons NaOH + CH_3CH_2OH$$

在这一反应中,较强的酸(H—OH)把较弱的酸(RO—H)从它的盐中置换出来。换而言之,较强的碱 RO^- 从 H_2O 中把质子夺过来了。RO^- 的碱性比 OH^- 要强得多。

下面是一些分子、离子酸碱性比较:

酸性:$H_2O > ROH > R\text{—}C\equiv CH > NH_3 > RH$

碱性:$R^- > NH_2^- > R\text{—}C\equiv C^- > RO^- > OH^-$

烷氧基阴离子(RO^-)的碱性很强,而它们的共轭酸的酸性很弱。叔丁醇是个弱酸,而叔丁氧基负离子则是强碱。不同烃基结构醇钠的碱性强弱次序是:叔醇钠 > 仲醇钠 > 伯醇钠。

8-2　按酸性由强到弱顺序排列下列各组化合物。
(1) 正丁醇、仲丁醇、叔丁醇
(2) 甲醇、乙醇、正丙醇、异丙醇
(3) 水、氨、丙烷、丙醇、乙酸

邻二醇(如乙二醇、甘油等)为多官能团化合物,由于处于相邻碳原子上二个羟基相互影响,使其酸性有所增强。在碱性溶液中,邻二醇类化合物可与 Cu^{2+} 反应生成绛蓝色的配合物。

$$\begin{array}{c} CH_2OH \\ | \\ CH_2OH \end{array} + Cu^{2+} \xrightarrow{OH^-} \begin{array}{c} CH_2O \\ | \\ CH_2O \end{array}Cu + 2H_2O$$

绛蓝色配合物

(二) 与无机含氧酸的酯化反应

醇可与含氧无机酸(如硝酸、亚硝酸、硫酸和磷酸等)直接反应,生成相应的酯。例如,甘油(glycerin)与硝酸反应生成甘油三硝酸酯(glyceryl trinitrate),临床上称为硝酸甘油(nitroglycerin)。硝酸甘油具有扩张血管的功能,能缓解心绞痛发作。临床用于防治心绞痛。

$$\begin{array}{c} CH_2-OH \\ | \\ CH-OH \\ | \\ CH_2-OH \end{array} + 3HONO_2 \xrightarrow{H_2SO_4} \begin{array}{c} CH_2-ONO_2 \\ | \\ CH-ONO_2 \\ | \\ CH_2-ONO_2 \end{array} + 3H_2O$$

甘油三硝酸酯

硫酸是二元酸,可形成两种硫酸酯——酸性酯和中性酯。低级醇的硫酸酯(如硫酸二甲酯等)可作为烷基化剂,高级醇($C_8 \sim C_{18}$)的硫酸酯钠盐用作合成洗涤剂。人软骨中含有硫酸酯结构的硫酸软骨质。

$$\underset{\text{硫酸氢甲酯}}{CH_3OSOH} \qquad \underset{\text{硫酸二甲酯}}{CH_3OSOCH_3}$$

磷酸是三元酸。磷酸酯(phosphate ester)广泛存在于生物体中,具有重要的生物功能。例如,细胞的重要成分 DNA、RNA、磷脂及重要的供能物质三磷酸腺苷(adenosine triphosphate,ATP)都含有磷酸酯结构(见第十五、十八章)。

$$\underset{\text{烷基一磷酸酯}}{R-O-\overset{O}{\underset{OH}{P}}-OH} \qquad \underset{\text{烷基二磷酸酯}}{R-O-\overset{O}{\underset{OH}{P}}-O-\overset{O}{\underset{OH}{P}}-OH} \qquad \underset{\text{烷基三磷酸酯}}{R-O-\overset{O}{\underset{OH}{P}}-O-\overset{O}{\underset{OH}{P}}-O-\overset{O}{\underset{OH}{P}}-OH}$$

(三) 脱水反应

醇在浓 H_2SO_4 或 H_3PO_4 催化下加热,分子内脱水生成烯烃。例如:

$$(CH_3)_2\overset{OH}{\underset{}{C}}-\overset{H}{\underset{}{CH_2}} \xrightarrow[60℃]{浓H_2SO_4} (CH_3)_2C=CH_2 + H_2O$$

2-甲基丙烯

$$CH_2\overset{H}{\underset{}{C}}H\overset{OH}{\underset{}{C}}H_3 \xrightarrow[100℃]{浓H_2SO_4} H_2C=CHCH_3 + H_2O$$

$$CH_2\overset{H}{\underset{}{C}}H_2OH \xrightarrow[170℃]{浓H_2SO_4} H_2C=CH_2 + H_2O$$

上述反应表明,醇分子内脱水生成烯烃由易到难顺序为:叔丁醇、异丙醇、乙醇。

醇在无机酸的催化下的脱水机制为:首先醇的羟基质子化,形成质子化醇,然后离去基($-OH_2^+$)以 H_2O 分子形式离去,形成正碳离子中间体,最后消去 β-H 而生成乙烯。

$$\underset{\text{醇}}{\overset{H}{\underset{|}{\overset{|}{\underset{\beta}{C}}}}-\overset{\alpha}{\underset{\underset{OH}{|}}{C}}-} \xrightarrow[\text{快}]{+H^+} \underset{\text{质子化醇}}{\overset{H}{\underset{|}{\overset{|}{\underset{\beta}{C}}}}-\overset{\alpha}{\underset{\underset{\overset{\oplus}{OH_2}}{|}}{C}}-} \xrightarrow[\substack{\text{慢}\\ H_2O}]{} \underset{\substack{\text{正碳离子}\\\text{中间体}}}{\overset{H}{\underset{|}{\overset{|}{\underset{\beta}{C}}}}-\overset{\alpha}{\underset{\oplus}{C}}-} \xrightarrow[\text{快}]{-H^+} \underset{\text{烯烃}}{>C=C<}$$

其中第二步为限速步骤,决定整个反应的速率,即其生成的正碳离子越稳定,脱水反应越容易进行。已知,正碳离子的稳定性次序为:叔碳>仲碳>伯碳,故不同类型的醇脱水活性的顺序为:

叔醇 仲醇 伯醇
脱水由易到难的顺序 ⟹

醇分子内脱水成烯的反应遵循 Saytzeff 规律,即主要产物是双键上连有最多烃基的烯烃。也就是说,醇脱水形成烯烃的双键位于原来醇分子连有羟基的碳原子与相邻连有较少"H"的碳之间。例如,2-丁醇脱水的主要产物是 2-丁烯而不是 1-丁烯。

$$\underset{}{\overset{H\ OH}{CH_3CHCHCH_2}-H} \xrightarrow{-H_2O} \underset{\substack{\text{2-丁烯}\\(\text{主要产物})}}{CH_3\overset{H}{C}=CHCH_3} + \underset{\text{1-丁烯}}{CH_3CH_2\overset{H}{C}=CH_2}$$

(四)氧化反应

有机反应中,脱去氢原子或加上氧原子的反应为氧化反应(oxidation),加上氢原子或脱去氧原子的反应为还原反应(reduction)。

醇类化合物的氧化,实质上是从分子中脱去两个氢原子,其中一个是羟基上的氢,另一个是与羟基相连碳上的氢(α-H)。氧化产物取决于醇的类型和反应条件。伯醇氧化生成醛,醛继续氧化生成羧酸;仲醇氧化生成酮,通常酮不会被继续氧化;叔醇没有 α-氢,一般不能被氧化。

$$\underset{}{\overset{OH}{\underset{|}{CH_3CH}}-H} \xrightarrow{[O]} \underset{}{CH_3\overset{O}{\overset{||}{C}}-H} \xrightarrow{[O]} CH_3\overset{O}{\overset{||}{C}}-OH$$

$$\underset{}{\overset{OH}{\underset{|}{CH_3CHCH_3}}} \xrightarrow{[O]} CH_3\overset{O}{\overset{||}{C}}CH_3$$

[O]代表氧化剂,常用的氧化剂有 $K_2Cr_2O_7$ 的酸性水溶液、$KMnO_4$ 溶液等。

上述反应物和产物都是无色的。若使用 $K_2Cr_2O_7$ 的酸性水溶液作为氧化剂,反应液由橙红色变成绿色;若使用 $KMnO_4$ 溶液作为氧化剂,则氧化剂的紫色可被褪去。利用此实验现象可区别伯醇、仲醇与叔醇。

酒中的乙醇与铬酸试剂反应,将会使原来橙色的试剂转变为绿色。利用这一性质是使用呼吸分析仪检查汽车驾驶员是否酒后驾车的依据。

$$\underset{(\text{橙色})}{CH_3CH_2OH + Cr_2O_7^{2-}} \longrightarrow \underset{(\text{绿色})}{CH_3COOH + Cr^{3+}}$$

如欲氧化伯醇制备醛,需避免产物醛被氧化,可采用蒸馏法将生成的醛蒸出以避免其与氧化剂接触,或用氧化性温和的三氧化铬及吡啶的混合物作为氧化剂。

$$\underset{}{\overset{CH_3}{\underset{|}{CH_2}}=CH(CH_2)_2\overset{CH_3}{\underset{|}{CH}}-\overset{H}{\underset{|}{C}}(CH_2)_3CHOH} \xrightarrow[C_5H_5N]{CrO_3} \underset{}{\overset{CH_3}{\underset{|}{CH_2}}=\overset{}{C}(CH_2)_2CH=\overset{CH_3}{\underset{|}{C}}(CH_2)_3\overset{H}{\underset{|}{C}}=O}$$

四、甲醇、乙醇的功能与毒性

甲醇最初是通过木材干馏分离制得,故俗称木精或木醇。目前,甲醇工业上用 CO 和 H_2 在高温高压下催化制得。甲醇为无色透明液体，能与水和大多数有机溶剂混溶，是实验室常用的溶剂，也是一种重要的化工原料。甲醇有酒的气味，但毒性很强，长期接触甲醇蒸气，可使视力下降；若内服10mL 甲醇可致人失明，30mL 甲醇可致死。这是由于甲醇进入体内，很快被肝脏的脱氢酶氧化成甲醛，甲醛不能被同化利用，能凝固蛋白质，损伤视网膜。甲醛的氧化产物甲酸难代谢而潴留于血中，使 pH 值下降，导致酸中毒而致命。

乙醇是酒的主要成分，俗称酒精，可通过淀粉等糖类物质发酵而得。目前利用石油裂解气中的乙烯进行加水反应制备乙醇。乙醇为无色透明液体，能与水和大多数有机溶剂混溶。乙醇是重要的有机溶剂和化工原料。由于 70% 或 75% 乙醇水溶液能使细菌的蛋白质变性，临床上使用其作外用消毒剂。乙醇作溶剂溶解药品制成的制剂称酊剂，例如碘酊（俗称碘酒）就是将碘和碘化钾（作助溶剂）溶于乙醇制成；再如将易挥发药物溶于乙醇制成的制剂则称醑剂，例如薄荷醑等。乙醇也用于制取中草药浸膏以提取其中的有效成分。

在人体内，乙醇可被肝脏中的乙醇脱氢酶氧化成乙醛，后者可被乙醛脱氢酶氧化成机体细胞能同化的乙酸，因此人体可以承受适量的乙醇。酒量大的人，体内乙醛脱氢酶相对多，而喝酒红脸的人，因体内乙醛脱氢酶偏少，乙醛代谢慢，存留体内的乙醛刺激血管扩张，引起脸潮红、心悸及血压下降等不适症状。乙醛低浓度时可引起眼、鼻及上呼吸道刺激症状及支气管炎；而高浓度时尚有麻醉作用。临床上表现有嗜睡、头痛、神志不清及支气管炎、肺水肿、腹泻、蛋白尿和心肌脂肪性变，严重时可致人死亡。

不论是乙醇脱氢酶，还是乙醛脱氢酶，其催化底物的氧化能力是有限的，当过量饮酒会造成乙醇在血液中潴留，导致酒精中毒。临床实践证明，长期而过度饮酒者会引起机体某些代谢障碍，导致脂肪、游离脂肪酸等增高，可造成脂肪肝，最后导致肝纤维化和肝硬化。在脂肪肝的早期经戒酒和治疗，脂肪肝可逐渐消除。

第二节　硫　　醇

一、结构与命名

硫醇（mercaptan, thiol）的结构通式为 R-SH。巯基（-SH）为硫醇的官能团。简单硫醇的命名，只需在相应的醇名称中加上"硫"字。结构较复杂的硫醇，将 -SH 作为取代基命名。例如：

CH_3SH	CH_3CH_2SH	$HSCH_2CH_2SH$	$HSCH_2CH_2OH$
甲硫醇	乙硫醇	1, 2-乙二硫醇	2-巯基乙醇
methanethiol	ethanethiol	1, 2-ethanedithiol	2-mercaptoethanol

二、物理性质

大多数硫醇易挥发，且具有特殊臭味，因此极微量的硫醇也具有非常明显的气味。工业上常将低级硫醇作为臭味剂使用，如燃气中加入少量叔丁硫醇，一旦燃气泄漏，硫醇的气味可起报警作用。

硫原子的电负性比氧原子的小，硫醇与水分子间以及硫醇分子间形成氢键的能力都比醇弱，故硫醇难溶于水，其沸点也较同碳原子数醇的低，见表 8-2。

表 8-2　部分同碳原子数的硫醇和醇的沸点比较表

名称	结构式	沸点（℃）	名称	结构式	沸点（℃）
甲硫醇	CH_3SH	6.2	甲醇	CH_3OH	64.5
乙硫醇	C_2H_5SH	37	乙醇	C_2H_5OH	78.3
丙硫醇	$CH_3CH_2CH_2SH$	67	丙醇	$CH_3CH_2CH_2OH$	97.8

三、化学性质

（一）弱酸性

与氧原子相比，硫原子半径大，巯基的硫氢键的键长较羟基的氧氢键的键长长，硫氢键易被极化，异裂放出质子。硫醇在水溶液中容易电离出质子，显酸性。硫醇的 pK_a 为 9～12，其酸性比水和醇强。

$$RSH + HO^- \rightleftharpoons RS^- + H-OH$$

硫醇难溶于水，易溶于氢氧化钠溶液。这是由于硫醇酸性较强，可与氢氧化钠发生中和反应，生成溶于水的盐（硫醇钠）。例如：

$$\underset{\text{乙硫醇}}{CH_3CH_2SH} + NaOH \longrightarrow \underset{\text{乙硫醇钠}}{CH_3CH_2SNa} + H-OH$$

8-3　为什么乙硫醇的酸性（pK_a 约为 11）强于乙醇（pK_a 约为 17）？

（二）与重金属作用

与无机硫化物类似，硫醇可与汞、银、铝等重金属盐或氧化物作用生成难溶于水的硫醇盐。

$$2RSH + HgO \longrightarrow (RS)_2Hg \downarrow + H_2O$$

在人体内，许多酶（如琥珀酸脱氢酶、乳酸脱氢酶等）含的巯基与铅、汞等重金属发生了上述反应，使其变性（denaturation）失活而丧失正常的生理功能，导致重金属中毒（heavy metal poisoning）。利用硫醇的这一性质，医药上用某些含巯基的化合物作为重金属中毒的解毒剂（antidote）。例如：

$$\begin{array}{ccc}
\underset{\substack{| \quad | \quad | \\ OH \ SH \ SH}}{CH_2-CH-CH_2} & \underset{\substack{| \quad | \quad | \\ SH \ SH \ SO_3Na}}{CH_2-CH-CH_2} & \underset{\substack{| \\ HS-HC-COONa}}{HS-HC-COONa} \\
\text{二硫基丙醇(BAL)} & \text{二硫基丙磺酸钠} & \text{二巯基丁二酸钠}
\end{array}$$

这些解毒剂如二巯基丁二酸钠（dimercaptosuccinated sodium）与金属离子的亲和力较强，它们能与重金属离子结合成不易解离的水溶性大的无毒配合物，最后由尿排出体外。因此，它们不仅能与游离的重金属离子结合，以保护酶系统，而且还能夺取已经与酶结合的重金属离子，使中毒酶的活性恢复，从而达到解毒的目的。但若酶的巯基与重金属离子结合过久，中毒酶则难以恢复，故重金属中毒需尽早用药抢救。重金属解毒剂的作用过程，见图 8-5。

图 8-5　重金属解毒剂的作用过程示意图

（三）氧化反应

硫醇易被氧化。在稀过氧化氢或碘，甚至在空气中氧的作用下，硫醇可被氧化成二硫化物（disulfide）。硫醇的氧化反应可以定量地进行，通过测定反应剩余过氧化氢的量，可分析巯基化合物的含量。

$$2CH_3CH_2CH_2SH + H_2O_2 \longrightarrow CH_3CH_2CH_2S-SCH_2CH_2CH_3 + 2H_2O$$

1-丙硫醇　　　　　　　二丙基二硫化物
(1-propanethiol)　　　　(dipropyl disulfide)

二硫化物与过氧化物结构类似，但更稳定。二硫化物在一定的条件下又可被还原为原来的硫醇。例如，生物氧化中的重要因子硫辛酸与二氢硫辛酸的转化也通过二硫键"—S—S—"与巯基之间的还原氧化作用。

硫辛酸　　　　　　　　　二氢硫辛酸
(lipoic acid)　　　　　　(dihydrolipoic acid)

硫醇与二硫化物之间的氧化还原是生物体内一个非常重要的生化过程。许多多肽和蛋白质含有能形成二硫键的游离巯基。通过这种性质，可使肽链中相应的巯基连接起来，改变这些肽或蛋白质三维结构，调整其生物活性。

在高锰酸钾、硝酸等强氧化剂作用下，甲硫醇可被氧化成甲磺酸。

$$CH_3-SH \xrightarrow{KMnO_4} CH_3-SO_3H$$

甲硫醇　　　　　　　甲磺酸
(methanethiol)　　　(methanesulfonic acid)

硫原子连有两个烃基的化合物称为硫醚，其结构通式为：R—S—R。最简单的硫醚为二甲基硫醚。

硫醚也较容易被氧化。例如，在室温条件下，二甲基硫醚就能被过氧化氢氧化成二甲亚砜（dimethyl sulfoxide，DMSO）。

$$H_3C-S-CH_3 \xrightarrow{H_2O_2} H_3C-\overset{O}{\overset{\|}{S}}-CH_3$$

二甲基硫醚　　　　　　二甲亚砜
(dimethyl sulfide)　　　DMSO

第三节　酚

一、结构、分类和命名

酚类是羟基与苯环直接相连的一类化合物，用通式 Ar-OH 表示。酚类中的羟基称为酚羟基。苯酚（phenol，carbolic acid）俗称石炭酸，是最简单的酚类化合物。它的—OH 直接连在苯环 sp^2 杂化碳原子上。

根据芳烃基，酚类可分为苯酚和萘酚（naphthol）等，其中萘酚因羟基位置不同，有 α 和 β 之分；根据芳环上羟基的数目，酚可分为一元酚、二元酚和三元酚等，含有两个以上酚羟基的酚统称为多元酚。

α-萘酚　　β-萘酚　　邻苯二酚（儿茶酚）　　均苯三酚
(α-naphthol)　(β-naphthol)　(o-dihydroxybenzene)(catechol)　(1,3,5-benzenetriol)

简单的一取代酚的命名，常以酚为母体，用邻、间和对（o-、m- 和 p-）标明取代基的位置。例如：

苯酚
(phenol)

邻甲苯酚
(2-methylphenol)

间甲苯酚
(3-methylphenol)

对甲苯酚
(4-methylphenol)

三种甲苯酚异构体混合物的皂溶液俗称来苏儿（lysol），也称煤酚皂液。临床上用作消毒剂，2.5% 的煤酚皂液 30 分钟可杀灭结核分枝杆菌。

结构复杂酚的命名，可用阿拉伯数字标明取代基的位置；也可将酚羟基作为取代基来命名；有些酚类化合物习惯用俗名（以下化合物括号内的名称）。例如：

2,4-二硝基苯酚
2,4-dinitrophenol

2,4,6-三硝基苯酚（苦味酸）
2,4,6-trinitrophenol(picric acid)

邻羟基苯甲酸（水杨酸）
2-hydroxybenzoic acid(salicylic acid)

二、物理性质

室温下酚类化合物大多数为结晶性固体，少数烷基酚（如甲酚）为高沸点的液体。酚羟基能与水分子之间形成氢键，但由于酚类烃基（亲脂性）部分较大，游离酚类化合物在水中的溶解度都比较小，但可溶于乙醇、乙醚、苯等有机溶剂；酚类化合物与醇一样能形成分子间氢键，一般都具有高沸点；部分常见酚类化合物的物理常数见表 8-3。

表 8-3 常见酚类化合物的物理常数表

名称	英文名	结构式	熔点（℃）	沸点（℃）	溶解度（g·100mL^{-1} 水）	pK$_a$
苯酚	phenol	C_6H_5OH	43	182	9.3	9.89
邻甲苯酚	2-methylphenol	$o\text{-}CH_3C_6H_4OH$	30	191	2.5	10.20
间甲苯酚	3-methylphenol	$m\text{-}CH_3C_6H_4OH$	11	201	2.6	10.01
对甲苯酚	4-methylphenol	$p\text{-}CH_3C_6H_4OH$	35.5	201	2.3	10.17
邻氯苯酚	2-chlorophenol	$o\text{-}ClC_6H_4OH$	8	176	2.8	8.11
间氯苯酚	3-chlorophenol	$m\text{-}ClC_6H_4OH$	33	214	2.6	8.80
对氯苯酚	4-chlorophenol	$p\text{-}ClC_6H_4OH$	43	220	2.7	9.20
邻硝基苯酚	o-nitrophenol	$o\text{-}O_2NC_6H_4OH$	45	217	0.2	7.17
间硝基苯酚	m-nitrophenol	$m\text{-}O_2NC_6H_4OH$	96	/	1.4	8.28
对硝基苯酚	p-nitrophenol	$p\text{-}O_2NC_6H_4OH$	114	279	1.7	7.15
2,4-二硝基苯酚	2,4-dinitrophenol		133	分解	0.56	3.96
2,4,6-三硝基苯酚（苦味酸）	2,4,6-trinitrophenol（picric acid）		122	分解（300℃爆炸）	1.40	0.38（强酸）

三、化学性质

酚类化合物与醇类化合物均含有羟基。由于酚类化合物的羟基与苯环直接相连,即酚羟基是与 sp^2 杂化碳原子键合,因此酚类化合物的许多化学性质不同于醇。例如苯酚的 C—O 键不易断裂,而 O—H 易异裂,给出质子,具有弱酸性。苯酚的羟基能活化苯环的邻位和对位,容易在苯环的邻位和对位发生卤代、硝化和磺化等亲电取代反应。

(一)酚的酸性与成盐

酚类化合物一般显弱酸性。例如,苯酚能与氢氧化钠反应生成易溶于水的苯酚钠。

$$\text{(略溶于水)} + NaOH \rightleftharpoons \text{(溶于水)} + H-OH$$

苯酚的酸性($pK_a=9.89$)比碳酸的酸性($pK_a=6.35$)弱,向苯酚钠溶液中通入二氧化碳,可游离出苯酚。

$$+ CO_2 + H_2O \longrightarrow + NaHCO_3$$

利用酚的弱酸性和成盐性质,可将酚类化合物与近中性化合物(如环己醇、硝基苯等)分离。

> 8-4 如何利用酸性差异分离对硝基甲苯与对甲基苯酚的混合物?

取代酚类化合物酸性的强弱与苯环上取代基的种类、数目等有关。以取代苯酚为例,当取代基为吸电子取代基(如 $-NO_2$、$-X$ 等)时,苯环的电子云密度降低,使酚的酸性加强;当取代基为斥电子取代基(如 $-CH_3$、$-C_2H_5$ 等)时,苯环的电子云密度增加,酚的酸性减弱。例如,硝基酚的酸性比苯酚强,甲基酚的酸性比苯酚弱。苯酚及其部分取代酚的 pK_a 值见表8-4。

表8-4 苯酚及其部分取代酚的 pK_a 值表(25℃)

化合物 取代基(Y)	邻位 -OH	间位 -OH	对位 Y- -OH
H	9.89	9.89	9.89
CH₃	10.20	10.01	10.17
F	8.81	9.28	9.81
Cl	8.11	8.80	9.20
Br	8.42	8.97	9.26
I	8.46	8.88	9.20
CH₃O	9.98	9.65	10.21
NO₂	7.17	8.28	7.15

> 8-5 试将下列化合物按酸性由强到弱顺序排列。
>
> (1)   苯硫酚(SH) 苯酚(OH) 苯甲酸(COOH) 苯磺酸(SO₃H)
>
> (2) 苯酚 对氯苯酚(Cl) 对硝基苯酚(NO₂) 对甲基苯酚(CH₃)

（二）亲电取代反应

苯酚中的羟基能使苯环活化。苯酚很容易发生卤代、硝化和磺化等亲电取代反应。

1. 卤代反应　苯酚水溶液与溴水可立即作用,生成 2,4,6-三溴苯酚的白色沉淀。

2,4,6-三溴苯酚
2,4,6-tribromophenol

此反应非常灵敏,很稀的苯酚溶液（$10mg \cdot L^{-1}$）也能与溴水产生明显的浑浊现象,因此可用此反应检验部分酚类化合物。若使用非极性溶剂（如二硫化碳）,并在低温下,苯酚与溴反应生成一溴取代物——对溴苯酚。当苯酚对位有取代基时,如选择低极性溶剂,低温下可制得邻位取代物。

对溴苯酚（80%～84%）
p-bromophenol

2. 硝化反应　苯酚与稀硝酸反应可生成邻硝基苯酚和对硝基苯酚。若选择低极性溶剂,低温下苯酚与硝酸的反应主要生成对硝基苯酚。

邻硝基苯酚(30%～40%)　　对硝基苯酚(15%)
o-nitrophenol　　　　　　p-nitrophenol

61%　　　　　26%

通过水蒸气蒸馏可分离邻硝基苯酚和对硝基苯酚。这是由于对硝基苯酚通过分子间氢键相互缔合,其挥发性小,不能随水蒸出;而邻硝基苯酚通过分子内氢键,形成分子内六元环状螯合物,阻碍其与水形成氢键,其水溶性低,挥发性大,能随水蒸出。

3. 磺化反应　苯酚与硫酸反应,在较低温度（25℃）时主要生成邻羟基苯磺酸（受速率控制）;在较高温度（100℃）时主要生成对羟基苯磺酸（受平衡控制）。若采用发烟硫酸,则生成苯酚-2,4,6-三磺酸。

49%

90%

$$\text{苯酚} + 3\ SO_3 \xrightarrow[100^{\circ}C, 4h]{H_2SO_4} \text{三磺酸产物}$$

（三）与三氯化铁的显色反应

羟基连在碳碳双键碳原子上的化合物称为烯醇（enol）。酚类化合物是一种特殊的烯醇。

$$-\overset{OH}{\underset{|}{C}}=C- \quad \text{烯醇结构} \quad \text{（苯酚）}$$

具有烯醇结构的化合物都可与三氯化铁水溶液发生呈色反应。苯酚与三氯化铁水溶液发生反应，使溶液呈蓝紫色；间苯二酚、1, 3, 5- 苯三酚呈紫色；甲苯酚呈蓝色；邻苯二酚和对苯二酚分别呈绿色和暗绿色；1, 2, 3- 苯三酚则呈红色。

（四）氧化反应

酚类化合物容易被氧化，其产物很复杂。例如苯酚为无色晶体，在空气中会被缓慢氧化，颜色逐渐变深。如用重铬酸钾和硫酸作氧化剂，苯酚可被氧化成对苯醌。多数醌类化合物有颜色。

$$\text{苯酚} \xrightarrow[H_2SO_4]{K_2Cr_2O_7} \text{对苯醌}$$

对苯醌
p–benzoquinone

多元酚更容易被氧化为醌类化合物，例如：邻苯二酚可被氧化成邻苯醌；对苯二酚可被氧化成对苯醌。

$$\text{邻苯二酚} \xrightarrow[\text{无水乙醚}]{Ag_2O} \text{邻苯醌}$$

邻苯醌
o–benzoquinone

$$\text{对苯二酚} \xrightarrow[H_2SO_4, 94\%]{Na_2Cr_2O_7} \text{对苯醌}$$

习　题

8-6　命名下列化合物。

(1) $C_6H_5CH_2CH_2OH$

(2) $H_2C=CHCH_2OH$

(3) $HOCH_2CH_2C(CH_3)_3$

(4) $HSCH_2CH_2OH$

(5) $HOCH_2\underset{OH}{CHCH_2OPO_3H_2}$

(6) $HOCH_2\underset{CH_3}{CHCH_2CH_2OH}$

(7)

(8)

(9)

(10)

8-7 写出下列化合物的结构式。

(1) 顺 -3- 戊烯 -2- 醇

(2) 4- 甲基 -1, 2- 戊二醇

(3) 巯基乙酸

(4) 亚硝酸异戊酯

(5) 硝酸甘油

(6) 5- 氯 -6-(3- 氯苯基)-2- 庚烯 -1- 醇

(7) (1R, 2R)-1, 2- 环己二醇

(8) (Z)-2- 丁烯 -1- 醇

(9) 苦味酸

(10) 儿茶酚

8-8 完成下列反应式。

(1) $CH_3CH_2OH + Na \longrightarrow$

(2) $CH_3COOH + CH_3CH_2CH_2OH \xrightarrow{H^+}$

(3) $C_6H_5CH_2\overset{\underset{\displaystyle |}{OH}}{C}HCH_3 + H_2SO_4 \xrightarrow{\triangle}$

(4) $C_6H_5SH + NaOH \longrightarrow$

(5) $HSCH_2\overset{\underset{\displaystyle |}{SH}}{C}HSO_3Na + Hg^{2+} \longrightarrow$

(6) 结构式 $+ NaOH \longrightarrow$

(7) 结构式 $+ Br_2 \xrightarrow[0℃]{CS_2}$

(8) 结构式 $+ Hg^{2+} \longrightarrow$

(9) $HSCH_2\overset{\underset{\displaystyle |}{NH_2}}{C}HCOOH \xrightarrow{(O)}$

8-9 请写出分子式为 $C_4H_{10}O$ 的脂肪醇的所有异构体的结构(包括对映体),并命名。

8-10 鉴别下列各组化合物。

(1) 1- 丁醇与正戊烷

(2) 溴乙烷与 1- 丁醇

(3) 1- 戊醇与 2- 戊烯 -1- 醇

(4) 正丁醇与叔丁醇

(5) 对苯酚与苯甲醇

(6) 1, 2- 丙二醇与 1, 3- 丙二醇

(7) 水杨酸与乙酰水杨酸

(8) 苯酚与苯甲酸

8-11 写出下列各醇在酸催化下脱水可能生成的烯烃结构,并指出何者为主要产物。

(1) 2- 甲基 -3- 戊醇

(2) 1- 苯基 -2- 丁醇

(3) 2, 3- 二甲基 -2- 丁醇

(4) 1- 甲基环己醇

(5) $CH_3CH_2\overset{\underset{\displaystyle |}{OH}}{C}HCH_3$

(6) $(CH_3)_2\overset{\underset{\displaystyle |}{OH}}{C}CH_2CH_3$

8-12 具有 R- 构型化合物 A 的分子式为 $C_8H_{10}O$,A 与 NaOH 不反应;与金属钠反应放出氢气;与 $KMnO_4$ 的酸性溶液反应可得甲酸和化合物 B(分子式为 $C_7H_6O_2$)。A 与浓硫酸共热只生成化合物 C(分子式为 C_8H_8)。将 C 与 $KMnO_4$ 的酸性溶液反应也可得甲酸和化合物 B(分子式为 $C_7H_6O_2$)。试写出 A、B 和 C 的结构式,并写出有关反应式。

8-13 某化合物 A 的分子式为 C_7H_8O,A 不溶于水和 $NaHCO_3$ 溶液,但能溶于 NaOH 溶液,并可与溴水反应生成化合物 B,其分子式为 $C_7H_5OBr_3$。试写出 A 和 B 的结构式。当在 0℃和 $CHCl_3$ 条件下,用溴水与 A 反应,可立即生成化合物 B(分子式为 C_7H_7OBr),试推测 A 和 B 可能是什么结构。

8-14 具有旋光性(R- 构型)化合物 A 的分子式为 $C_6H_{14}O$,A 与金属钠反应放出氢气;与 $KMnO_4$ 的酸性溶液反应可得化合物 B,其分子式为 $C_6H_{12}O$。A 与浓硫酸共热生成化合物 C。将 C 与 $KMnO_4$ 的酸性溶液反应只得丙酮。试写出 A、B 和 C 的结构式,并写出有关反应式。

(余 瑜)

第九章 醚

醚（ether）是氧原子连接两个烃基的化合物，其化学性质比较稳定。一些醚用作有机溶剂，在医药上用作消毒剂、灭菌剂、麻醉剂等。

第一节 醚

一、结构和命名

醚也可视为水分子中两个氢原子被烃基取代的产物，或者醇或酚分子中羟基的氢原子被烃基取代的产物。醚的通式为 R（Ar）—O—R′（Ar′），C—O—C 称为醚键，是醚类化合物的官能团。

醚键中的氧原子为 sp^3 杂化，其中两个 sp^3 杂化轨道分别与两个烃基碳原子形成 σ 键，键角约 112°，未成键的两个 sp^3 杂化轨道各有一对孤对电子。甲醚的结构如图 9-1。

图 9-1　甲醚分子的结构

与氧原子相连的两个烃基相同的醚称为简单醚，两个烃基不相同的醚称为混合醚。两个烃基都是脂肪烃基的称为脂肪醚，两个烃基中有芳基的称为芳香醚。

结构简单的醚常用普通命名法命名，在与氧原子连接的烃基名称后加上"醚"字。命名简单醚时常将"二"字省略；命名混合醚时，两个烃基依次序规则，按先小后大的顺序写出；对于芳香醚，一般将芳基放在烷基前面。英文命名则按字母顺序。

$C_2H_5OC_2H_5$	$C_2H_5OCH_3$	$(CH_3)_3COCH_3$
二乙醚（乙醚）	甲乙醚	甲基叔丁基醚
ethyl ether	ethyl methyl ether	methyl tertiary butyl ether

二苯醚
diphenyl ether

苯甲醚
methyl phenyl ether

醚的系统命名是将醚看做烃的烷氧基衍生物，以小基团烷氧基作为取代基，以大基团烃基作为母体命名。例如：

$$CH_3CHCH_2CH_3 \quad\quad CH_3OCH_2CH_2OCH_3$$
$$|$$
$$OCH_3$$

2-甲氧基丁烷　　　1,2-二甲氧基乙烷
2-methoxybutane　　　1,2-dimethoxyethane

9-1　命名下列化合物

（1）　　　　　　　（2）　　　　　　　（3）

二、物理性质

常温下，甲醚和甲乙醚为气体，其他大多数醚为无色液体，有特殊气味。与醇不同，醚分子不能形成分子间氢键，故醚的沸点比相同分子质量的醇要低，而与相应的烷烃接近。例如甲醚的沸点为 −24℃，乙醇的沸点为 78.4℃；乙醚的沸点为 34.6℃，正丁醇的沸点为 117.8℃，正戊烷的沸点为 36.1℃。低级醚易挥发，所形成的蒸气易燃，使用时要特别注意安全。

醚在水中的溶解度与相对分子质量相近的醇接近，这是由于醚中的氧原子能与水形成分子间氢键的缘故。如：20℃时，乙醚和正丁醇在水中的溶解度均为 80g·L^{-1}。一些常见醚的物理常数见表 9-1。

表 9-1 一些醚的部分物理常数

名称	沸点(℃)	密度(g·cm^{-3})	名称	沸点(℃)	密度(g·cm^{-3})
甲醚	−24.9	0.67	二苯醚	259	1.075
甲乙醚	10.8	0.725	苯甲醚(茴香醚)	155	0.994
乙醚	34.6	0.713	四氢呋喃	66	0.889
丙醚	90.5	0.736	1,4-二氧六环	101	1.034
异丙醚	69	0.735	环氧乙烷	14	0.882(10℃)
正丁醚	142	0.769	环氧丙烷	34	0.83

三、化学性质

醚的化学性质较稳定，一般不与氧化剂、还原剂、稀酸、强碱、活泼金属等反应，常用作有机溶剂。但由于醚分子中氧原子上有孤对电子，可以接受质子，故在强酸条件下，醚的 C—O 键也可发生断裂。

（一）醚的质子化：镁盐的形成

醚键上的氧原子有孤电子对，可以作为 Lewis 碱与质子结合生成类似于盐类结构的化合物——镁盐(oxonium salt)。醚接受质子的能力很弱，必须与浓强酸才能生成镁盐，因此，醚能溶于浓盐酸和浓硫酸等强酸中。镁盐不稳定，遇水立即分解，恢复成原来的醚。利用此特性可以区别醚与烷烃或卤代烃。

$$C_2H_5\overset{\cdot\cdot}{\underset{\cdot\cdot}{O}}-C_2H_5 + H_2SO_4 \longrightarrow C_2H_5-\overset{+}{\underset{\underset{H}{|}}{O}}-C_2H_5\ \ HSO_4^-$$
镁盐

$$C_2H_5-\overset{+}{\underset{\underset{H}{|}}{O}}-C_2H_5\ \ HSO_4^- + H_2O \longrightarrow C_2H_5\overset{\cdot\cdot}{\underset{\cdot\cdot}{O}}-C_2H_5 + H_3O^+ + HSO_4^-$$

（二）醚键的断裂

加热可使醚和氢碘酸所生成的镁盐发生 C—O 键的断裂，生成碘代烃和醇。生成的醇还能进一步与过量的氢碘酸反应生成碘代烃。高温下，浓氢溴酸和盐酸也可以发生上述反应。

$$CH_3CH_2-O-CH_2CH_3 + HI \overset{\triangle}{\longrightarrow} CH_3CH_2OH + ICH_2CH_3$$
$$\overset{HI}{\underset{}{|}}{\longrightarrow} CH_3CH_2I + H_2O$$

醚键的断裂反应属于亲核取代反应。首先是醚与酸作用发生质子化，生成镁盐，然后亲核试剂（X$^-$）对镁盐亲核进攻，生成卤代烷和醇。烷基的结构决定了反应机制，通常伯烷基醚易按 S$_N$2 机制进行，叔烷基醚易按 S$_N$1 机制进行。例如：

$$H_3C-O-CH_3 \underset{}{\overset{H^+}{\rightleftharpoons}} H_3C-\overset{+}{\underset{\underset{H}{|}}{O}}-CH_3 \overset{I^-}{\underset{S_N2}{\longrightarrow}} CH_3I + CH_3OH$$

$$(H_3C)_3C-O-C(CH_3)_3 \xrightleftharpoons{H^+} (H_3C)_3C-\overset{+}{\underset{\overset{|}{H}}{O}}-C(CH_3)_3 \xrightarrow[S_N1]{慢} (CH_3)_3C^+ + (CH_3)_3COH$$

$$\xrightarrow[]{快 \quad I^-}$$

$$(CH_3)_3CI$$

混合醚发生此反应时，一般是较小烃基先生成卤代烷。芳基烷基醚与氢碘酸反应时总是生成酚和碘代烷。氢卤酸不能使二芳基醚的醚键断裂。

$$H_3C-O-CH_2\underset{\overset{|}{CH_3}}{CH}CH_2CH_3 + HI \xrightarrow{100℃} CH_3I + HO-CH_2\underset{\overset{|}{CH_3}}{CH}CH_2CH_3$$

$$\text{（苯基）}-O-CH_3 + HI \xrightarrow[120\sim130℃]{57\%HI} \text{（苯基）}-OH + CH_3I$$

> **9-2**　无水 HBr 与有旋光性的甲基仲丁基醚反应时，生成的仲丁醇的构型与反应物的构型是否相同？为什么？

（三）过氧化物的生成

一般的氧化剂，如 $KMnO_4$、$K_2Cr_2O_7$ 不能氧化醚，但含有 α- 氢原子的醚在空气中久置或光照，则缓慢发生氧化反应，生成不易挥发的过氧化物（peroxide）。例如：

$$C_2H_5-O-C_2H_5 \xrightarrow{O_2} CH_3\underset{\overset{|}{O-O-H}}{CH}-O-CH_2CH_3$$

过氧化物不稳定，受热易分解而发生爆炸，因此在蒸馏醚时应避免蒸干，以防发生爆炸。检查醚中是否有过氧化物的一种简便方法是：取少量醚与碘化钾的酸性溶液一起振摇，如有过氧化物存在，则无色的 I^- 被氧化成棕色的 I_2，它遇到淀粉试纸呈蓝色。在蒸馏醚之前，可用硫酸亚铁或亚硫酸钠溶液洗涤以除去醚中的过氧化物。保存醚时应将其置于深色瓶内，避免暴露于空气中。

第二节　环　　醚

两个烃基相互连接成环的醚称为环醚（cyclic ether）。常见的环醚有三元环的环氧化合物（epoxide），五元和六元环的环醚、以及大环多醚（冠醚）。

五元和六元环醚一般作为杂环化合物的氢化物来命名。例如：

四氢呋喃　　　　　四氢吡喃　　　　　二噁烷（1,4-二氧六环）
tetrahydrofuran　　tetrahydropyran　　1,4-dioxane
THF

由于氧原子成环以后突出向外，四氢呋喃（tetrahydrofuran）和 1, 4- 二氧六环（1, 4-dioxane）等环醚易与水形成氢键，因此它们能以任意比例与水互溶。

五元和六元环醚的构象类似于相应的环烷烃，只是以氧原子置换了其中的一个亚甲基。例如，四氢吡喃（tetrahydropyran）的椅式构象和环己烷类似。

四氢吡喃的椅式构象

一、环氧化合物

（一）结构和命名

三元环醚通常称为环氧化合物，其结构特点是分子中存在张力较大的三元环。

环氧化合物的三元环

环氧化合物的普通命名通常称为"环氧某烷"，或根据相应的烯烃称为"氧化某烯"。例如：

环氧乙烷（氧化乙烯）
ethylene oxide

1,2-环氧丙烷（氧化丙烯）
1,2-propylene oxide

环氧化合物的系统命名是以"氧杂环丙烷"（oxirane）为母体，三元环中氧原子编号为1。例如：

2,3-二甲基氧杂环丙烷
2,3-dimethyloxirane

2-甲基-2-乙基氧杂环丙烷
2-ethyl-2-methyloxirane

（二）开环反应

由于三元环结构具有较大的环张力，环氧化合物在酸或碱的作用下，易受亲核试剂的进攻，发生C—O键断裂的开环反应（ring opening reaction）。因此，环氧化合物与一般的醚不同，化学性质比较活泼。

1. 酸催化开环反应　在稀酸条件下，环氧乙烷易与多种亲核试剂发生反应，生成相应的开环产物。例如：

H_2O, H^+ → 乙二醇

HCl → 2-氯乙醇

CH_3OH, H^+ → 2-甲氧基乙醇

酸性条件下环氧化合物开环倾向于按 S_N1 机制进行。首先环氧化合物发生质子化，使碳氧键变弱，有形成较稳定的正碳离子的倾向，即开环反应具有 S_N1 机制的性质。因此，对于非对称取代的环氧化合物，在酸催化下发生开环反应时，亲核试剂优先进攻取代基较多的环氧碳原子。

2-氯-1-丙醇

2. 碱性条件下的开环反应　环氧化合物在强碱的作用下,环被打开,生成相应的开环产物。

$$\text{（环氧乙烷）} \xrightarrow{^-OH, H_2O} HO\text{—}OH \quad \text{乙二醇}$$

$$\xrightarrow{NH_3} HO\text{—}NH_2 \quad \text{2-氨基乙醇}$$

$$\xrightarrow{CH_3ONa, CH_3OH} HO\text{—}OCH_3 \quad \text{2-甲氧基乙醇}$$

碱性条件下环氧化合物开环属于 S_N2 反应,亲核试剂进攻空间位阻较小的环氧碳原子。因此对于非对称取代的环氧化合物,亲核试剂主要进攻取代基较少的环氧碳原子。

$$CH_3ONa + \text{（环氧丙烷）} \xrightarrow{CH_3OH} H_3CO\text{—}OH$$

1-甲氧基-2-丙醇

> 9-3　写出 2-乙基氧杂环丙烷与下列试剂反应生成的主要产物。
> (1)甲醇钠/甲醇　　　(2)甲醇和硫酸　　　(3)甲胺

二、冠醚

冠醚(crown ether)是一类含有多个氧原子的大环多醚。多数冠醚分子中具有—OCH_2CH_2—重复单元,因其立体结构状似王冠,故称冠醚。

冠醚的系统命名比较复杂,通常使用习惯命名,即以"m-冠-n"来表示,m 代表构成环的碳原子和氧原子的总数,n 代表环中氧原子数。如:18-冠-6 表示是由 18 个碳原子和氧原子组成的环醚,其中氧原子有 6 个。

15-冠-5
15-crown-5

18-冠-6
18-crown-6

18-冠-6与KCl的络合物

冠醚是一类重要的大环化合物,其结构特点使其能随环的大小不同而与不同金属离子形成络合物,从而可以选择性地识别金属离子。如 18-冠-6 的空穴直径为 260~320pm,和 K^+ 的直径(266pm)相近,所以它能与 K^+ 离子形成稳定的络合物,而 12-冠-4 则能与 Li^+ 络合而不与 K^+、Na^+ 络合。由于冠醚与金属离子的络合具有较高的选择性,因此可用于金属离子的分离。

环氧化与黄曲霉素和稠环芳烃的致癌性

在机体细胞中的细胞色素 P450 单加氧酶作用下,黄曲霉素 B_1(aflatoxin B_1, AFB_1)的烯醚双键发生环氧化反应,生成环氧化合物,该环氧化合物与 DNA 分子中的氨基结合,从而引起细胞的变异。

$$AFB_1 \xrightarrow[\text{环氧化}]{\text{细胞色素P450IA2}} AFB_1\text{-8,9-环氧化物} \xrightarrow{DNA\text{—}NH_2}$$

AFB₁-DNA

稠环芳烃 3,4- 苯并芘有类似的致癌机制。

习 题

9-4 命名下列化合物。

(1)

(2)

(3)

(4) $CH_3CH_2CHCH_2CH_3$
　　　　OCH_3

(5)

(6)

9-5 写出下列化合物的结构式。

(1) 4- 甲氧基 -1- 萘酚

(2) 苯甲醚

(3) 四氢呋喃

(4) 3- 乙氧基 -1- 氯 -2- 丁醇

(5) 2- 氯甲基氧杂环丙烷

(6) 甲基叔丁基醚

9-6 写出下列反应的主要产物。

(1) $CH_3-O-CHCH_3$ + HI $\xrightarrow{\triangle}$
　　　　　CH_3 （过量）

(2) + HI $\xrightarrow{\triangle}$

(3) + HI $\xrightarrow{\triangle}$

(4) $CH_3-CH-CH_2$ + CH_3OH $\xrightarrow{H_2SO_4}$

(5) $CH_3-CH-CH_2$ + $\xrightarrow{OH^-}$

9-7 用化学方法鉴别下列各组化合物。

（1）正丁醇和正丁醚　　　　　　　　（2）苯甲醚和对甲基苯酚

9-8　A、B、C 三种化合物的分子式均为 $C_4H_{10}O$。A、B 可与金属钠反应，C 不反应。B 能使铬酸试剂变色，A、C 不能。A 和 B 与浓硫酸共热可得到相同的产物，分子式为 C_4H_8。C 与过量的氢碘酸反应，只得到一种主要产物。试推测 A、B、C 的结构，并用化学反应式表明推断过程。

9-9　某化合物 A（分子式 C_7H_8O）与金属钠不发生反应，与浓氢碘酸反应生成化合物 B 和 C。B 能溶于氢氧化钠，并与 $FeCl_3$ 作用成紫色，C 与硝酸银乙醇溶液作用生成黄色沉淀。试写出 A、B 和 C 的结构。

9-10　解释下列实验事实。

（罗美明）

第十章 醛 和 酮

醛（aldehyde）和酮（ketone）是分子中含有羰基（carbonyl group）官能团的有机化合物。

$$R-\overset{\overset{\displaystyle O}{\|}}{C}-H \qquad\qquad R-\overset{\overset{\displaystyle O}{\|}}{C}-R'$$

醛   酮

R为氢，脂肪烃基   R,R′为脂肪烃基

或芳香烃基   或芳香烃基

通常，醛和酮分别表示为 $R-CHO$ 和 $R-CO-R'$，其羰基分别称为醛基和酮基。醛和酮能发生多种化学反应，在有机合成中有广泛的用途。有些天然醛、酮是植物药的有效成分，有显著的生物活性。

一、分类和命名

按照烃基的结构，醛和酮可分为脂肪醛、脂肪酮和芳香醛、芳香酮。芳香醛和芳香酮的羰基碳与芳环直接相连。

简单醛酮可采用普通命名法。通常，酮依据羰基两侧烃基（较简单的烃基加较复杂的烃基）的名称命名；含有芳烃基的醛酮，命名时把芳烃基作为取代基。

CH_3CH_2CHO $CH_3-\overset{\overset{\displaystyle O}{\|}}{C}-C_2H_5$

丙醛   甲（基）乙（基）酮   甲基环己基酮

propanal   methyl ethyl ketone   methyl cyclohexyl ketone

苯乙醛   二苯（基）酮

phenylethanal   diphenyl ketone

结构较复杂醛、酮的命名多采用系统命名法：选择含羰基的最长碳链作主链，从醛基或靠近羰基的一端开始编号。表示羰基位次的数字写在其名称前，并在母体醛、酮名称前表明支链或取代基的位置、数量和名称，位置亦可用希腊字母表示。

$CH_3CH_2-\overset{\overset{\displaystyle CH_3}{|}}{CH}-CHO$ $CH_3-\overset{\overset{\displaystyle CH_3}{|}}{CH}-CH_2-\overset{\overset{\displaystyle O}{\|}}{C}-CH_3$

2-甲基丁醛（α-甲基丁醛）   4-甲基-2-戊酮

2-methylbutanal   4-methyl-2-pentanone

$\overset{\omega}{C}-\cdots\cdots-\overset{\delta}{C}-\overset{\gamma}{C}-\overset{\beta}{C}-\overset{\alpha}{C}-\overset{\overset{\displaystyle O}{\|}}{C}-\overset{\alpha'}{C}-\overset{\beta'}{C}-\overset{\gamma'}{C}$

多元醛、酮命名时，主链选取含羰基尽可能多的碳链，注明羰基的位置和数目。不饱和醛、酮的命名，羰基的编号应尽可能小，要标明不饱和键的位置。脂环酮命名，从羰基碳原子开始编号，在名称前加"环"字。例如：

$$\underset{\text{戊二醛}}{\underset{\text{pentanedial}}{H-C-CH_2-CH_2-CH_2-C-H}}$$ $$\underset{\text{2,4-戊二酮（乙酰丙酮）}}{\underset{\text{2,4-pentanedione}}{CH_3-C-CH_2-C-CH_3}}$$ $$\underset{\text{2-丁烯醛}}{\underset{\text{2-butenal}}{CH_3CH=CHCHO}}$$

$$\underset{\text{3-戊烯-2-酮}}{\underset{\text{3-penten-2-one}}{CH_3CH=CH-C-CH_3}}$$ 3-甲基环己酮
3-methylcyclohexanone 1,4-环己二酮
1,4-cyclohexanedione

许多天然醛、酮有俗名。例如：芳香油中常见的茴香醛，桂皮油中的 3- 苯丙烯醛（肉桂醛），天然麝香的主要香气成分十五元环酮麝香酮，与视觉化学有关的重要物质视黄醛等。

$$\underset{\text{茴香醛}}{\underset{\text{anisaldehyde}}{CH_3O-\!\!\!\bigcirc\!\!\!-CHO}}$$ $$\underset{\text{肉桂醛}}{\underset{\text{cinnamaldehyde}}{\bigcirc\!\!\!-CH=CHCHO}}$$

11-顺视黄醛
11-cis-retinal   麝香酮
                             muscone

二、结构和物理性质

（一）羰基的结构

醛和酮的羰基碳原子为 sp^2 杂化，其 3 个 sp^2 杂化轨道分别与氧原子及其他 2 个原子形成处于同一平面的 3 个 σ 键，羰基碳余下的 1 个未杂化的 p 轨道与氧的 $2p$ 轨道彼此平行重叠，形成 π 键。最简单的羰基化合物甲醛（formaldehyde）的结构见图 10-1。

醛和酮是极性分子。氧的电负性比碳大，因此，醛和酮羰基的碳氧双键是极性不饱和键，其电子云分布偏向氧原子，这一结构特征是醛、酮具有较高化学活性的主要原因。

图 10-1 甲醛的结构

（二）物理性质

室温下，甲醛是气体；其他 12 个碳以下的脂肪醛、酮是液体；高级脂肪醛、酮和芳香酮多为固体。许多低级醛有刺鼻臭味。某些天然醛、酮具有特殊芳香气味，可用于化妆品及食品工业。

由于醛、酮不能形成分子间氢键，所以其沸点比相对分子质量相近醇的沸点要低。羰基的极性

使得醛、酮分子间偶极 - 偶极吸引作用大,因而其沸点高于相应的烷烃和醚类。常见醛酮的熔点和沸点见表 10-1。醛、酮羰基的氧能与水分子形成氢键,因此低级醛、酮易溶于水,随着醛酮分子中烃基增大,其水溶性迅速降低。含 6 个碳以上的醛、酮几乎不溶于水,但可溶于乙醚、甲苯等有机溶剂。

表 10-1　常见醛酮的熔点和沸点

名称	英文名	结构式	熔点(℃)	沸点(℃)
甲醛	methanal formaldehyde	$HCHO$	−117	−19
乙醛	ethanal	CH_3CHO	−123	21
丙烯醛	propenal acrolein	$CH_2{=}CHCHO$	−87	53
苯甲醛	benzaldehyde	C_6H_5CHO	−56	179
丙酮	acetone	CH_3COCH_3	−95	56
环己酮	cyclohexanone	⬡=O	−47	155
苯乙酮	acetophenone	$C_6H_5COCH_3$	20	202

三、化学性质

羰基($C{=}O$)与烯烃双键($C{=}C$)均能被加氢还原,但它们的化学性质差别较大,烯烃的 $C{=}C$ 双键无极性或极性很弱,由于碳原子的电负性较小,烯烃 π 电子流动性较大,易受亲电试剂的进攻。醛酮羰基 $C{=}O$ 双键的极性强,由于氧的电负性大于碳,羰基碳原子带部分正电荷,易受能提供电子的亲核试剂进攻,发生加成反应。羰基碳原子对邻近碳原子表现出吸电子诱导效应(−I),故羰基的 α-氢有一定的活泼性。醛、酮主要有两类化学性质:对羰基碳的亲核加成作用和羰基 α- 氢的活泼性。

碱进攻　　　亲核试剂进攻

(一)亲核加成反应

亲核加成(nucleophilic addition)反应是羰基的特征反应。亲核试剂(nucleophilic reagent):NuA 容易与羰基 $C{=}O$ 发生亲核加成反应,其机制如下:

负氧离子中间体

由于碳、氧原子电负性的差异,醛、酮羰基具有两个反应中心——带部分正电荷的羰基碳和带部分负电荷的羰基氧。羰基的加成反应是由亲核试剂:NuA 中的亲核部分:Nu⁻ 进攻活泼的羰基碳开始,在 π 键断裂及形成新 σ 键时,电子对转移到氧原子上,形成负氧离子中间体。反应的第二步是该负氧离子与试剂中带正电荷的 A⁺ 结合,生成加成产物。上述反应物中羰基碳原子是 sp^2 杂化,但在产物中,该碳原子转变为 sp^3 杂化。在上述机制中,第一步是决定整个反应速率的慢步骤,它由亲核试剂进攻带正电荷的羰基碳开始,反应产物为加成产物,所以该反应称为亲核加成反应。亲核试剂一般为带负电荷或孤对电子的原子或基团。常见的亲核试剂有:氢氰酸、醇、水及氨的衍生物等。

在许多情况下,羰基的亲核加成反应是可逆的。醛、酮亲核加成反应的难易除了与亲核试剂的性质有关外,还取决于醛、酮的结构,即取决于羰基碳上连接的原子或基团的电子效应和空间效应。由于烷基的斥电子诱导效应导致羰基碳正电性减少,同时烷基的空间位阻不利于亲核试剂进攻羰基碳原子,所以醛通常比酮活泼,更容易发生亲核加成反应。

1. 与氢氰酸的加成　　氢氰酸(HCN)与醛、脂肪族甲基酮和 8 个碳原子以下的环酮作用生成相应的加成产物氰醇（cyanohydrin），也称 α- 羟基腈。

HCN 与芳香酮反应困难，其原因是羰基与芳环共轭，芳环上的电子向羰基转移，使得羰基碳原子正电性减弱；另外，羰基两侧的芳环和烷基的空间位阻也影响亲核试剂向羰基进攻。HCN 加成中，CN⁻ 浓度是决定反应速率的重要因素之一。HCN 是弱酸，不易离解，因此，HCN 与醛酮的加成反应，通常需碱催化。

HCN 与醛酮的加成反应在有机合成中有重要地位，因为在这一反应中生成了新的碳碳键，产物比原料多一个碳原子。氰醇具有醇羟基和氰基两种官能团，是一种非常有用的有机合成中间体。由氰醇可制备 α, β- 不饱和腈、β- 羟基胺等化合物。

HCN 易挥发，且剧毒，实验中一般采用 NaCN 或 KCN 水溶液与醛酮混合，再滴加硫酸，保证反应产生的 HCN 随即与醛酮反应，该反应操作应在通风柜中进行。

2. 与醇及水的加成 在无水酸（通常是干燥氯化氢）存在下，醇与醛的羰基加成生成半缩醛（hemiacetal），半缩醛还可以与另一分子醇反应，脱水生成缩醛（acetal），半缩醛中与醚键在同一个碳原子上的羟基称为半缩醛羟基。

与醛相比，酮与醇反应生成缩酮（ketal）的反应较困难。但酮容易与乙二醇作用，生成具有五元环状的缩酮。

缩醛和缩酮的性质相似，它们均对碱、氧化剂和还原剂稳定，但遇稀酸则分解成原来的醛（或酮）和醇。在有机合成中，为了保护容易发生化学变化的醛基，将醛转化为缩醛，待氧化或其他反应完成后，再用酸水解缩醛，把醛基释放出来。通常，用乙二醇保护分子中的醛基。

尽管多数半缩醛易释放出醇并转变为羰基化合物，但是 γ- 或 δ- 羟基醛（酮）易自发地发生分子内的亲核加成，且主要以稳定的环状半缩醛（酮）的形式存在。许多单糖分子（见第十六章）都含有这种环状半缩醛（酮）结构。

水与羰基加成形成醛、酮的水合物（偕二醇）。由于水是弱亲核试剂，生成的偕二醇不稳定，容易失水，该反应平衡主要偏向反应物一方。

$$R-\overset{\overset{\displaystyle O}{\|}}{C}-R'(H) + H_2O \rightleftharpoons R-\overset{\overset{\displaystyle OH}{|}}{\underset{\underset{\displaystyle OH}{|}}{C}}-R'(H)$$

偕二醇

当羰基与强吸电子基团连接时，由于羰基碳的正电性增大，可以生成较稳定的水合物。一些羰基化合物的水合物有重要用途，例如：三氯乙醛的水合物称为水合氯醛（chloral hydrate），临床上曾用做镇静催眠药。甲醛在水溶液中几乎全部变成水合物，但它在分离过程中容易失水，所以无法分离出来。作为 α- 氨基酸和蛋白质显色剂的水合茚三酮（ninhydrin）也是羰基的水合物。

$$CCl_3-\overset{\overset{\displaystyle OH}{|}}{\underset{\underset{\displaystyle OH}{|}}{C}}-H$$

水合氯醛

水合茚三酮

3. 与 Grignard 试剂加成 Grignard 试剂 R—MgX 中与 Mg 相连的碳带部分负电荷，具有很强的亲核性，而 Mg 则带有部分正电荷。在亲核加成反应中，$R^{\delta-}$ 进攻羰基碳，$Mg^{\delta+}X$ 则与羰基氧结合，所得的加成物经水解生成醇。

$$\underset{H}{\overset{C_6H_5}{}}C=O + CH_3CH_2MgX \xrightarrow{乙醚} \underset{H}{\overset{C_6H_5}{}}\underset{CH_2CH_3}{\overset{OMgX}{}}C \xrightarrow{H_2O} CH_3CH_2-\underset{}{\overset{C_6H_5}{}}CH-OH$$

Grignard 试剂对醛酮的加成是不可逆反应。利用不同的羰基化合物与不同的 Grignard 试剂反应，可以制备具有更多碳原子及新碳骨架的醇。Grignard 试剂与甲醛反应可得伯醇，与其他醛反应可得仲醇，与酮反应则得叔醇。

$$\begin{array}{l} H-\overset{\overset{\displaystyle O}{\|}}{C}-H \\ R'-\overset{\overset{\displaystyle O}{\|}}{C}-H \\ R'-\overset{\overset{\displaystyle O}{\|}}{C}-R' \end{array} \xrightarrow[2)\ H_3O^+]{1)\ RMgX} \begin{array}{ll} H-\overset{\overset{\displaystyle OH}{|}}{C}H-R & 伯醇 \\ R'-\overset{\overset{\displaystyle OH}{|}}{C}H-R & 仲醇 \\ R'-\overset{\overset{\displaystyle OH}{|}}{\underset{\underset{\displaystyle R'}{|}}{C}}-R & 叔醇 \end{array}$$

4. 与氨衍生物的加成 醛或酮与氨的衍生物〔羟胺、肼、苯肼、2，4- 二硝基苯肼（2,4-dinitrophenylhydrazine）等〕先加成后脱水，生成 N- 取代亚胺（N-substitude imine）。若用 H₂N-G 代表不同氨的衍生物，该反应通式如下：

$$\underset{(R')H}{\overset{R}{}}C=O + H_2N-G \rightleftharpoons^{H^+} \left[\underset{(R')H}{\overset{R}{}}\underset{NH-G}{\overset{OH}{}}C\right] \overset{-H_2O}{\rightleftharpoons} \underset{(R')H}{\overset{R}{}}C=N-G$$

N-取代亚胺

表 10-2 列出了常用氨衍生物及 N- 取代亚胺的名称和结构式。N- 取代亚胺（通常是 N- 芳香取代亚胺）有一定的熔点和晶形，容易鉴别，其中 2，4- 二硝基苯肼的缩合产物 2，4- 二硝基苯腙多为橙黄色或橙红色沉淀，应用最广泛。由于氨衍生物可用于鉴别羰基化合物，常把它们称为羰基试剂（carbonyl reagent）。

表 10-2　氨衍生物与醛酮反应的产物

氨衍生物	结构式	缩合产物结构式	缩合产物名称
伯胺	$H_2N—R''$	$\begin{array}{c}R\\(R')H\end{array}C=N—R''$	Schiff 碱
羟胺	$H_2N—OH$	$\begin{array}{c}R\\(R')H\end{array}C=N—OH$	肟（oxime）
肼	$H_2N—NH_2$	$\begin{array}{c}R\\(R')H\end{array}C=N—NH_2$	腙（hydrazone）
苯肼	$H_2N—NH—C_6H_5$	$\begin{array}{c}R\\(R')H\end{array}C=N—NHC_6H_5$	苯腙（phenylhydrazone）
2,4-二硝基苯肼	$H_2NHN—\!\!\!\!\langle\bigcirc\rangle\!\!\!-\!NO_2$ （O_2N）	$\begin{array}{c}R\\(R')H\end{array}C=N—NH—\!\!\langle\bigcirc\rangle\!\!-\!NO_2$ （O_2N）	2,4-二硝基苯腙（2,4-dinitrophenylhydrazone）

上述 N- 取代亚胺容易结晶纯化，并且又可经酸水解得到原来的醛或酮，所以这些羰基试剂也用于醛、酮的分离及精制。

羰基化合物与伯胺加成产生 Schiff 碱的反应是可逆的。

$$\begin{array}{c}R\\(R')H\end{array}C=O + H_2N—R'' \rightleftharpoons \begin{array}{c}R\\(R')H\end{array}C=N—R'' + H_2O$$

体内某些生化过程与 Schiff 碱的形成和分解有关，例如，在与视觉有关的生化过程中，视觉感光细胞中存在感光色素视紫红素（rhodopsin），其化学结构为由 11- 顺视黄醛和视蛋白的侧链氨基缩合生成的 Schiff 碱。视紫红素吸收光子后立即引起视黄醛 C_{11} 位置双键构型由 C_{11}- 顺式构型转变为 C_{11}- 反式构型，从而导致视蛋白分子构象发生变化，再经一系列复杂的信息传递到达大脑形成视觉。

10-1　共轭体系越大的化合物吸收光的波长越长。现有正丁醛、2- 丁烯醛两瓶试剂，均无标签。它们的 2,4- 二硝基苯腙分别为黄色和红色。试区分这两瓶试剂。（提示红色的吸收波长比黄色的吸收波长长）。

（二）α- 碳及 α- 氢的反应

醛、酮分子中与羰基直接相连的碳原子称 α- 碳，α- 碳上的氢称 α- 氢（α-H）。受羰基的影响 α-H 比较活泼，因为：①羰基的吸电子作用增大了 $C_\alpha—H$ 键的极性，使 α-H 比较容易形成质子离去；②α-H 离解后，醛、酮的羰基可将负离子的负电荷离域化，使其趋于稳定。

$$R—\overset{H}{\underset{}{C}}H—\overset{O}{\overset{\|}{C}}—R'(H) \xrightarrow{OH^-} R—\overset{-}{C}H—\overset{O}{\overset{\|}{C}}—R'(H)$$
负碳离子

1. 醇醛缩合　在稀碱溶液中，含 α-H 的醛的 α- 碳（以负碳离子形式存在）可以与另一醛的羰基碳加成形成新的碳碳键，生成 β- 羟基醛，该反应称为醇醛缩合（aldol condensation）。醇醛缩合是有机合成中增长碳链的重要方法。例如，乙醛经醇醛缩合反应生成 β- 羟基丁醛，后者受热失水，生成 2- 丁烯醛。

$$H_3C-\overset{O}{\underset{}{C}}-H + CH_2CHO \xrightarrow{OH^-} H_3C-\underset{}{CH}CH_2CHO \xrightarrow{\triangle} H_3C-CH=CHCHO + H_2O$$

β-羟基丁醛　　　　　　　　2-丁烯醛
（α,β-不饱和醛）

醇醛缩合反应的机制如下：

$$(1)\ RCH_2-\overset{O}{\underset{}{C}}-H + OH^- \underset{}{\overset{-H_2O}{\rightleftharpoons}} \left[R\bar{C}H-\overset{O}{\underset{}{C}}-H \longleftrightarrow RCH=\overset{O^-}{\underset{}{CH}} \right]$$

$$(2)\ RCH_2-\overset{O}{\underset{}{C}}-H + R\bar{C}H-\overset{O}{\underset{}{C}}-H \underset{}{\overset{慢}{\rightleftharpoons}} RCH_2-\underset{}{CH}-\underset{R}{\underset{}{CH}}-\overset{O}{\underset{}{C}}-H$$

负碳离子

$$(3)\ RCH_2-\overset{O^-}{\underset{}{CH}}-\underset{R}{\underset{}{CH}}-\overset{O}{\underset{}{C}}-H + H_2O \underset{}{\overset{快}{\rightleftharpoons}} RCH_2-\overset{OH}{\underset{}{CH}}-\underset{R}{\underset{}{CH}}-\overset{O}{\underset{}{C}}-H + OH^-$$

β-羟基醛

醇醛缩合反应的速率随醛的相对分子质量的增加而降低，实验室里往往通过升高反应温度来促进反应的进行，但升高温度又容易使生成的醇醛失水。因此，七个碳以上的醛进行醇醛反应，只能得到失水产物——α, β- 不饱和醛。

2. 酮式和烯醇式的互变异构　　2, 4- 戊二酮为 β- 二酮，作为多官能团化合物分子中两个羰基相互影响。常温下，它既可发生甲基酮的典型反应（如与羟胺反应生成肟，与苯肼反应生成腙，能与 HCN 加成等），又具有烯醇（enol）的性质（如与 $FeCl_3$ 溶液呈颜色反应，能使溴水褪色）。这些性质提示了 2, 4- 戊二酮是酮式（keto form）和烯醇式（enol form）两种异构体的混合物，且能相互转变。2, 4- 戊二酮 3 位亚甲基氢受两个羰基的吸电子效应影响（常称双重 α-H），具有弱酸性（$pK_a=9$），能转移一个 H^+ 到羰基氧上，并重排成烯醇式。2, 4- 戊二酮形成烯醇异构体后，共轭体系增加，分子内能降低；加之该烯醇式通过分子内氢键形成六元螯环，更使其稳定性增加。两种或两种以上的异构体通过相互转变达到动态平衡的现象称为互变异构现象（tautomerism），各异构体称为互变异构体。

$$CH_3-\overset{}{\underset{O}{C}}-CH_2-\overset{}{\underset{O}{C}}-CH_3 \rightleftharpoons$$

酮式(20%)　　　　　　　烯醇式(80%)

理论上，具有 α-H 的化合物都可能存在酮式和烯醇式两种互变异构体。各种化合物酮式和烯醇式存在的比例大小主要取决于分子结构，烯醇式异构体的稳定性取决于羰基和烯键之间的 π-π 共轭效应和六元螯环的形成等因素。烯醇异构体主要以有利于通过分子内氢键形成六元螯环的 Z 构型存在。

溶剂、浓度和温度等因素也影响酮 - 烯醇互变异构体烯醇化的程度。例如：乙酰乙酸乙酯（$CH_3COCH_2COOC_2H_5$）烯醇异构体（$CH_3C(OH)=CHCOOC_2H_5$）的比例在水中为 0.4%，而在甲苯中则为 19.8%，这是因为水溶液中，水分子与羰基生成氢键，影响烯醇式通过分子内氢键形成六元螯环。

> 10-2　平衡时，2, 4- 戊二酮的另一种烯醇式异构体（$CH_2=C(OH)-CH_2-CO-CH_3$）的含量很少，试解释。
>
> 10-3　写出 CH_3COCH_2CHO 的稳定烯醇式的结构。

如果羰基 α- 碳是含有氢的手性碳（如：$CH_3COCH(CH_3)CHO$），醛酮转变为烯醇式结构后，α- 碳原子为 sp^2 杂化，其不对称性消失。上述过程的逆反应中，烯醇羟基的氢从 α- 碳两面以均等的机会加到该碳原子上，该手性碳发生外消旋化。互变异构现象在含氮化合物特别是酰亚胺类化合物中也普遍存在。

3．卤代反应　碱催化下，卤素（Cl_2、Br_2、I_2）与含有 α-H 的醛或酮迅速发生卤代反应（halogenation），生成 α-碳完全卤代的卤代物。α-碳含有 3 个活泼氢的醛或酮（如乙醛和甲基酮等）与卤素的氢氧化钠溶液（常用次卤酸钠的碱溶液）作用，首先生成 α-三卤代物，后者在碱性溶液中立即分解成三卤甲烷（俗称卤仿）和羧酸盐，该反应又称为卤仿反应（haloform reaction）。

$$CH_3-\overset{O}{\overset{\|}{C}}-R(H) \xrightarrow{X_2,OH^-} CX_3-\overset{O}{\overset{\|}{C}}-R(H) \xrightarrow{OH^-} CHX_3\downarrow + (H)R-COO^-$$

卤仿反应常用碘的碱溶液，产物之一是碘仿，所以称为碘仿反应（iodoform reaction）。碘仿是难溶于水的淡黄色晶体，有特殊的气味，容易识别。因此，碘仿反应可用于鉴别乙醛和甲基酮等。含有 $CH_3CH(OH)-R(H)$ 结构的醇可被次碘酸钠（NaOI）氧化成相应的甲基酮或乙醛，所以也能发生碘仿反应。

10-4　下列哪些化合物能发生碘仿反应？
（1）乙醇；（2）2-戊醇；（3）3-戊醇；（4）1-丙醇；（5）2-丁酮；（6）异丙醇；（7）丙醛；（8）苯乙酮

（三）氧化反应和还原反应

1．氧化反应　通常，醛容易被氧化成羧酸，酮则难被氧化，这是醛和酮化学性质的主要差别之一。利用弱氧化剂，如：硝酸银的氨溶液即 Tollens 试剂（Tollens reagent）能氧化醛而不能氧化酮的特性，可区别醛与酮。Tollens 试剂与醛作用时，$Ag(NH_3)_2^+$ 被还原成金属银沉积在试管壁上形成银镜，故称银镜反应。Fehling 试剂（Fehling reagent）由硫酸铜与酒石酸钾钠的碱性溶液混合而成。Fehling 试剂与醛一起加热，Cu^{2+} 被还原成亚铜，以砖红色的氧化亚铜沉淀析出。芳香醛不与 Fehling 试剂反应，故又可用它来区别脂肪醛与芳香醛。

$$R-CHO + 2[Ag(NH_3)_2]OH \xrightarrow{\Delta} R-COONH_4 + 2Ag\downarrow + 3NH_3 + H_2O$$

$$R-CHO + Cu^{2+} \xrightarrow[\Delta]{\text{碱性溶液}} R-COONa + Cu_2O\downarrow$$

2．还原反应　醛和酮都可以被还原。用不同的还原剂，可以把羰基分别还原成醇羟基或亚甲基（$-CH_2-$）。

在金属催化剂铂、镍等存在下，以氢气为还原剂使醛和酮还原成相应的伯醇和仲醇。反应通式如下：

$$R-\overset{O}{\overset{\|}{C}}-H + H_2 \xrightarrow{Ni} RCH_2OH$$

$$R-\overset{O}{\overset{\|}{C}}-R' + H_2 \xrightarrow{Ni} R-\overset{OH}{\overset{|}{CH}}-R'$$

在化学实验室，也常用氢化铝锂（$LiAlH_4$）、氢化硼钠（$NaBH_4$）等金属氢化物将醛、酮的羰基还原为伯醇和仲醇。在水或醇溶液中可以用 $NaBH_4$ 还原羰基化合物，$NaBH_4$ 还原所涉及的加成和水解两步反应能快速连续发生。而 $LiAlH_4$ 遇水或醇将发生分解，故 $LiAlH_4$ 必须在无水乙醚中进行第一步加成反应，然后进行第二步水解。

$$CH_3-\overset{O}{\overset{\|}{C}}-CH_2-C(CH_3)_3 \xrightarrow[\text{乙醇}]{NaBH_4} CH_3-\overset{OH}{\overset{|}{CH}}-CH_2-C(CH_3)_3 \quad (85\%)$$

$$H_3CCH=CHCH_2CH_2CHO \xrightarrow[2.H_3O^+]{1.LiAlH_4/\text{乙醚}} H_3CCH=CHCH_2CH_2CH_2OH$$

金属氢化物 M^+H^- 是负氢离子(H^-)的供体,还原反应中 H^- 作为亲核试剂加到羰基碳上,金属离子(M^+)则与羰基氧结合,反应通式如下:

$$M^+H^- + R-\underset{O}{\overset{\|}{C}}-R' \longrightarrow R-\underset{O^-M^+}{\overset{|}{C}H}-R' \xrightarrow{H_2O} R-\underset{OH}{\overset{|}{C}H}-R' + MOH$$

醛和酮与锌汞齐和浓盐酸回流,羰基将被还原成亚甲基,此反应称为 Clemmensen 还原法。

$$C_{17}H_{35}-\underset{O}{\overset{\|}{C}}-CH_3 \xrightarrow{Zn-Hg,HCl} C_{17}H_{35}-CH_2CH_3 + H_2O \quad (100\%)$$

醛或酮在高沸点溶剂(如缩二乙二醇)中与肼和氢氧化钾一起加热反应,羰基还原为亚甲基的反应称为 Wolff-Kishner-Huang 还原反应。

$$\underset{R}{\overset{O}{\|}}{C}R' \xrightarrow[KOH]{H_2N-NH_2} \left[\underset{R}{\overset{NH_2}{\|}}{C}R'\right] \longrightarrow \underset{R}{\overset{H\ H}{C}}R'$$

（四）重要的醛酮与醌类

甲醛是无色、易溶于水、具有强烈刺激气味的气体。工业上制得的含 40% 甲醛、10% 甲醇的水溶液称作福尔马林(formalin)。福尔马林可使蛋白质变性,也可溶解类脂质,对细菌、芽孢、真菌、病毒具有强大的杀灭作用。临床上福尔马林是一种有效的消毒剂和防腐剂,可用于外科器械、手套、污染物等的消毒,也可作保存解剖标本的防腐剂。甲醛影响人体健康。$0.1mg\cdot m^{-3}$ 甲醛有异味,并导致不适感;$0.5mg\cdot m^{-3}$ 时可刺激眼睛引起流泪;$0.6mg\cdot m^{-3}$ 时引起咽喉不适或疼痛;浓度再高可引起恶心、呕吐、咳嗽、胸闷、气喘甚至肺气肿;当甲醛含量达到 $230mg\cdot m^{-3}$ 时可立即致人死亡。甲醛是室内环境的污染之一。装饰板(胶合板、细木工板、中密度纤维板和刨花板等人造板材)生产中使用以脲醛树脂为主的胶黏剂中的残留甲醛是室内空气中甲醛的主要来源。采用低甲醛含量和不含甲醛的室内装饰、装修材料是降低室内空气中甲醛含量的根本措施,保持室内空气流通是清除室内甲醛的有效办法。

丙酮是最简单的酮,为一种有特殊气味的无色可燃液体。丙酮在常温下易挥发、易燃,有芳香气味,与水、甲醇、乙醇、乙醚、氯仿和吡啶等均能互溶,能溶解油、脂肪、树脂和橡胶等,是一种重要的挥发性有机溶剂。丙酮以游离状态存在于自然界中,在植物界主要存在于精油中;人尿和血液及动物尿、海洋动物的组织和体液中都含有少量的丙酮。生物体内脂肪酸在肝脏进行正常代谢的中间产物丙酮、乙酰乙酸(CH_3COCH_2COOH)和 3-羟基丁酸等总称为酮体(ketone body)。酮体可被肝外组织利用以提供机体能量或进一步合成其他物质。由于血脑屏障的存在,仅葡萄糖和酮体可进入脑,为脑组织提供能量。饥饿时 25%~75% 脑能量来源于酮体,但酮体过多会导致酸中毒。充分保证糖供给可避免酮体过多产生。糖尿病,消化吸收障碍,剧烈运动,饥饿,应激状态均可导致酮体过多产生,引起尿酮阳性。分析鉴别尿液中的酮体含量,可为临床诊断提供依据。

丙酮、乙酰乙酸和 3-羟基丁酸均可发生碘仿反应。因此,在碱性溶液中碘与酮体作用转变成为碘仿。以硫代硫酸钠滴定剩余的碘,可以计算所消耗的碘,由此也就可以计算出酮体(以丙酮为代表)的含量。反应原理如下:

$$2NaOH + I_2 \longrightarrow NaOI + NaI + H_2O$$

$$CH_3COCH_3 + 3NaOI \longrightarrow CHI_3(碘仿) + CH_3COONa + 2NaOH$$

剩余的碘,可以用标准硫代硫酸钠滴定:

$$NaOI + NaI + 2HCl \longrightarrow I_2 + 2NaCl + 2H_2O$$

$$I_2 + 2Na_2S_2O_3 \longrightarrow Na_2S_4O_6 + 2NaI$$

醌(quinone)是含有共轭环己二烯二酮结构的化合物。最简单的苯醌是 1,4-苯醌(对苯醌)和 1,2-苯醌(邻苯醌)。醌类化合物普遍存在于色素、染料和指示剂中。当醌类化合物分子中连有—OH、

—OCH₃ 等助色团时，多显示黄、红、紫等颜色。根据其骨架醌类化合物可分为苯醌，萘醌，蒽醌，菲醌等。

对苯醌
p–benzoquinone

邻苯醌
o–benzoquinone

1,2–萘醌（β–萘醌）
1,2–naphthoquinone

1,4–萘醌（α–萘醌）
1,4–naphthoquinone

2,6–萘醌
2,6–naphthoquinone

9,10–蒽醌
9,10–anthraquinone

9,10–菲醌
9,10–phenanthrenequinone

醌类化合物在自然界分布很广。具有凝血作用的维生素 K 类化合物属于萘醌类化合物，其中维生素 K_1 存在于多种绿叶蔬菜中，有促进凝血酶原生成的作用，可以治疗凝血能力降低的疾病，维生素 K_2 为细菌代谢的产物，存在于血液中。具有抗菌作用的大黄素是中药大黄的有效成分，属于蒽醌类化合物，辅酶 Q_{10} 则属于苯醌类化合物。

维生素K_1

维生素K_2

大黄素

辅酶Q_n哺乳动物细胞中n=10

对苯醌易还原成氢醌，这是氢醌氧化成对苯醌的逆反应。因此对苯醌与氢醌可以组成一个可逆的电化学氧化还原体系。

$$+ 2H^+ + 2e^- \rightleftharpoons$$

对苯醌

氢醌（对苯二酚）

习 题

10-5 命名下列化合物。

（1）$(CH_3)_2CHCH_2CH_2COCH_2CH_3$

（2）$CH_3CH(CH_2CH_3)CH(CH_3)CH(CHO)CH_2CH_3$

（3）

（4）$(CH_3)_2C=CHCH_2CHO$

（5）

10-6 写出下列醛酮的结构式。

（1）2-丁烯醛 （2）2,2-二甲基环己酮 （3）苯基苄基酮

（4）对-甲氧基苯甲醛 （5）柠檬醛（(2E)-3,7-二甲基-2,6-辛二烯醛）

10-7 写出下列各试剂分别与丙酮反应的产物结构和类别。

（1）氢化硼钠（甲醇） （2）A. 溴化甲基镁 B. 稀盐酸

（3）过量无水甲醇（酸催化）（4）对-硝基苯肼

（5）氰化钠硫酸 （6）氧化银氨水

10-8 写出酮 $C_5H_{10}O$ 的所有异构体以及每个异构体用氢化铝锂还原所得产物的结构。指出哪些异构体能产生手性的产物？

10-9 给出由不同羰基化合物与 Grignard 试剂反应生成下列各醇的可能途径，并指出哪些醇尚可由醛或酮还原制得。

（1）$(CH_3)_2CHCH_2CH_2CHOHCH_2CH_3$ （2）$(CH_3)_3CCH_2—OH$

（3）

10-10 将下列羰基化合物按其亲核加成的活性顺序排列，并分别从电子效应和空间效应两个方面予以解释。

10-11 试完成由正丙醇至2-甲基-2-戊烯-1-醇的转化。

10-12 根据下列环状半缩醛或缩醛的结构，推测其原来的开链羟基醛或羟基酮的结构。

（1）（2）HO （3）H_3C CH_3

10-13 写出下列反应的主要产物。

（1）

（2）

（3）$H_3C—CH_2—CHO$ 稀碱

(4) $\xrightarrow{\text{Zn-Hg,HCl}}$

(5) 苯甲醛 + 丙基溴化镁 $\longrightarrow$

10-14   试用简便的化学方法鉴别下列各组化合物。

(1) 甲醛、乙醛、2- 丁酮

(2) 2- 戊酮、3- 戊酮、2,4- 戊二酮

(3) 苯甲醛、苯乙酮、2- 苯基乙醇

10-15   将干燥 HCl 气体通入含苯甲醛的无水甲醇和无水乙醇的混合物中,试写出可能产物的结构,并注明手性化合物的构型。

10-16   某未知化合物 A,与 Tollens 试剂无反应,与 2,4- 二硝基苯肼反应可得一橘红色固体。A 与氰化钠和硫酸反应得化合物 B,分子式为 C_4H_7ON,A 与氢化硼钠在甲醇中反应可得非手性化合物 C,C 经浓硫酸脱水得丙烯。试分别写出化合物 A、B、C 的结构式。

(陆   阳)

第十一章 羧酸和取代羧酸

含有羧基的有机化合物称为羧酸（carboxylic acid）。羧酸分子中烃基上的氢原子被其他原子或基团取代的化合物称为取代羧酸（substituted carboxylic acid）。取代羧酸种类多，本章重点介绍羟基酸和酮酸。

自然界中，羧酸和取代羧酸通常以游离态、盐或酯的形式存在于动植物中。它们是动植物代谢的中间体或产物，许多羧酸和取代羧酸有明显的生物活性，参与动植物的生命活动。羧酸和取代羧酸既是有机合成的重要原料，又是与医药卫生关系十分密切的重要有机化合物，临床上使用的许多药物是羧酸或取代羧酸。

第一节 羧 酸

羧酸的官能团是羧基（carboxyl group），—COOH。除甲酸外，其他羧酸都可以看做氢原子被羧基取代的烃衍生物，其结构通式如下：

O
‖
C
R   OH   或   O
                   ‖
                   C
              Ar   OH

R代表脂肪烃基   Ar代表芳香烃基

一、结构、分类和命名

（一）结构

羧基是由羰基和羟基组成，但它不是两者的简单加和。羧基中的碳是 sp^2 杂化，其三个杂化轨道分别与羰基氧、羟基氧和烃基的碳原子（或氢原子）构成 σ 键，σ 键间的键角接近 120°，这三个 σ 键处于同一平面，所以羧基是平面结构。羧基碳上未参与杂化的 p 轨道与羰基氧上的 p 轨道侧面重叠形成 π 键，羟基氧上的孤对电子与 π 键发生 p-π 共轭。羧酸的结构如图 11-1 所示。

a. 羧酸的Lewis结构式   b. 游离羧酸的电子云图   c. 羧酸根负离子的电子云图

图 11-1 羧酸的结构

在游离羧酸的羧基中 p-π 共轭导致其碳氧双键与碳氧单键的键长趋向平均化；羧酸根负离子中的 p-π 共轭作用更强，负电荷平均分配在两个氧原子上，两个碳氧键的键长完全平均化。例如，甲酸和甲酸根负离子碳氧双键与碳氧单键的键长如下：

123 pm > 122 pm（一般的碳氧双键）

127 pm

127 pm

（二）分类

根据与羧基相连烃基的种类,羧酸可分为脂肪酸和芳香酸;根据烃基的饱和程度,羧酸可以分为饱和酸和不饱和酸;根据羧酸分子中羧基的数目,羧酸可以分为一元酸,二元酸和多元酸。

CH₃COOH

HOOC—COOH

—COOH

脂肪酸
一元酸

脂肪酸
二元酸

芳香酸
一元酸

不饱和脂肪酸
二元酸

（三）命名

常见的羧酸多用俗名,其命名主要依据羧酸的来源。例如:甲酸俗称蚁酸,因为它最初是通过蒸馏蚂蚁得到;乙酸俗称醋酸,因为它是食醋的主要成分;乙二酸俗名草酸,因许多草本植物含有草酸盐。一些常见羧酸的俗名见表11-1。

羧酸与醛的系统命名规则相同,选择含羧基的最长碳链为主链,依据主链上碳原子的数目称为某酸,并从羧基碳原子开始编号,用阿拉伯数字标明主链碳原子的位次,简单的羧酸也可依次用 α、β、γ、δ···等希腊字母进行编号。例如:

CH₃COOH
乙酸（醋酸）
acetic acid

CH₃—CH₂—CH—COOH
　　　　　｜
　　　　　CH₃
2-甲基丁酸（α-甲基丁酸）
2-methylbutanoic acid

—CH₂COOH
苯乙酸
phenylacetic acid

二元羧酸的命名应选取分子中含有两个羧基的最长碳链为主链,称为某二酸。

COOH
｜
COOH
乙二酸（草酸）
ethanedioic acid (oxalic acid)

CH₂COOH
｜
CH₂COOH
丁二酸（琥珀酸）
butanedioic acid (succinic acid)

芳香酸的羧基直接与苯环连接,其命名可以苯甲酸为母体,其他基团作为取代基。

苯甲酸（安息香酸）
benzoic acid

3-硝基-4-氯苯甲酸
4-chloro-3-nitrobenzoic acid

邻苯二甲酸（酞酸）
o-phthalic acid

二、物理性质

常温下,含1~9个碳原子的直链饱和一元羧酸为液体,高级饱和脂肪酸为蜡状固体,脂肪族二元酸和芳香酸均为结晶固体。

由于羧基是亲水性基团,可与水形成氢键,所以含1~4个碳原子的低级羧酸易溶于水。一元脂肪族羧酸的水溶性随碳原子数增加而降低,戊酸、己酸在水中的溶解度很小（表11-1）。高级一元酸溶于乙醇、乙醚、氯仿等有机溶剂。多元酸的水溶性大于相同碳原子的一元酸。芳香酸的水溶性很小。

饱和一元羧酸的沸点随着其相对分子质量的增加而升高。羧酸的沸点比相对分子质量相近的醇的沸点高。例如,甲酸的沸点（100.5℃）比乙醇的沸点（78.3℃）高;乙酸的沸点（118℃）比丙醇的沸点（97.2℃）高。这种沸点相差很大的原因是由于羧酸分子能通过分子间氢键缔合成二聚体或多聚体。固态和液态的羧酸主要以二聚体形式存在；甲酸、乙酸等气态时也以二聚体形式存在。

$$R-C\begin{matrix}O\cdots\cdots H-O\\O-H\cdots\cdots O\end{matrix}C-R$$

羧酸二聚体

直链羧酸的熔点随羧酸碳原子数增加的曲线呈锯齿上升状。含偶数碳原子羧酸的熔点比它前后相邻两个奇数碳原子同系物的熔点高，这可能因为含偶数碳原子的羧酸分子比含奇数碳原子的羧酸分子对称性强，其在晶体中排列得更紧密。一些羧酸的理化常数如表11-1所示。

表 11-1　一些羧酸的理化常数

名称（俗名）	英文名称	结构式	沸点（℃）	熔点（℃）	溶解度（g·100mL^{-1}水）	pK$_a$
甲酸（蚁酸）	methanoic acid	HCOOH	100.5	8.4	∝	3.77
乙酸（醋酸）	ethanoic acid	CH$_3$COOH	118	16.6	∝	4.76
丙酸（初油酸）	propanoic acid	CH$_3$CH$_2$COOH	141	−22	∝	4.88
丁酸（酪酸）	butanoic acid	CH$_3$(CH$_2$)$_2$COOH	162.5	−7.9	∝	4.82
戊酸（缬草酸）	pentanoic acid	CH$_3$(CH$_2$)$_3$COOH	187	−35.0	3.7	4.81
己酸（羊油酸）	hexanoic acid	CH$_3$(CH$_2$)$_4$COOH	205.0	−3.9	0.4	4.84
乙二酸（草酸）	ethanedioic acid	HOOCCOOH	>100（升华）	189	8.6	1.46, 4.40※
丙二酸（缩苹果酸）	propanedioic acid	HOOCCH$_2$COOH	140（分解）	135	7.3	2.80, 5.85※
丁二酸（琥珀酸）	butanedioic acid	HOOC(CH$_2$)$_2$COOH	235（失水）	185	5.8	4.17, 5.64※
苯甲酸（安息香酸）	benzoic acid	C$_6$H$_5$COOH	249	122	0.34	4.17

※：pK$_{a2}$

羧酸的红外光谱存在羰基与羟基两个官能团的吸收谱带。游离羧酸在3550cm^{-1}附近有弱的羧基O—H伸缩振动（锐峰）；液体或固体羧酸以二聚体形式存在，在3000～2500cm^{-1}有其宽的O—H伸缩振动吸收峰。游离羧酸在1770～1750cm^{-1}处有C=O伸缩振动的强吸收带；氢键缔合的羧酸二聚体的C=O键伸缩振动吸收在1725～1700cm^{-1}。当C=O与芳环、C=C共轭，则C=O伸缩振动吸收移至1700～1680cm^{-1}。羧酸的C—O伸缩振动吸收在1320～1210cm^{-1}。羧基在925cm^{-1}处出现O—H弯曲振动特征吸收。

在核磁共振氢谱中，羧基质子受两个氧原子的吸电子诱导作用共同影响，屏蔽作用降低，化学位移值为10～13；羧酸α氢的化学位移值为2～2.5。

三、化学性质

羧基是羧酸的官能团，羧酸的大部分化学性质都反映在羧基上。由于羧基中的羰基和羟基氧的*p-π*共轭效应降低了羧基碳原子的正电性，同时也增大了羟基中氧氢键（O—H）的极性。因此，同羰基相比，羧基不易发生亲核加成反应；同羟基相比，羧基的质子易于离解，而显酸性。这是羧酸的化学性质不同于醛酮和醇的主要原因。

（一）酸性与成盐反应

羧酸具有明显的酸性，在水中能解离成质子和羧酸根负离子。

$$RCOOH \rightleftharpoons RCOO^- + H^+$$

羧酸解离出质子后，羧酸根的负电荷通过*p-π*共轭效应，平均分布在羧酸根的两个氧原子上，见图11-1c，使羧酸根能量降低而稳定。常见一元羧酸的pK$_a$为3～5，属于弱酸，但其酸性比碳酸（pK$_a$=6.5）酸性强。

羧酸的酸性强弱与羧基的电子效应、立体效应和溶剂化效应有关。

1. 脂肪酸　就电子效应来讲，对于含硝基、卤素、烯基和炔基等吸电子基团的取代羧酸而言，这些取代基的吸电子诱导效应（$-I$ 效应），使羧基电子云密度降低，羧基的质子易于解离，又使羧基负离子更稳定，总之吸电子诱导效应有利于羧酸电离平衡向右进行，使酸性增强；反之，羧酸分子中烃基连接供电子基后，由于供电子基的给电子诱导效应（$+I$ 效应），羧酸根负电荷增加，负离子稳定性降低，电离平衡向左进行，酸性减弱。取代基对酸性强弱的影响与取代基的性质、数目以及取代基与羧基的相对位置有关。例如：

$$FCH_2COOH > ClCH_2COOH > BrCH_2COOH > ICH_2COOH$$

pK_a 　　　2.67　　　　　2.87　　　　　2.90　　　　　3.16

$$Cl_3CCOOH > Cl_2CHCOOH > ClCH_2COOH > HCH_2COOH$$

pK_a 　　　0.63　　　　　1.36　　　　　2.87　　　　　4.76

$$CH_3CH_2\underset{\underset{Cl}{|}}{C}HCOOH > CH_3\underset{\underset{Cl}{|}}{C}HCH_2COOH > \underset{\underset{Cl}{|}}{C}H_2CH_2CH_2COOH$$

pK_a 　　　2.86　　　　　　4.06　　　　　　4.52

含不同卤原子的一卤代乙酸的酸性强弱与卤原子的电负性顺序一致；含卤原子数目不同的卤代乙酸的酸性随卤原子数目的增加而增强；含相同卤原子和碳链的卤代酸随卤原子与羧基之间的碳链增长，卤原子的诱导效应迅速减弱，卤代酸的酸性递减。

2. 芳香酸　苯甲酸可看做甲酸的苯基衍生物。由于苯环大 π 键与羧基共轭，其电子云向羧基偏移，不利于羧基解离 H^+。因此苯甲酸的酸性比甲酸弱，但其酸性比其他一元脂肪羧酸酸性强。取代苯甲酸中取代基对其酸性强弱的影响与脂肪羧酸相似。例如，对硝基苯甲酸中的硝基作为吸电子基，对苯环具有吸电子诱导效应和吸电子共轭效应，所以对硝基苯甲酸的酸性大于苯甲酸；对甲基苯甲酸的甲基是供电子基，具有给电子诱导效应，故对甲基苯甲酸的酸性小于苯甲酸。

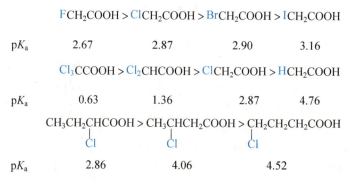

pK_a 　　3.4　　　　　　4.2　　　　　　4.4

取代苯甲酸的酸性强弱除与电子效应相关外，也与立体效应相关。通常邻取代苯甲酸的酸性强于苯甲酸及其相应的对、间位取代物。这是由于邻位基团的存在，使羧基与苯环的共平面性相对于间位和对位取代产物被削弱，从而使苯环的供电子共轭效应减弱，因此邻取代苯甲酸的酸性较强。这种邻位基团对活性中心的影响称为邻位效应（ortho-effect）。

3. 二元酸　二元羧酸的两个羧基在溶液中是分步解离的。

$$HOOC(CH_2)_nCOOH \underset{}{\overset{K_{a1}}{\rightleftharpoons}} HOOC(CH_2)_nCOO^- + H^+$$

$$HOOC(CH_2)_nCOO^- \underset{}{\overset{K_{a2}}{\rightleftharpoons}} {}^-OOC(CH_2)_nCOO^- + H^+$$

二元羧酸的酸性与两个羧基的相对距离和空间的位置有关。二元羧酸第一步解离的羧基受另一个羧基吸电子诱导效应的影响，其酸性强于含相同碳原子数的一元羧酸，一般二元羧酸的 pK_{a1} 较小（表 11-1）。二元羧酸分子中两个羧基相距愈近，酸性增强程度愈大。当二元羧酸的一个羧基解离，成为羧基负离子后，它所带的负电荷对另一个的羧基产生了供电子诱导效应，使第二个羧基的氢原子不容易解离，所以一些低级二元酸总是 $pK_{a2} > pK_{a1}$。例如，草酸的 $pK_{a1}=1.46$，$pK_{a2}=4.40$。

4. 成盐　羧酸具有酸性，能与碱（$NaOH$、$NaHCO_3$ 和 Na_2CO_3 等）中和生成羧酸盐和水，利用其与 NaHCO$_3$ 反应放出 CO$_2$，可以鉴别、分离苯酚与羧酸。

$$C_6H_5-COOH \xrightarrow[\text{(溶液)}]{\text{NaOH}} C_6H_5-COONa + H_2O$$

$$C_6H_5-COOH \xrightarrow[\text{(溶液)}]{\text{NaHCO}_3} C_6H_5-COONa + H_2O + CO_2$$

相对分子质量低的羧酸的钠盐和钾盐能溶于水。医药行业常将水溶性差的含羧基的药物转变成易溶于水的碱金属羧酸盐，增加其水溶性。如含有羧基的青霉素和氨苄青霉素（氨苄西林）水溶性差，转变成钾盐或钠盐后水溶性增大，可制成注射剂，便于临床应用。工业、农业、医药卫生领域广泛应用各种羧酸盐，如表面活性剂（硬脂酸钠或硬脂酸钾等）、杀菌剂和防霉剂（琥珀酸铜、苯甲酸钠等）。

羧酸盐与强无机酸作用，可转化为游离的羧酸。羧酸的这种性质常用于分离羧酸和其他非酸性成分，或从动植物中提取含羧基的成分。

$$RCOONa + HCl \longrightarrow RCOOH + NaCl$$

（二）羧酸衍生物的生成

羧基上的羟基被其他的原子或基团取代后生成的化合物称为羧酸衍生物（carboxylic acid derivative）。酰卤、酸酐、酯和酰胺是常见的羧酸衍生物。

1. 酰卤的生成　羧基中的羟基被卤素取代的产物称为酰卤（acyl halide 或 acid halide），最重要的酰卤是酰氯。酰氯是由羧酸与 PCl$_3$、PCl$_5$ 或 SOCl$_2$（氯化亚砜）等试剂反应制得。如：

$$CH_3-\overset{O}{\underset{}{C}}-OH + PCl_3 \xrightarrow{\triangle} CH_3-\overset{O}{\underset{}{C}}-Cl + H_3PO_3$$
乙酰氯

$$C_6H_5-\overset{O}{\underset{}{C}}-OH + PCl_5 \xrightarrow{\triangle} C_6H_5-\overset{O}{\underset{}{C}}-Cl + POCl_3 + HCl$$
苯甲酰氯

偏苯三酸酐酰氯（90% ~ 98%）

选用何种试剂由羧酸制备酰氯，取决于反应物、产物及副产物的性质。在有机合成上常采用氯化亚砜制备酰氯，因为，该反应中除目标产物酰氯外，副产物（SO$_2$，HCl）都是气体，易从反应体系中逸出，过量的 SOCl$_2$（沸点为 78.8℃）可蒸馏除去，因而易得到较纯净的酰氯；亚磷酸在 200℃分解，故 PCl$_3$ 适合用于制备低沸点的酰氯；POCl$_3$ 的沸点为 107℃，可以蒸馏除去，因此 PCl$_5$ 适合制备较高沸点的酰氯。酰卤的反应活性高，常作为试剂用于含酰基药物的合成。

2. 酸酐的生成　羧酸（除甲酸外）在脱水剂（如 P$_2$O$_5$）作用下或加热，分子间失去一分子水生成酸酐（acid anhydride）。

$$CH_3-\overset{O}{\underset{}{C}}-OH + HO-\overset{O}{\underset{}{C}}-CH_3 \xrightarrow[\text{或加热}]{P_2O_5} CH_3-\overset{O}{\underset{}{C}}-O-\overset{O}{\underset{}{C}}-CH_3 + H_2O$$
乙酸　　　　　　　　　　　　　　　　　　乙酸酐

五元环酸酐和六元环酸酐,可由相应的二元酸加热,分子内失水而制得。

$$邻苯二甲酸 \xrightarrow{180℃} 邻苯二甲酸酐 + H_2O$$

3. 酯的生成   羧酸与醇脱水生成酯(ester)的反应称为酯化反应(esterification)。酯化反应是可逆反应。酯化反应需要强酸(如浓硫酸)催化(脱水或提高羰基活性),加热进行,酯化反应一般较慢。实验室制备酯,通常是加入过量价廉的羧酸或醇,促使反应向生成酯的方向进行,达到提高产率的目的。

$$RCOOH + R'OH \underset{}{\overset{H^+}{\rightleftharpoons}} RCOOR' + H_2O$$

$$\underset{乙酸}{CH_3COOH} + \underset{乙醇}{C_2H_5OH} \xrightarrow[70\sim80℃]{浓H_2SO_4} \underset{乙酸乙酯}{CH_3COOC_2H_5} + H_2O$$

通常,酯化反应是由羧酸分子中的羟基与醇羟基的氢结合,脱水,生成酯。

$$R-\overset{O}{\overset{\|}{C}}-OH + H-O-R' \longrightarrow R-\overset{O}{\overset{\|}{C}}-OR' + H_2O$$

其反应机制如下:羧酸的羰基接受来自强酸催化剂的一个质子(H⁺),形成质子化的羧酸①。①增加了羧酸羰基碳的正电性,有利于醇分子(亲核试剂)进攻羰基碳;然后,醇分子(R'OH)进攻①质子化的羰基碳,羰基 C=O 双键的 π 键断裂,形成四面体中间体②;②的质子转移(可看做分子内的酸碱中和)后,形成③,③失去一分子水,得到质子化酯④;最后,④失去质子,再生酸催化剂,生成产物——酯⑤。

从结构上看,酯是由酰基和烃氧基构成的。上述反应机制表明酯化反应经历亲核加成 - 消除过程。因此,我们可将酯化反应机制缩写成下列形式。反应结果是羧酸发生酰氧键断裂,羧酸的羟基被烃氧基取代。一般,伯醇、仲醇与羧酸的酯化反应,按此机制进行。

$$R-\overset{O}{\overset{\|}{C}}-OH + R'OH \underset{}{\overset{H^+}{\rightleftharpoons}} \left[R-\overset{OH}{\underset{OR'}{\overset{|}{\underset{|}{C}}}}-OH \right] \rightleftharpoons R-\overset{O}{\overset{\|}{C}}-OR' + H_2O$$

4. 酰胺的生成   羧酸与氨(或胺)反应首先形成铵盐,然后加热脱水得到酰胺(amide)。

$$\underset{苯甲酸}{\text{⬡}-COOH} + NH_3 \xrightarrow{\triangle} \underset{苯甲酰胺}{\text{⬡}-CONH_2} + H_2O$$

酰卤、酸酐等的氨解反应产物为酰胺。酰胺是一类重要的化合物,很多生物活性分子都属于酰胺。

11-1　偏苯三酸酐是合成牙科材料——偶联剂 4-META 的原料之一。试以苯为原料，其他试剂任选，合成偏苯三酸酐酰氯

（三）二元羧酸的热解反应

二元羧酸除了具有羧酸的基本性质外，由于分子中两个羧基的相互影响，还具有某些特殊性质。

羧酸失去羧基放出二氧化碳的反应称为脱羧反应（decarboxylation）。二元羧酸对热不稳定，当加热这类羧酸时，随着两个羧基间碳原子数的不同，可发生脱羧反应，或脱水反应，或同时发生脱羧反应与脱水反应。

1. 脱羧反应　乙二酸、丙二酸受热，发生脱羧反应，生成少一个碳原子的一元羧酸。

$$\begin{array}{c}\text{COOH}\\|\\\text{COOH}\end{array}\xrightarrow{160\sim180℃}\text{HCOOH}+CO_2$$

乙二酸　　　　　　　甲酸

$$HOOCCH_2COOH\xrightarrow{140\sim160℃}CH_3COOH+CO_2$$

丙二酸　　　　　　　乙酸

2. 脱水反应　丁二酸、戊二酸受热发生脱水反应，生成环状酸酐。

$$\begin{array}{c}\text{CH}_2\text{COOH}\\|\\\text{CH}_2\text{COOH}\end{array}\xrightarrow{300℃}\quad+H_2O$$

丁二酸酐

$$\begin{array}{c}\text{CH}_2\text{COOH}\\H_2C\\\text{CH}_2\text{COOH}\end{array}\xrightarrow{300℃}\quad+H_2O$$

戊二酸酐

3. 脱羧脱水反应　己二酸、庚二酸在氢氧化钡存在下加热，发生分子内脱水和脱羧反应，生成少一个碳原子的环酮。

$$\begin{array}{c}\text{CH}_2\text{CH}_2\text{COOH}\\|\\\text{CH}_2\text{CH}_2\text{COOH}\end{array}\xrightarrow[300℃]{Ba(OH)_2}\quad=O+H_2O+CO_2$$

环戊酮

$$\begin{array}{c}\text{CH}_2\text{CH}_2\text{COOH}\\H_2C\\\text{CH}_2\text{CH}_2\text{COOH}\end{array}\xrightarrow{300℃}\quad=O+H_2O+CO_2$$

环己酮

反应物有形成张力较小的五元环或六元环状产物的趋势。含八个以上碳原子的脂肪二元酸受热时，发生分子间脱水，生成高分子链状的缩合酸酐。

第二节　取 代 羧 酸

羧酸分子烃基上的氢原子被其他原子或基团取代后的化合物称为取代羧酸。根据取代的原子或基团，取代羧酸又分为卤代羧酸（halogeno acid）、羟基酸（hydroxy acid）、羰基酸以及氨基酸（amino acid)等。本节主要讨论羟基酸和羰基酸,氨基酸将在第三篇讨论。

取代羧酸是多官能团化合物,分子中既有羧基,又有其他官能团。所以,取代羧酸除具有羧基和取代基特有的性质外,还具羧基和取代基之间相互影响导致的特殊性质。本节主要介绍取代羧酸的一些特殊性质。

一、羟基酸

羧基分子中烃基上的氢原子被羟基取代所生成的化合物称为羟基酸。羟基连在脂肪烃基上的羟基酸称为醇酸,羟基连在芳环上的羟基酸称为酚酸。它们广泛存在于动植物体内,有些羟基酸是合成药物的原料和食品的调味剂。

(一)命名

醇酸的命名是以羧酸为母体,羟基作为取代基,并用阿拉伯数字或希腊字母 α、β、γ 等标明羟基的位置。醇酸常用俗名,下列羟基酸括号内的名称为俗名:

$$CH_3-\underset{\underset{OH}{|}}{CH}-COOH$$
α-羟基丙酸(乳酸)
lactic acid

$$HO-\underset{\underset{CH_2COOH}{|}}{CH}COOH$$
羟基丁二酸(苹果酸)
malic acid

$$HO-\underset{\underset{HO-CHCOOH}{|}}{CH}COOH$$
2,3-二羟基丁二酸(酒石酸)
tartaric acid

$$\underset{\underset{CH_2COOH}{|}}{\overset{\overset{CH_2COOH}{|}}{HO-C}}COOH$$
3-羧基-3-羟基戊二酸(柠檬酸)
citric acid

$$\underset{\underset{CH_2COOH}{|}}{\overset{\overset{HO-CHCOOH}{|}}{CHCOOH}}$$
3-羧基-2-羟基戊二酸(异柠檬酸)
isocitric acid

酚酸命名,以芳香酸作为母体,酚羟基作为取代基,并根据羟基在芳环上的位置给出相应的名称。例如:

邻羟基苯甲酸(水杨酸)
salicylic acid

间羟基苯甲酸
m-hydroxybenzoic acid

对羟基苯甲酸
p-hydroxybenzoic acid

3,4-二羟基苯甲酸
3,4-dihydroxybenzoic aicd

3,4,5-三羟基苯甲酸(没食子酸)
gallic acid

(二)物理性质

醇酸一般是黏稠状液体或晶体。由于分子中的羟基和羧基都能与水形成分子间氢键,因此醇酸比相应的羧酸或醇更易溶于水。大多数醇酸具有旋光性。酚酸为晶体,多以盐、酯等形式存在于植物中,大多微溶于水。羟基酸的熔点比相同碳原子数的羧酸高。一些常见羟基酸的理化性质如表11-2所示。

表 11-2　一些取代羧酸的理化常数

名称	m.p.(℃)	溶解度(g·100mL⁻¹ 水)	pK_a(℃)
乳酸	26	∞	3.76
(±)-乳酸	18	∞	3.76
苹果酸	100	∞	3.40[*](25)
(±)-苹果酸	128.5	144	3.40[*](25)
酒石酸	170	133	3.04[*](25)

续表

名称	m.p.(℃)	溶解度(g·100mL^{-1}水)	pKa(℃)
(±)-酒石酸	206	20.6	
meso-酒石酸	140	125	
柠檬酸	153	133	3.15[※](25)
水杨酸	159	微溶于冷水,易溶于热水	2.98
没食子酸	253	溶	

[※] pK$_{a1}$值

（三）化学性质

羟基酸具有醇（或酚）和羧酸的基本化学性质。如醇羟基可以被氧化、酯化；酚羟基有酸性，且能与 $FeCl_3$ 呈颜色反应。羧基有酸性，可与碱成盐、与醇成酯等。由于羟基酸中羟基和羧基相互影响，羟基酸又表现出一些特殊的性质，这些特殊性因羟基和羧基的相对位置不同而有明显的差异。

1. 羟基酸的酸性　由于羟基具有吸电子诱导效应，因此一般醇酸比相应的羧酸酸性强，但其羟基对羧基酸性的影响不如卤代酸中卤素的影响大。醇酸的羟基越靠近羧基，对羧基酸性增强的影响就越强；反之，对酸性的影响就越弱。

$$HOCH_2COOH>HOCH_2CH_2COOH>CH_3COOH$$
$$pK_a \quad 3.83 \qquad\qquad 4.51 \qquad\qquad 4.76$$

酚酸的酸性与电子效应、邻位效应等相关，其酸性随羟基与羧基的相对位置不同而表现出明显的差异。

$$pK_a \quad 2.98 \qquad\qquad 4.17 \qquad\qquad 4.57$$

连接在芳环上的羟基对苯环电子云有共轭和诱导的双重作用（方向相反），羟基的给电子共轭效应大于其吸电子的诱导效应，从而使对羟基苯甲酸的酸性降低。但水杨酸的酸性比苯甲酸约强 10 倍。这主要是因为羧基与邻位的羟基形成分子内氢键，使羧基中羰基氧上的电子向邻位的羟基氢偏移，导致羧基中羟基的氧氢键极性增强，使其氢容易解离。离解后的羧基负离子也由于分子内氢键而更趋稳定，有利于平衡偏向右侧。

2. 醇酸的氧化反应　醇酸分子中的羟基因受羧基吸电子诱导效应的影响，比醇分子中的羟基更容易被氧化。例如：稀硝酸一般不能氧化醇羟基，但却能将醇酸氧化成醛酸、酮酸或二元酸；Tollens 试剂通常不与醇反应，却能将 α-羟基酸氧化成 α-酮酸。

$$HOCH_2COOH \xrightarrow{稀HNO_3} OHCCOOH \xrightarrow{稀HNO_3} HOOCCOOH$$

醇酸在体内的氧化通常在酶催化下进行。

3. 醇酸的脱水反应   由于羟基酸分子中羟基和羧基的相互影响，使得醇酸的热稳定性较差，加热时容易发生脱水反应，其脱水方式因羟基和羧基的相对位置不同而异。

α- 醇酸受热后，两个醇酸分子间的羟基和羧基交叉脱水，生成较稳定的六元环交酯（lactide）。交酯具有酯的通性。

$$CH_3-CH-C\fbox{OH}+\fbox{H}-O \atop O-\fbox{H}\ HO-CH-CH_3 \quad \xrightarrow{\triangle} \quad \text{丙交酯} + 2H_2O$$

α–羟基丙酸   丙交酯

β- 醇酸的 α- 氢原子受 β- 羟基和羧基的共同影响，很活泼，受热时容易与 β- 羟基脱水，生成 α,β- 不饱和羧酸。

$$CH_3CH-CHCOOH \xrightarrow{\triangle} CH_3CH=CHCOOH + H_2O$$
$$\quad\ \ \fbox{HO}\ \ \fbox{H}$$

β–羟基丁酸   2-丁烯酸

γ- 醇酸、δ- 醇酸分子中的羟基和羧基在常温下即可脱水，生成稳定的五元环、六元环内酯（lactone）。

$$CH_2-CH_2-C=O \atop CH_2O-\fbox{H\ OH}\ \longrightarrow\ \text{γ–丁内酯} + H_2O$$

γ–羟基丁酸   γ–丁内酯（4–丁内酯）

$$CH_2CH_2CH_2C=O \atop CH_2O-\fbox{H\ OH}\ \xrightarrow{\triangle}\ \text{δ–戊内酯} + H_2O$$

δ–羟基戊酸   δ–戊内酯

4. 酚酸的脱羧反应   羧基的邻位或对位连有羟基的酚酸，加热至其熔点以上时，能发生脱羧反应，生成相应的酚和二氧化碳。例如：

$$\underset{OH}{\overset{COOH}{\bigcirc}} \xrightarrow{200\sim220℃} \underset{}{\overset{OH}{\bigcirc}} + CO_2\uparrow$$

$$\underset{HO}{\overset{HO}{\underset{OH}{\bigcirc}COOH}} \xrightarrow{200℃} \underset{HO}{\overset{HO}{\underset{OH}{\bigcirc}}} + CO_2\uparrow$$

人体内糖、油脂和蛋白质等物质代谢产生的羟基酸，在酶催化下也能发生前述的氧化、脱水等化学反应。

二、酮酸

脂肪羧酸分子中烃基同一个碳原子上的两个氢被氧原子替代后生成的化合物称为氧代羧酸，即羰基酸，可分为醛酸和酮酸。醛酸较少见，本章节只讨论酮酸。

（一）命名
根据酮基和羧基的相对位置，酮酸可分为 α-、β-、γ- 酮酸。

酮酸的命名以羧酸为母体，酮基作为取代基，酮基的位次用阿拉伯数字或希腊字母标明。例如：

$$CH_3-\overset{\overset{\displaystyle O}{\|}}{C}-COOH \qquad CH_3-\overset{\overset{\displaystyle O}{\|}}{C}-CH_2COOH \qquad HOOC-\overset{\overset{\displaystyle O}{\|}}{C}-CH_2COOH$$

α–丙酮酸   β–丁酮酸   丁酮二酸（草酰乙酸）
pyruvic acid   β–butanone acid   butanone diacid

（二）化学性质

酮酸分子中的酮基可以被还原成羟基，可与羰基试剂反应，其羧基可与碱成盐，与醇成酯。由于酮基和羧基的相互影响，酮酸又具有一些特殊性质。

1. 酸性　由于酮基的吸电子效应比羟基强，因此酮酸的酸性比相应的醇酸强，更强于相应的羧酸，且 α- 酮酸的酸性比 β- 酮酸酸性强。例如：

$$CH_3-\overset{O}{\underset{}{C}}-COOH > CH_3-\overset{O}{\underset{}{C}}-CH_2COOH > CH_3-\overset{OH}{\underset{}{CH}}-COOH > HOCH_2CH_2COOH > CH_3CH_2COOH$$

pK_a 　　　2.49　　　　　　　3.51　　　　　　　3.86　　　　　　　4.51　　　　　　4.88

2. 脱羧反应　α- 酮酸在稀硫酸作用下，受热发生脱羧反应，生成少一个碳原子的醛。

$$CH_3-\overset{O}{\underset{}{C}}-COOH \xrightarrow[150℃]{稀H_2SO_4} CH_3CHO + CO_2\uparrow$$

β- 酮酸比 α- 酮酸更易脱羧，通常 β- 酮酸在低温下保存。因为 β- 酮酸分子中的酮基氧具有吸电子诱导效应，且酮基氧原子与羧基中的氢原子形成分子内的氢键，发生电子转移。当分子受热时，通过形成六元环状中间体，脱羧形成烯醇式结构的中间产物，然后重排得酮。由于 β- 酮酸脱羧产物是酮，故称为酮式分解。其过程如下：

β-丁酮酸　　　　　　　　　　　　　　　　　　　　　　烯醇式

β- 酮酸与浓碱共热，分解为两分子羧酸盐，该反应称为酸式分解。

$$CH_3CH_2\overset{O}{\underset{}{C}}CH_2COOH + NaOH \xrightarrow{\triangle} CH_3CH_2COONa + CH_3COONa$$

11-2　试写出草酰琥珀酸在体内代谢产生琥珀酸的过程：

$$HOOC-\overset{O}{\underset{}{C}}-\underset{\underset{COOH}{|}}{CH}CH_2COOH \xrightarrow{β-脱羧酶} \xrightarrow{α-脱羧酶} \xrightarrow{氧化酶}$$

β- 羟基丁酸、β- 丁酮酸和丙酮为糖、油脂和蛋白质代谢的中间产物，三者在医学上总称为酮体。正常人的血液中酮体的含量低于 $10mg\cdot L^{-1}$，糖尿病人因糖代谢不正常，靠消耗脂肪提供能量，其血液中酮体的含量在 $3\sim4g\cdot L^{-1}$ 以上。由于 β- 羟基酸和 β- 丁酮酸均具有较强的酸性，所以酮体含量过高的晚期糖尿病患者易发生酮症酸中毒。

前列腺素

两位美国妇产科医生 1930 年从人精液中发现能引起妇女子宫收缩和松弛双重性能的前列腺素（prostaglandins，PG）。1935 年奥伊勒鉴定 PG 为脂溶性的二十碳有机酸，并称为前列腺素。

瑞典科学家贝格斯特隆（S. K. Bergstrom）1947—1962 年从 100kg 羊精囊中提取出极少量的前列腺素，并确定了 PGE_2、$PGE_{2\alpha}$、PGD_2 的化学结构和特性，继后又分离出了其他一些前列腺素。Bergstrom 和他的学生——瑞典科学家萨穆埃尔松（B. I. Samuelsson）在研究前列腺素的生物合成机制时发现：花生四烯酸在不同环氧化酶作用下，经中间体 PGG_2 和 PGH_2 分别形

成前列腺素 PGD_2、PGE_2 和 $PGE_{2\alpha}$。1966 年之后英国科学家范恩（J. R. Vane）发现乙酰水杨酸（阿司匹林）等能抑制花生四烯酸合成前列腺素的第一步环加氧酶的活性，使 PGG_2 不能生成，从而切断了 PG 的合成。随后 Vane 和 Samuelsson 又发现了 PGI_2。由于以上 3 位科学家在前列腺素研究的成果，1982 年获得了诺贝尔医学奖。

研究证明 PG 遍及人体各个器官，含量极微，生物活性强。它对生殖、心血管、呼吸、消化、神经、免疫诸系统和对水的吸收、平衡电解质、皮肤及炎症都有显著的生物活性。

目前已分离、鉴定出 20 多种结构、性能各异的 PG，它们的分子结构都是以前列腺烷酸为基本骨架，即含有一个 5 元环和两条支链的二十碳不饱和脂肪酸。随着分子中所含的酮基、羟基、双键数目和位置不同，形成了性能不同的 PG。前列腺烷酸、$PGF_{1\alpha}$ 和 PGE_2 的结构如下：

前列腺烷酸
protanoic acid
　　　　　　　PGE_2　　　　　　　　$PGF_{1\alpha}$

习　题

11-3　命名下列化合物。

(1) $CH_3CH_2CH{=}\overset{\underset{\textstyle CH_3}{|}}{C}COOH$

(2) 苯基 $-\overset{\underset{\textstyle CH_3}{|}}{CH}CH_2COOH$

(3) 环己基 $-\overset{\overset{\textstyle CH_3}{|}}{\underset{\underset{\textstyle CH_3}{|}}{C}}-COOH$

(4) 3-溴-4-硝基苯甲酸（COOH, Br, NO_2 结构）

(5) $HOOCCOCH_2CH_2CH_2COOH$

(6) $CH_3CH_2CH(OH)CH_2COOH$

11-4　写出下列化合物的结构式。

(1) 酒石酸

(2) 反 -4- 羟基环己烷甲酸（构象式）

(3) 柠檬酸

(4) 没食子酸

(5) 对氨基水杨酸

(6) 3- 苯基 -2- 羟基丁酸

11-5　写出下列反应的主要产物。

(1) $CH_3CH_2CH_2COOH + SOCl_2 \xrightarrow{\triangle}$

(2) $C_2H_5{-}\overset{\overset{\textstyle O}{\|}}{C}{-}OH + CH_3OH \xrightarrow[\triangle]{H_2SO_4}$

(3) $HO-\!\!\!\bigcirc\!\!\!-COOH \xrightarrow{\triangle}$

(4) 邻苯二甲酸（COOH, COOH）$\xrightarrow{180℃}$

(5) $CH_3(CH_2)_4\overset{\underset{\textstyle OH}{|}}{CH}COOH \xrightarrow[\triangle]{Tollens试剂}$

(6) [结构式：环己烷-1-COOH-2-OH] $\xrightarrow{\triangle}$

(7) HOOC—[环己酮二羧酸结构] —COOH $\xrightarrow{\triangle}$

(8) [环己烷-1,1-二COOH结构] $\xrightarrow{\triangle}$

11-6 用简单的化学方法区别下列各组化合物。

(1) 苯酚，苯甲酸，水杨酸

(2) 甲酸，乙酸，丙醛，丙酮

11-7 按酸性由强到弱的顺序排列下列各组化合物。

(1) 甲酸、乙酸、苯甲酸、丙酸、丙二酸

(2) 苯甲酸、p-甲基苯甲酸、p-溴苯甲酸

11-8 按酯化反应由易到难的顺序排列下列化合物。

(1) $(CH_3)_3COH$ 　　 CH_3OH 　　 $(CH_3)_2CHOH$ 　　 CH_3CH_2OH

(2) $HCOOH$ 　　 [环戊基]—COOH 　　 [环戊基]<COOH, CH(CH_3)_2 　　 [环戊基]<COOH, CH_3

11-9 旋光性化合物 A（$C_5H_{10}O_3$）能溶于碳酸氢钠溶液，A 加热发生脱水反应生成化合物 B（$C_5H_8O_2$），B 存在两种构型，均无旋光性。B 用酸性高锰酸钾溶液处理，得到 C（$C_2H_4O_2$）和 D（$C_3H_4O_3$）。C 和 D 均能与碳酸氢钠溶液作用放出 CO_2，且 D 还能发生碘仿反应。试写出 A、B、C 和 D 的结构式。

11-10 化合物 A 和 B 的分子式均为 $C_4H_6O_4$，都溶于氢氧化钠溶液，与 Na_2CO_3 溶液作用都放出 CO_2。A 加热失水生成酸酐 C（$C_4H_4O_3$）；B 受热放出 CO_2 生成一元酸 D（$C_3H_6O_2$）。试推测 A、B、C、D 的结构式。

（李柱来）

第十二章　羧酸衍生物

羧酸衍生物（carboxylic acid derivative）是指羧酸分子中羧基上的羟基被其他原子或基团取代后所形成的化合物。常见的羧酸衍生物有酰卤、酸酐、酯和酰胺，它们分别是羧基上的羟基被—X（Cl、Br）、—OCOR、—OR、—NH$_2$（或—NHR、—NR$_2$）取代后的产物。结构通式分别如下：

常见的酰氯和酸酐，多为有机合成的重要试剂。许多植物的香气成分、某些中草药的有效成分都具有酯类结构。多肽、蛋白质、尿素、青霉素和巴比妥类药物等属于酰胺类化合物。

第一节　命　名

羧酸分子去掉羧基中的羟基，形成的基团称为酰基（acyl group）。酰基的名称是将相应的羧酸名称"某酸"改成"某酰基"即可，例如：

CH$_3$C—OH
乙酸
acetic acid

CH$_3$C—
乙酰基
acetyl

苯甲酸
benzoic acid

苯甲酰基
benzoyl

一、酰卤

酰卤的命名是在酰基后加卤素名称，称为"某酰卤"。例如：

CH$_3$—C—Cl
乙酰氯
acetyl chloride

苯甲酰氯
benzoyl chloride

环己基甲酰氯
cyclohexanecarbonyl chloride

二、酸酐

由相同羧酸形成的酸酐命名时，只需在母体羧酸后加上"酐"字，称为"某酸酐"，且"酸"字常省略。不同羧酸形成的酸酐，命名时先写出简单羧酸的名称，再写出复杂羧酸的名称，最后加上"酐"字。例如：

乙（酸）酐
acetic anhydride

乙丙（酸）酐
acetic propanoic anhydride

邻苯二甲酸酐
phthalic anhydride

146

三、酯

一元羧酸和一元醇生成的酯称为某酸某醇酯或某酸某酯。内酯的命名是将其相应的"酸"字变为"内酯",用数字或希腊字母(γ 或 δ)标明原羟基的位置,且省略"羟基"二字。

乙酸乙酯	乙酸苄酯	5-己内酯
ethyl acetate	benzyl acetate	5-caprolactone

二元羧酸和醇生成的酯称为"某二酸某酯"。例如:

乙二酸二乙酯	乙二酸甲乙酯	乙二酸单乙酯
diethyl ethanedioate	ethyl methyl ethanedioate	oxalic acid monoethyl ester

四、酰胺

酰胺的命名与酰卤相似,称为"某酰胺"。例如:

乙酰胺	苯甲酰胺	2-溴丙酰胺
acetamide	benzamide	2-bromopropionamide

若酰胺的氮原子上连有烃基,则需在烃基前加字母"N",表示烃基连在氮原子上。例如:

N,N-二甲基甲酰胺(DMF)	N-甲基乙酰胺	N-甲基-N-乙基乙酰胺
N,N-dimethyl formamide	N-methyl acetamide	N-ethyl-N-methyl acetamide

环状的酰胺被称为内酰胺(lactam)。内酰胺的命名是在"酰胺"前加"内"字,并用数字或希腊字母标明原氨基位置,且省略"氨基"二字。二元羧酸的两个酰基与亚氨基或取代亚氨基相连接的环状化合物命名时称为"某酰亚胺"。例如:

5-己内酰胺	邻苯二甲酰亚胺
5-caprolatam	phthalimide

12-1 命名下列化合物。

(1) CH₃—CHCOBr
$\quad\quad\quad$|
$\quad\quad\quad$CH₃

(2) ⟩—CONHCH₃

(3) CH₃CH₂COOCH₂CH₃

(4) H—C—O—C—⟨⟩ (二酰基/酸酐结构)

第二节 理 化 性 质

一、物理性质

低级酰卤和酸酐有刺激气味。挥发性酯常具有令人愉快的气味,可用于制作香料。

酰卤、酸酐和酯类化合物的分子间不能形成氢键;而酰胺与羧酸相似,其分子间能通过形成氢键而相互缔合。因此,酰卤和酯比相应羧酸的沸点低;酸酐较相近相对分子质量的羧酸的沸点低。酰胺的熔点、沸点比相应羧酸高。几种羧酸衍生物的物理常数见表12-1。

羧酸衍生物溶于乙醚、氯仿、丙酮和苯等有机溶剂。低级酰胺(如DMF)能溶解大多数有机化合物,且与水混溶,是很好的非质子性溶剂。

表12-1 几种羧酸衍生物的物理常数

名称	结构式	沸点(℃)	熔点(℃)	密度(g·cm^{-3})
乙酰氯	CH$_3$COCl	51	-112	1.104
苯甲酰氯	C$_6$H$_5$COCl	197	-1	1.212
乙(酸)酐	(CH$_3$CO)$_2$O	140	-73	1.082
邻苯二甲酸酐	![邻苯二甲酸酐结构式]	284	131	1.527
乙酸乙酯	CH$_3$COOCH$_2$CH$_3$	77	-84	0.901
苯甲酸乙酯	C$_6$H$_5$COOCH$_2$CH$_3$	213	-34	1.043
乙酰胺	CH$_3$CONH$_2$	221	82	1.159
N,N-二甲基甲酰胺	HCON(CH$_3$)$_2$	152.8	-61	0.9445
乙酰水杨酸	![乙酰水杨酸结构式]		136	1.443

二、化学性质

羧酸衍生物带部分正电荷的羰基碳容易受到亲核试剂的进攻,发生亲核取代反应。

$$R-\overset{\overset{O}{\|}}{C}-L + Nu^-(\text{或}HNu) \longrightarrow R-\overset{\overset{O}{\|}}{C}-Nu + L^-(\text{或}HL)$$

L:X、OCOR、OR、NH$_2$、NHR、NR$_2$等;
Nu:OH、OR、NH$_2$、NHR、NR$_2$等

上述反应结果是离去基团(L)被亲核试剂(Nu$^-$)取代,故这类反应为羧酸衍生物的亲核取代反应(nucleophilic substitution)。反应分亲核加成和消除两步进行:第一步,亲核试剂进攻羰基碳,发生亲核加成,形成四面体结构的中间体;第二步,中间体发生消除,形成恢复碳氧双键的取代产物。羧酸衍生物在碱催化下的亲核取代反应可用以下通式表示:

$$R-\overset{\overset{O}{\|}}{C}-L + Nu^- \underset{\text{加成}}{\rightleftharpoons} \left[R-\overset{\overset{O^-}{|}}{\underset{\underset{L}{|}}{C}}-Nu \right] \underset{\text{消除}}{\rightleftharpoons} R-\overset{\overset{O}{\|}}{C}-Nu + L^-$$

中间体

亲核取代反应速率与亲核加成和消除两个步骤均有关系。第一步亲核加成的速率取决于羰基碳的正电性和中间体的稳定性。羰基碳的正电性受与之相连原子电负性的影响,也受该原子与羰基共轭程度的影响。例如,酰卤的卤原子的电负性较大,致使羰基碳的正电性较强;同时,卤原子相对大

的 p 轨道与羰基碳相对小的 p 轨道不能形成有效重叠,共轭程度较低,造成卤原子的给电子能力(即有效分散羰基碳正电性的能力)减弱,因而酰卤的反应活性高。酰胺中的氮原子电负性较小且与羰基 p 轨道有较大的重叠和较好的共轭,故反应活性较低。第二步消除的速率受离去基团碱性的影响,离去基团 L^- 的碱性越弱,就越易离去,该步越易进行。HCl 的酸性较强,其共轭碱 Cl^- 碱性较弱,较易离去,而 NH_2^- 碱性较强,较难离去。综合上述影响因素,羧酸衍生物亲核取代反应的活性次序依次是酰卤、酸酐、酯和酰胺。通常较活泼的羧酸衍生物能直接转化成较不活泼的羧酸衍生物,如下图所示。酰卤能转化成酸酐、酯和酰胺;酸酐能转化成酯和酰胺。但后者均不能直接转化成前者。

羧酸衍生物可以发生水解、醇解和氨解反应,其结果是羧酸衍生物中的酰基取代了水、醇(或酚)、氨(或伯胺、仲胺)中的氢原子,形成羧酸、酯、酰胺等取代产物。

(一)酰卤的亲核取代反应

酰卤可发生水解、醇解和氨解等亲核取代反应。在这些反应中,酰卤中的卤原子被亲核试剂 OH^- 取代生成酸,被 OR^- 取代生成酯,被 NH_2^- 取代生成酰胺。酰卤是羧酸衍生物中活性最强的化合物。

1. 水解反应　酰卤与水作用,发生水解反应(hydrolysis),生成相应的羧酸。

$$\underset{\text{酰卤}}{R-\overset{\overset{\displaystyle O}{\|}}{C}-X} + H_2O \longrightarrow \underset{\text{羧酸}}{R-\overset{\overset{\displaystyle O}{\|}}{C}-OH} + HX$$

酰氯的水解反应通常无需催化剂就能顺利进行。乙酰氯与水的反应非常剧烈,甚至空气中痕量的水分即能使乙酰氯潮解,所以乙酰氯存放时需注意防潮。

$$\underset{\text{乙酰卤}}{CH_3\overset{\overset{\displaystyle O}{\|}}{C}Cl} + H-OH \longrightarrow \underset{\text{乙酸}}{CH_3\overset{\overset{\displaystyle O}{\|}}{C}OH} + HCl$$

2. 醇解反应　酰卤与醇发生醇解反应(alcoholysis)生成酯,酯也可以看做为相应醇的酰化物。

$$\underset{\text{酰卤}}{R-\overset{\overset{\displaystyle O}{\|}}{C}-X} + \underset{\text{醇}}{R'OH} \longrightarrow \underset{\text{酯}}{R-\overset{\overset{\displaystyle O}{\|}}{C}-OR'} + HX$$

酰卤与醇的反应很容易进行,通常利用此反应来制备酯。反应中常加一些碱性物质(例如氢氧化钠、吡啶或三级胺)中和反应产生的副产物(卤化氢),使酰卤的醇解反应的平衡向右进行。

$$CH_3-\overset{\overset{\displaystyle O}{\|}}{C}-Cl + CH_3CH_2CH_2CH_2OH \xrightarrow{\text{吡啶}} CH_3-\overset{\overset{\displaystyle O}{\|}}{C}-OCH_2CH_2CH_2CH_3 + HCl$$

醇解反应的速率受醇烃基的空间位阻的影响较大,伯醇比仲醇和叔醇更容易与酰氯反应。例如:

4-羟基环己基甲醇　　　　　　　　　乙酸4-羟基环己基甲酯

3. 氨解反应　酰卤与氨发生氨解反应（ammonolysis）生成酰胺。

$$\underset{\substack{\text{酰卤}}}{R-\overset{\displaystyle O}{\overset{\|}{C}}-X} + 2NH_3 \longrightarrow \underset{\substack{\text{酰胺}}}{R-\overset{\displaystyle O}{\overset{\|}{C}}-NH_2} + NH_4^+X^-$$

　　酰卤与氨反应迅速，反应中产生的卤化氢可通过加入过量的氨除去。酰氯与氨反应是制备酰胺较简便、实用的方法。有机胺（R—NH₂）也能与酰卤反应，生成取代酰胺。

$$\underset{\substack{\text{乙酰卤}}}{CH_3-\overset{\displaystyle O}{\overset{\|}{C}}-Cl} + 2NH_3 \longrightarrow \underset{\substack{\text{乙酰胺}}}{CH_3-\overset{\displaystyle O}{\overset{\|}{C}}-NH_2} + NH_4^+Cl^-$$

> 12-2　以苯胺为原料，其他试剂任选，合成对 - 溴苯胺。

（二）酸酐的亲核取代反应

酸酐与酰卤相似，能发生水解、醇解和氨（胺）解反应，但反应活性低于相应的酰卤。

1. 水解反应　酸酐与水发生水解反应，生成羧酸，其通式如下：

$$\underset{\substack{}}{\overset{\displaystyle O \quad\quad O}{\overset{\| \quad\quad \|}{R\;C\;O\;C\;R}}} + H_2O \longrightarrow 2RCOH$$

　　该反应速率取决于相应酸酐在水中的溶解度。乙酸酐易溶于水，所以它非常容易与水反应。

$$\underset{\substack{\text{乙酐}}}{\overset{\displaystyle O \quad\quad O}{\overset{\| \quad\quad \|}{H_3C\;C\;O\;C\;CH_3}}} + H_2O \longrightarrow \underset{\substack{\text{乙酸}}}{2CH_3COH}$$

2. 醇解反应　酸酐与醇或酚发生醇解反应，生成酯和羧酸，反应通式如下：

$$\overset{\displaystyle O \quad\quad O}{\overset{\| \quad\quad \|}{R\;C\;O\;C\;R}} + R'OH \longrightarrow R-\overset{\displaystyle O}{\overset{\|}{C}}-OR' + RCOH$$

　　酸酐和酰卤一样，均易与醇反应生成酯。这是制备酯的重要方法之一。

$$\underset{\text{乙酐}}{} \quad\quad \underset{\text{水杨酸}}{} \quad\xrightarrow[\text{95℃}]{\text{浓硫酸}}\quad \underset{\text{乙酰水杨酸}}{}$$

　　酰卤和酸酐的醇解是在醇（或酚）分子的羟基上引入酰基，这种能提供酰基的化合物称为酰化剂（acylating agent）。酰卤和酸酐是最常用的酰化剂。酰化剂与含活泼氢的化合物（醇、酚、氨、胺、含α-H的酯及醛、酮等）作用，可以向化合物分子中引入酰基的反应称为酰化反应（acylating reaction）。

　　利用酰化反应可降低某些醇类或酚类药物的毒性，同时提高这些药物的脂溶性，改善人体对这些药物的吸收、分布，达到提高疗效的目的。

3. 氨解反应　酸酐与胺（或氨）发生氨解反应，生成酰胺和羧酸盐，反应通式如下：

$$\underset{\substack{\text{酸酐}}}{\overset{\displaystyle O \quad\quad O}{\overset{\| \quad\quad \|}{R\;C\;O\;C\;R}}} + NH_3 \longrightarrow \underset{\substack{\text{酰胺}}}{R-\overset{\displaystyle O}{\overset{\|}{C}}-NH_2} + \underset{\substack{}}{\overset{\displaystyle O}{\overset{\|}{HO\;C\;R}}}$$

（三）酯的亲核取代反应

1. 水解反应　酯较酰卤和酸酐稳定。酯的水解反应需要在碱或无机酸存在下加热进行。

$$R-C(=O)-OR' + H_2O \xrightarrow[H^+]{OH^-} R-C(=O)-O^- + R'OH \quad / \quad R-C(=O)-OH + R'OH$$

酯在碱性条件下水解，发生酰氧键断裂。例如：

$$CH_3CH_2-C(=O)-OCH_2CH_3 \;+\; NaOH/H_2O \longrightarrow CH_3CH_2-C(=O)-O^-Na^+ \;+\; CH_3CH_2OH$$

丙酸乙酯　　　　　　　　　　　　　　　　　　　丙酸钠

羧酸与伯醇和仲醇形成的酯在酸性条件下水解，通常也发生酰氧键断裂。例如：

$$\underset{\underset{Cl}{|}}{CH_3CH}\text{-}COCH_2CH_3 + H_2O \xrightarrow[\triangle]{HCl} \underset{\underset{Cl}{|}}{CH_3CH}\text{-}COOH + CH_3CH_2OH$$

2-氯丙酸乙酯　　　　　　　　　　　2-氯丙酸

酯在碱性溶液中的水解，是由 OH⁻ 进攻酯的羰基碳，形成带负电荷的四面体结构的中间体，这一步是速率最慢的一步。紧接着烷氧基离去，形成羧酸和烷氧基负离子，两者迅速发生不可逆的酸碱中和反应，生成酰氧基负离子（盐）和醇。其反应机制如下：

$$R\text{-}\overset{O}{\overset{\|}{C}}\text{-}OR' + OH^- \;\rightleftharpoons\; \left[R\text{-}\overset{O^-}{\underset{OR'}{\overset{|}{C}}}\text{-}OH\right] \;\rightleftharpoons\; R\text{-}\overset{O}{\overset{\|}{C}}\text{-}OH + {}^-OR' \longrightarrow R\text{-}\overset{O}{\overset{\|}{C}}\text{-}O^- + R'OH$$

酯　　　　　　　　中间体　　　　　　羧酸　　烷氧负离子　羧酸阴离子

酯在碱溶液中的水解反应速率主要取决于四面体中间体的稳定性，在酯羰基附近连有的吸电子取代基能分散负电荷，可使中间体稳定，使反应易进行。

酯的酸性水解是通过酯羰基质子化后的共轭酸进行的可逆反应，其反应机制如下：

$$R\text{-}\overset{O}{\overset{\|}{C}}\text{-}OR' \;\rightleftharpoons\; \left[R-\overset{{}^+OH}{\overset{\|}{C}}-OR'\right] \xrightarrow{H_2O} \left[R\text{-}\overset{OH}{\underset{OR'}{\overset{|}{C}}}\text{-}{}^+OH_2\right]$$

$$\left[R\text{-}\overset{OH}{\underset{{}^+OHR'}{\overset{|}{C}}}\text{-}OH\right] \xrightarrow{-R'OH} \left[R\text{-}\overset{{}^+OH}{\overset{\|}{C}}\text{-}OH\right] \xrightarrow{-H^+} R\text{-}\overset{O}{\overset{\|}{C}}\text{-}OH$$

反应的第一步是酯中羰基质子化，从而增加羰基碳的正电性，有利于亲核试剂的进攻。第二步是质子化的羰基与 H_2O 加成形成带正电荷的四面体结构的中间体。第三步是质子转移和消除醇分子，生成羧酸。该反应的速率取决于形成四面体结构中间体的稳定性。与酯的碱水解反应一样，R 和 OR' 基团体积增大，反应速率降低；与碱液水解不同的是酸水解反应中间体带正电荷，所以 R 和 OR' 基团供电子能力增强，使中间体稳定而加快水解反应速率。

内酯和开链酯一样，在一定条件下也发生水解反应，水解伴随开环。内酯类药物开环之后往往失效。例如，抗肿瘤药—羟基喜树碱，分子中含有 δ- 内酯结构是抗肿瘤活性中心，在碱性条件下水解开环，形成的 δ- 羟基酸盐无抗肿瘤活性。

2. 氨解反应　酯可以与氨发生氨解反应，生成酰胺和醇。例如：

$$\text{苯甲酸甲酯} + NH_3 \longrightarrow \text{苯甲酰胺} + CH_3OH$$

苯甲酸甲酯　　　　　　　　苯甲酰胺

3. 酯缩合反应　酯分子的 α-H 具有弱酸性,在醇钠作用下能形成烯醇负离子,该负离子与另一分子酯发生亲核反应,生成 β- 酮酸酯,该反应称为酯缩合反应或 Claisen(克莱森)缩合反应。例如:

$$CH_3COC_2H_5 + CH_3COC_2H_5 \xrightarrow[(2)H_3^+O]{(1)C_2H_5ONa} CH_3CCH_2COC_2H_5 + C_2H_5OH$$

乙酸乙酯　　　　　　　　　　　　　　　乙酰乙酸乙酯

酯缩合反应的机制如下:

$$CH_3COCH_2CH_3 \xrightleftharpoons{CH_3CH_2ONa} {}^-CH_2COCH_2CH_3 \longleftrightarrow H_2C{=}COCH_2CH_3 \xrightarrow{CH_3COOCH_2CH_3}$$

$$\left[CH_3\overset{O^-}{\underset{OCH_2CH_3}{C}}{-}CH_2COCH_2CH_3 \right] \rightleftharpoons CH_3\overset{O}{C}CH_2\overset{O}{C}OCH_2CH_3 + CH_3CH_2O^-$$

反应的第一步是在碱性条件下,酯失去 α-H,形成烯醇负离子。第二步,烯醇负离子对另一分子酯的羰基进行亲核加成,形成四面体的氧负离子中间体。第三步,消去乙氧基负离子,得乙酰乙酸乙酯。上述酯缩合反应的产物 β- 酮酸酯二羰基间的亚甲基上的 α-H 受两个羰基的影响,酸性大大增加,其酸性增强的原因还由于负电荷可以分散到两个羰基上,形成更稳定的烯醇负离子。

$$CH_3{-}\overset{O^-}{C}{=}CH{-}\overset{O}{C}{-}OC_2H_5 \longleftrightarrow CH_3{-}\overset{O}{C}{-}\overset{-}{C}H{-}\overset{O}{C}{-}OC_2H_5 \longleftrightarrow CH_3{-}\overset{O}{C}{-}CH{=}\overset{O^-}{C}{-}OC_2H_5$$

共振稳定的烯醇负离子

乙酰乙酸乙酯负离子是亲核试剂,易进攻卤代烷的 αC,发生烷基化反应。烷基化的乙酰乙酸乙酯经酸性水解后生成烷基化的乙酰乙酸。乙酰乙酸为 β- 酮酸,加热易发生脱羧反应。利用上述的乙酰乙酸乙酯合成法,可以制备单取代或双取代的丙酮。例如:

$$CH_3{-}\overset{O}{C}{-}CH_2{-}\overset{O}{C}{-}OC_2H_5 \xrightarrow[\text{或 NaH}]{C_2H_5ONa} CH_3{-}\overset{O}{C}{-}\overset{-}{C}H{-}\overset{O}{C}{-}OC_2H_5 \xrightarrow{RX} CH_3{-}\overset{O}{C}{-}\overset{R}{C}H{-}\overset{O}{C}{-}OC_2H_5$$

$$\xrightarrow{H^+, H_2O} H_3C{-}\overset{O}{C}{-}\overset{R}{C}HC{-}OH \xrightarrow{\triangle} H_3C{-}\overset{O}{C}{-}\overset{R}{C}H_2 + CO_2\uparrow$$

12-3　下面烯醇式 A 和 B 的稳定性,哪种说法是正确的?

A.　　　　　　　　B.

(1)A 比 B 稳定　　　(2)B 比 A 稳定　　　(3)A 和 B 一样稳定　　　(4)二者不可比较

(四)酰胺的亲核取代反应

一定条件下,酰胺显示弱酸性或弱碱性。这是由于酰胺分子中氮原子的 p 轨道与羰基的 π 键通过 p-π 共轭导致氮原子的电子云密度降低,减弱其接受质子的能力,从而使酰胺表现出弱碱性;同时，由于氮原子电子云密度的降低，增加了 N—H 键的极性，其氢有离去的倾向，使酰胺又表现出弱酸性。

$$R-\overset{\overset{\displaystyle O}{\parallel}}{C}-\overset{\displaystyle \ddot{N}}{\underset{}{}}\overset{\displaystyle H}{\underset{\displaystyle H}{}}$$

正是酰胺氮原子与羰基的 p-π 共轭，使得酰胺比酰卤、酸酐和酯更稳定，其水解不仅需要强酸或强碱的催化，还需要长时间的加热回流。

酰胺在酸催化下水解：

$$\overset{\overset{\displaystyle O}{\parallel}}{R-C-NH_2} \xrightarrow{\ H_3O^+\ } RCOH + NH_4^+$$

酰胺　　　　　　　　　羧酸

$$CH_3CH_2CHCNH_2 + H_2O \xrightarrow[\triangle]{H_2SO_4} CH_3CH_2CHCOH + \overset{+}{N}H_4HSO_4^-$$

2-苯基丁酰胺　　　　　　　　　　　2-苯基丁酸

酰胺在碱催化下水解：

$$\overset{\overset{\displaystyle O}{\parallel}}{R-C-NH_2} \xrightarrow{\ OH^-\ } RCO^- + NH_3$$

酰胺　　　　　　　　　羧酸盐

$$\overset{\overset{\displaystyle O}{\parallel}}{H_3C-C-NH_2} + KOH/H_2O \xrightarrow{\triangle} CH_3CO^-K^+ + NH_3$$

乙酰胺　　　　　　　　　　　乙酸盐

环状酰胺称为内酰胺。许多天然抗生素都含有较大环张力的四元环内酰胺（β- 内酰胺），很容易发生水解反应，导致开环、失效。例如，青霉素 G 钾或钠盐其分子结构中含有 β- 内酰胺环，为了避免其水解，青霉素 G 钾盐或钠盐通常使用粉针剂型，注射前临时配制注射液。

β- 内酰胺抗生素

1928 年夏天，英国细菌学家 Alexander Fleming（亚历山大 . 弗莱明）外出度假时，未将接种有金黄色葡萄球菌的培养皿放入孵箱里，葡萄球菌和从外界飘入培养皿里的特异绿色霉菌同时在培养皿中生长。弗莱明度假返回后，发现带绿色霉菌培养皿的葡萄球菌消失了。他推测是绿色霉菌产生了能杀死葡萄球菌的化学物质。不久他就证明这种物质能抑制许多有害细菌的生长，遂将其命名为青霉素（penicillin）。弗莱明的结果发表于 1929 年，但由于他无法对其进行提纯，因此这种灵丹妙药被束之高阁。后来，澳大利亚病理学家 Howard Walter Florey（霍华德 . 弗洛里）和在英国避难的德国科学家 Ernst Boris Chain（恩斯特 . 钱恩）偶然读到了弗莱明的文章，并重复弗莱明的工作，证实了他的结果。然后提纯青霉素，进行了青霉素治疗小鼠和人体细菌感染的试验，并取得了成功。青霉素于 1943 年开始在军队中使用，1944 年起用于民众。1945 年，弗莱明、弗洛里和钱恩因"发现青霉素及其临床效用"而共同获得诺贝尔生理学或医学奖。

与青霉素结构相似的头孢菌素（cephalosporin）同属β-内酰胺抗生素，它们分子中都含有一个四元环的β-内酰胺。青霉素的β-内酰胺环稠合一个含硫五元杂环，头孢菌素的β-内酰胺环稠合含硫的不饱和六元杂环。天然青霉素和头孢菌素经半合成结构改造，得到稠杂环侧链不同，生物活性和使用范围各异的两大系列的化合物，部分常见的β-内酰胺抗生素（β-Lactam Antibiotics）的结构如下：

青霉素G钾（钠）

氨苄青霉素

羟氨苄青霉素（阿莫西林）

头孢菌素 I

第三节　碳酸衍生物

碳酸从结构上可看成是两个羟基共用一个羰基的二元酸。碳酸分子中的两个羟基被其他基团取代，所形成的化合物称为碳酸衍生物（derivatives of carbonic acid）。例如：

$$HO-\overset{\overset{O}{\|}}{C}-OH \qquad H_2N-\overset{\overset{O}{\|}}{C}-NH_2 \qquad Cl-\overset{\overset{O}{\|}}{C}-Cl$$

碳酸　　　　　　　尿素　　　　　　　光气

一、尿素

尿素（urea）又称脲，是碳酸的二元酰胺，是哺乳动物体内蛋白质代谢的最终产物之一，成人每天经尿排泄约25～30g脲。

脲具有弱碱性，但不能使石蕊试纸变色，脲易溶于水和乙醇，难溶于乙醚。其化学性质如下：

尿素具有一般酰胺的性质，在脲酶、酸或碱催化下发生如下水解反应：

$$NH_2-\overset{\overset{O}{\|}}{C}-NH_2 \xrightarrow{+H_2O} \begin{cases} \xrightarrow{HCl} CO_2\uparrow + NH_4Cl \\ \xrightarrow{NaOH} Na_2CO_3 + NH_3\uparrow \\ \xrightarrow{脲酶} NH_3\uparrow + CO_2\uparrow + H_2O \end{cases}$$

脲

将尿素缓慢加热至150～160℃（温度过高时分解），两分子脲缩合成缩二脲，并放出氨。

$$H_2N-\overset{\overset{O}{\|}}{C}-NH_2 + H_2N-\overset{\overset{O}{\|}}{C}-NH_2 \xrightarrow{150\sim160℃} H_2N-\overset{\overset{O}{\|}}{C}-NH-\overset{\overset{O}{\|}}{C}-NH_2 + NH_3\uparrow$$

尿素　　　　　　　　　　　　　　　　　　缩二脲

缩二脲难溶于水，在碱溶液中可互变成烯醇型而溶解。在缩二脲的碱性溶液中加入少许硫酸铜溶液，溶液显紫红色或紫色，这个反应称为缩二脲反应（biuret reaction）。分子中含有两个或两个以上酰胺键（$-\overset{\overset{O}{\|}}{C}-\overset{\overset{H}{|}}{N}-$）结构的化合物（如草二酰胺、多肽和蛋白质）都能发生缩二脲反应。

二、胍

尿素分子中的氧原子被亚氨基（＝NH）取代后的化合物，称为胍（guanidine），又称亚氨基脲。

胍为无色结晶，熔点 50℃，吸湿性极强，易溶于水。胍是一种很强的有机碱（pK_a=13.8），其碱性与氢氧化钾相当。胍分子中去掉一个氨基氢原子后称为胍基，去掉一个氨基后称为脒基。

$$\underset{\text{胍}}{\overset{\overset{\displaystyle NH}{\|}}{H_2N\text{—}C\text{—}NH_2}} \qquad \underset{\text{胍基}}{\overset{\overset{\displaystyle NH}{\|}}{H_2N\text{—}C\text{—}NH\text{—}}} \qquad \underset{\text{脒基}}{\overset{\overset{\displaystyle NH}{\|}}{H_2N\text{—}C\text{—}}}$$

某些含有胍结构的化合物具有生理活性，如精氨酸、胍乙啶等；还有一些胍的衍生物是常用的药物，如吗啉胍（病毒灵）、二甲双胍等。

吗啉胍（病毒灵）　　　　二甲双胍

三、丙二酰脲

丙二酰脲（malonyl urea）为无色结晶，熔点为 245℃，微溶于水。丙二酰脲可以由尿素与丙二酰氯发生氨解反应制得。

丙二酰氯　　　脲　　　丙二酰脲

丙二酰脲分子的结构中有一个活泼的亚甲基和两个二酰亚氨基，能够发生酮式-烯醇式互变异构。

丙二酰脲的烯醇式（pK_a=3.85）表现出比乙酸（pK_a=4.76）强的酸性，故丙二酰脲又称为巴比妥酸（barbituric acid）。巴比妥酸本身无生理活性，其分子中的亚甲基上两个氢原子被乙基、苯基等烃基取代所形成的衍生物具有镇静、催眠和麻醉作用。这些药物总称为巴比妥类药物。巴比妥类药物有成瘾性，用量过大会危及生命。

苯巴比妥

异戊巴比妥

习　题

12-4　命名下列化合物。

（1）CH_3CH_2CCl（O）　　（2）CH_3CH_2 $\overset{O}{C}$—O—$\overset{O}{C}$ CH_3　　（3）苯二甲酰亚胺结构

（4）CH_3COCH_2—Ph　　（5）$CH_3CH_2CNHCH_3$　　（6）CH_3—内酯环

12-5　写出下列化合物的结构式。

（1）DMF　　　　　　　　　（2）N, N-二甲基苯甲酰胺　　　（3）苯甲酰溴

（4）3-甲基邻苯二甲酸酐　　（5）丁二酸甲乙酯　　　　　　　（6）乙酰乙酸乙酯

12-6　完成下列反应式,写出主要产物。

（1）邻苯二甲酸酐 $+ CH_3OH \xrightarrow{H_2SO_4}$　　　　（2）$FCH_2COCH_2CH_3 + NH_3 \longrightarrow$

（3）CH_3CNH—$\langle$苯环$\rangle$—$Br + H_2O \xrightarrow{KOH}$　　（4）$CH_3CH_2COCH_2CH_3 + H_2O \xrightarrow[\triangle]{H^+}$

（5）N-甲基丁二酰亚胺 $+ H_2O \xrightarrow{H^+}$　　（6）γ-丁内酯 $+ H_2O \xrightarrow{NaOH}$

（7）CH_3CH_2C—$OCH=CH_2 + H_2O \xrightarrow[\triangle]{H^+}$　　（8）$NH_2\overset{O}{C}NH_2 + H_2O \xrightarrow{脲酶}$

12-7　解释实验现象:邻苯二甲酰亚胺溶于稀碱。

12-8　按要求排序:

（1）按递减顺序排列下列化合物的水解活性:

$CH_3\overset{O}{C}$—O—$\overset{O}{C}CH_3$　　　$CH_3COC_2H_5$（O）　　　CH_3CNH_2（O）　　　CH_3CCl（O）

（2）按递减顺序排列下列化合物的醇解活性:

对氯苯甲酰氯（COCl, Cl）　　对甲基苯甲酰氯（COCl, CH_3）　　对硝基苯甲酰氯（COCl, NO_2）　　苯甲酰氯（COCl）

12-9　化合物 A 在酸性水溶液中加热,生成化合物 B（$C_5H_{10}O_3$）,B 与 $NaHCO_3$ 作用放出无色气体,与 CrO_3 作用生成 C（$C_5H_8O_3$）,B 在室温条件下不稳定,易失水又生成 A。试写出 A,B,C 可能的结构。

12-10　土曲霉酸是一种天然抗生素,其实际结构是下面结构的烯醇式异构体,写出该抗生素最稳定的两个烯醇式异构体,并比较这两个异构体稳定性的大小。

（徐　红）

第十三章　胺和生物碱

有机化合物中含氮的化合物包括：胺类、重氮与偶氮化合物，生物碱、杂环化合物和氨基酸等，其中许多化合物都具有显著的生理活性。本章着重介绍胺类及其有关的化合物的结构与性质，并简要阐述生物碱的基本概念。杂环化合物和氨基酸分别在第十四章和第十七章学习。

第一节　胺

一、分类和命名

胺（amine）是氨分子中的氢原子被烃基取代的产物。氮原子上连有 1 个、2 个和 3 个烃基的胺分别称为伯胺（primary amine）、仲胺（secondary amine）和叔胺（tertiary amine）。

$$NH_3 \qquad RNH_2 \qquad R_2NH \qquad R_3N$$

氨　　　　伯胺（1°胺）　　仲胺（2°胺）　　叔胺（3°胺）

胺分子中的氮原子仅与脂肪烃基或氢相连的为脂肪胺（aliphatic amine），与芳环直接相连的为芳香胺（aromatic amine）。在某些仲胺或叔胺中，氮可以是环的组成原子。

脂肪胺：$\quad CH_3NH_2$

芳香胺：

伯胺　　　　　　　仲胺　　　　　　　叔胺

伯、仲、叔胺中分别含有氨基（—NH₂）、亚氨基（—NH—）和次氨基（—N—）。

相应于氢氧化铵和氨的四烃基取代物盐，分别称为季铵碱和季铵盐（quaternary ammonium salt）。

$$R_4N^+OH^-（季铵碱） \qquad\qquad R_4N^+X^-（季铵盐）$$

上述分子中的 4 个 R 可以相同也可以完全不同，季铵盐中的 X⁻ 可以是卤素离子也可以是酸根离子。

机体中最重要的季铵碱是乙酰胆碱。它是由胆碱与乙酰辅酶 A 在胆碱能神经末梢合成的。胆碱和乙酰胆碱的结构如下：

胆碱(choline)　　　　　　　　乙酰胆碱(acetylcholine)

简单胺的命名一般以胺为母体，先写出连于氮原子上相同烃基的数目和名称，再以"胺"字作词尾；如果与氮相连的烃基不相同，则按"优先基团后列出"原则排列烃基。

CH_3NH_2	$(CH_3CH_2)_2NH$	$CH_3-N-CH_2CH_3$ $\quad\quad CH(CH_3)_2$	$CH_3CH_2CHCH_2CHCH_3$ $\quad NH_2\quad NH_2$
甲胺 methylamine	二乙胺 diethylamine	甲乙异丙胺 ethylisopropylmethylamine	2,4-己二胺 2,4-hexanediamine

苯胺
aniline

二苯胺
diphenylamine

对硝基苯胺
p-nitroaniline

β-萘胺
2-naphthylamine

若芳香胺的氮原子上连有脂肪烃基,命名时常以芳香胺为母体,在脂肪烃基名称前标上"*N*",表示此烃基直接连接在氮原子上(也可按类似方法命名脂肪仲、叔胺)。例如:

N-甲基苯胺
N-methylaniline

N,N-二甲基苯胺
N,N-dimethylaniline

N-乙基-*N*-丙基环己胺
N-ethyl-*N*-propylcyclohexylamine

结构较复杂的胺的命名可将氨基作取代基,烃或其余结构部分作母体。例如:

CH₃CHCH₂CHCH₃
        | |
       NH₂   CH₃

2-甲基-4-氨基戊烷
2-amino-4-methylpentane

(CH₃)₂N—⬡—CHO

4-二甲氨基苯甲醛
4-dimethylaminobenzaldehyde

CH₃CH₂CHCH₂CH₂CHCH₂CH₃
          | |
       CH₂NH₂   NHCH₃

3-氨甲基-6-甲氨基辛烷
3-aminomethyl-6-methylaminooctane

季铵盐、季铵碱和胺的盐类的命名类似无机铵类化合物。例如:

NH₄Cl

氯化铵
ammonium chloride

(CH₃CH₂)₄N⁺Br⁻

溴化四乙铵
tetraethylammonium bromide

HOCH₂CH₂N⁺(CH₃)₂OH⁻

氢氧化三甲基羟乙基铵(胆碱)
choline

命名胺类化合物时应注意"氨"、"胺"、"铵"字的用法。表示基团时用"氨",如氨基、亚氨基、甲氨基(CH₃NH—)、氨甲基(H₂NCH₂—)等;表示氨的烃类衍生物时用"胺";表示季铵类化合物或胺的盐时用"铵"。

二、结构

胺与氨的结构相似,其氮原子为不等性 *sp*³ 杂化,4 个杂化轨道中的 3 个分别与氢或碳原子形成 σ 键,整个分子呈三棱锥形结构,氮原子的另一个 *sp*³ 杂化轨道被一孤对电子所占用,且位于棱锥体的顶端,如同第四个基团,所以胺分子中的氮原子为四面体结构,但不是正四面体(图 13-1)。

图 13-1   氨、甲胺和三甲胺的结构

苯胺的氮原子为不等性 *sp*³ 杂化,但孤对电子所占据的轨道含有更多 *p* 轨道的成分,其 H—N—H 键角为 113.9°,H—N—H 所处平面与苯环平面间存在 39.4°的夹角(图 13-2 左)。尽管苯胺分子中氮原子的孤对电子所占据的 *sp*³ 杂化轨道与苯环上的 *p* 轨道不平行,但仍能与苯环的大 π 键互相重叠,形成共轭体系(图 13-2 右),使氮上的孤对电子离域到苯环。正是这种共轭体系的形成使芳香胺与脂肪胺在性质上出现较大的差异。

图13-2　苯胺的结构

芳香胺可由相应的硝基化合物经催化加氢或化学还原制得：

$$CH_3 \text{—} \langle \text{苯环} \rangle \text{—} NO_2 \xrightarrow[\text{或 SnCl}_2+\text{HCl}]{3H_2,Ni} CH_3 \text{—} \langle \text{苯环} \rangle \text{—} NH_2 + 2H_2O$$

当胺分子中氮原子连有三个不同的原子或基团时，氮原子就成为手性中心，理论上应该存在对映异构现象，但两个对映体可以通过一个平面过渡态相互转变（图13-3）。由于这种转变的能垒较低（约 $25kJ\cdot mol^{-1}$），室温下两个对映体能快速相互转化，所以在室温下不能拆分得到其对映体。

R-构型　　　　　平面过渡态　　　　　S-构型

图13-3　甲乙胺的一对对映体及其通过过渡态相互转化

某些氮原子位于桥头的桥环胺类存在阻碍氮原子通过平面型过渡态相互转化的因素，则可分离出对映异构体。

当胺的氮原子连接四个不同的基团时，则成为手性化合物，存在对映异构体。例如，碘化甲基烯丙基苄基苯基铵已经被拆分而得到其左旋体和右旋体。

三、物理性质

低级脂肪胺如甲胺、二甲胺、三甲胺和乙胺，在常温下为无色气体，丙胺至十一胺是液体，十一胺以上均为固体。低级胺具有氨的气味（三甲胺有鱼腥气味）。胺和氨相似，为极性分子，除叔胺外，都能形成分子间氢键，所以它们的沸点比相对分子质量相近的烷烃要高。另外，由于氮的电负性比氧小，胺分子间的氢键较醇分子间的氢键弱，所以胺的沸点比相应的醇要低。

氢键

叔胺不能形成分子间氢键，其沸点与相对分子质量相近的烷烃差不多。而所有的三类胺都能与水形成氢键（O—H……N 和 N—H……O），因此低级胺（6 个碳原子以下）能溶于水，但随着相对分子质量的增加，其溶解度迅速降低。

　　芳香胺为高沸点液体或低熔点固体，虽然气味不浓，但毒性较大。例如苯胺可通过消化道、呼吸道或经皮肤吸收而引起中毒，有些胺如 3,4- 二甲基苯胺、β- 萘胺、联苯胺等具有致癌作用。一些常见胺的物理常数列于表 13-1。

表 13-1　一些胺的物理常数

名称	英文名称	化学式	熔点 （℃）	沸点 （℃）	溶解度 （g·100mL 水）	pK_b （25℃）
甲胺	methylamine	CH_3NH_2	−93.5	−6.3	易溶	3.34
二甲胺	dimethylamine	$(CH_3)_2NH$	−93	7.4	易溶	3.27
三甲胺	trimethylamine	$(CH_3)_3N$	−117	3.0	91	4.19
乙胺	ethylamine	$C_2H_5NH_2$	−81	16.6	易溶	3.36
二乙胺	diethylamine	$(C_2H_5)_2NH$	−48	56.3	易溶	3.05
三乙胺	triethylamine	$(C_2H_5)_3N$	−115	89.3	14	3.25
乙二胺	ethylenediamine	$H_2NCH_2CH_2NH_2$	8.5	117	易溶	4.0*
苯胺	aniline	$C_6H_5NH_2$	−6.3	184	3.7	9.28
对甲苯胺	*p*-methylaniline	$p\text{-}C_6H_4(CH_3)NH_2$	44	200	0.7	8.92
对硝基苯胺	*p*-nitroaniline	$p\text{-}C_6H_4(NO_2)NH_2$	147.5	331.7	0.05	13.00

* $pK_{b2}=7.2$

　　胺的红外光谱有 N—H 键和 C—N 键的特征吸收峰。N—H 键的伸缩振动在 3500～3300cm⁻¹；弯曲振动在 1650～1580cm⁻¹。C—N 键的伸缩振动：脂肪胺在 1250～1020cm⁻¹；芳香胺在 1380～1250cm⁻¹。胺的核磁共振谱中，N—H 质子的化学位移 δ 值一般为 0.6～3.0（与形成氢键的程度有关）。α 碳上的质子为 CH_3、CH_2 和 CH 时，δ 值分别为 2.2、2.4 和 2.8。

　　13-1　相对分子质量相同的伯、仲、叔三类脂肪胺的水溶性顺序和沸点顺序均为：伯胺＞仲胺＞叔胺，为什么？

四、化学性质

　　胺分子中氮原子上的孤对电子使胺具有碱性和亲核性，胺的化学性质主要源自这两个性质。

（一）碱性与成盐反应

　　与氨相似，胺分子中氮原子上的孤对电子能接受质子，呈碱性。

$$NH_3 + H_2O \rightleftharpoons NH_4^+ + OH^-$$

$$RNH_2 + H_2O \rightleftharpoons RNH_3^+ + OH^-$$

一些常见胺的 pK_b 值见表 13-1。

　　胺的碱性强弱与氮上电子云密度有关。氮上电子云密度越大，接受质子的能力越强，碱性就越强。不同胺的碱性强弱为：

脂肪胺＞氨＞芳香胺

　　脂肪烃基是供电子基，能提高氮原子上的电子云密度；而芳香胺因氮上孤对电子离域到苯环，降低了氮原子的电子云密度，因此碱性显著降低。脂肪胺能使红色石蕊试纸变蓝，而芳香胺不能。胺的碱性还与氮上连接的烃基数目有关，烃基多，空间位阻大，不利于氮与质子结合。胺在水中的碱性还与水的溶剂化作用有关。故胺的碱性强弱是电子效应、立体效应和溶剂化效应综合作用的结果。

烷基是供电子基，其 +I 效应使氮上电子云密度增高，使质子化后的铵离子更趋稳定。芳香胺中由于氮上的孤对电子参与苯环共轭而分散到苯环，从而使氮原子结合质子的能力降低，即碱性降低。若仅考虑电子效应影响，胺的碱性强弱顺序应为：

$$脂肪叔胺 > 脂肪仲胺 > 脂肪伯胺 > NH_3 > 芳香胺$$

胺在水溶液中的碱性主要取决于铵正离子稳定性的大小。铵正离子越稳定，胺在水溶液中的离解越偏向于生成铵离子和 OH^- 的一方。而铵正离子的稳定性大小又取决于它与水形成氢键的机会多少。伯胺氮上的氢最多，其铵正离子最稳定。

$$
R-\overset{+}{\underset{\underset{H----:OH_2}{|}}{\overset{H----:OH_2}{N}}}-H----:OH_2 \quad > \quad \overset{R}{\underset{R}{N^+}}\overset{H----:OH_2}{\underset{H----:OH_2}{}} \quad > \quad \overset{R}{\underset{R}{R-N^+}}-H----:OH_2
$$

若仅考虑溶剂化效应，胺的碱性强弱顺序应为：伯胺 > 仲胺 > 叔胺。

胺的碱性表现为胺分子中氮原子上的孤对电子与质子结合，氮上连接的基团数目越多越大，则对氮上孤对电子的屏蔽作用越大，与质子的结合就越不易，碱性就越弱。例如三苯胺，三个苯基连接在氮原子上，空间位阻很大，再加上共轭效应的影响，三苯胺的水溶液是近于中性的。

水溶液中胺的碱性强弱是多种因素共同影响的结果。各类胺的碱性强弱大致表现出如下顺序：

$$脂肪仲胺 > 脂肪\begin{matrix}伯胺\\叔胺\end{matrix} > 芳香伯胺 > 芳香仲胺 > 芳香叔胺$$

与胺类不同的是，季铵化合物分子中的氮原子已连接四个烃基并带正电荷，不能再接受质子，这类化合物的碱性由与季铵正离子结合的负离子来决定。对于季铵碱，R_4N^+ 与 OH^- 之间是典型的离子键，季铵碱的碱性就表现为 OH^- 的碱性，故季铵碱为强碱，其碱性与 NaOH 相近。季铵碱与酸作用生成季铵盐：

$$R_4N^+OH^- + HCl \longrightarrow R_4N^+Cl^- + H-OH$$

$R_4N^+Cl^-$ 为强酸强碱盐，与强碱作用后不会置换出游离的季铵碱，而是建立如下平衡：

$$R_4N^+X^- + NaOH \rightleftharpoons R_4N^+OH^- + NaX$$

胺类一般为弱碱，可与酸成盐，但遇强碱又重新游离析出：

$$CH_3CH_2NH_2 \underset{OH^-}{\overset{HCl}{\rightleftharpoons}} [CH_3CH_2NH_3]^+Cl^- \text{（或写成}CH_3CH_2NH_2 \cdot HCl\text{）}$$

　　　　　　　　　　　　氯化乙铵　　　　　　　　　乙胺盐酸盐

$$\text{苯}-NH_2 \underset{OH^-}{\overset{HCl}{\rightleftharpoons}} \text{苯}-\overset{+}{N}H_3Cl^- \text{（或写成} \text{苯}-NH_2 \cdot HCl\text{）}$$

　　　　　　　氯化苯铵　　　　　　　　　苯胺盐酸盐

胺与盐酸形成的盐一般都是易溶于水和乙醇的晶形固体。实验室中，常常利用胺的盐易溶于水而遇强碱又重新游离析出的性质来分离和提纯胺。

胺（特别是芳胺）易被氧化，而胺的盐则很稳定。医药上常将难溶于水的胺类药物制成盐，以增加其水溶性和稳定性。例如局部麻醉药普鲁卡因的药用形式为盐酸普鲁卡因（procaine hydrochloride）。

$$H_2N-\text{苯}-\overset{O}{\overset{\|}{C}}-O-CH_2CH_2N(C_2H_5)_2 + HCl \longrightarrow \left[H_2N-\text{苯}-\overset{O}{\overset{\|}{C}}-O-CH_2CH_2\overset{H}{\underset{+}{N}}(C_2H_5)_2\right]Cl^-$$

　　　　　　　　　　　　　　　　　　　　　　　　　　　盐酸普鲁卡因

　　13-2　季铵盐（$R_4N^+Cl^-$）与强碱在醇溶液中反应或将季铵盐与湿的氧化银作用，均可制得季铵碱。写出反应方程式并加以解释。

（二）酰化反应

伯胺和仲胺仍像氨一样能与酰卤、酸酐作用生成酰胺。叔胺氮上没有可以被取代的氢原子，不能起酰化反应。

$$\text{（C}_6\text{H}_5\text{）}-CH_2CH_2NH_2 + \text{（C}_6\text{H}_5\text{）}-C(=O)-Cl \xrightarrow{\text{吡啶}} \text{（C}_6\text{H}_5\text{）}-CH_2CH_2NH-C(=O)-\text{（C}_6\text{H}_5\text{）} + HCl$$

89%~98%

$$\text{（C}_6\text{H}_5\text{）}-NHCH_3 + (CH_3CO)_2O \longrightarrow \text{（C}_6\text{H}_5\text{）}-N(CH_3)-COCH_3 + CH_3CO_2H$$

N–甲基乙酰苯胺

胺的酰化反应实际上就是羧酸衍生物的氨解反应（见第十二章）。生成的酰胺为具有一定熔点的晶形固体，利用此性质可鉴定胺类。酰胺在酸或碱催化下水解，可以除去酰基恢复氨基，因此常用酰基化反应来保护氨基以避免芳胺在进行某些反应时氨基被氧化破坏。如对氨基苯甲酸的合成：

$$\xrightarrow{CH_3COCl} \xrightarrow{[O]} \xrightarrow{H_2O/OH^-}$$

（结构式：对甲苯胺 → N-乙酰对甲苯胺 → 对乙酰氨基苯甲酸 → 对氨基苯甲酸）

许多药物分子的芳胺基上引入酰基，可以降低其毒副作用，如解热镇痛药扑热息痛（paracetamol，化学名对羟基乙酰苯胺）。

$$\xrightarrow{(1)NaOH,H_2O \atop (2)H_2O,H^+} \xrightarrow{H_2/Ni} \xrightarrow{(CH_3CO)_2O}$$

（结构式：对氯硝基苯 → 对硝基苯酚 → 对氨基苯酚 → 对羟基乙酰苯胺）

对羟基乙酰苯胺

> 13-3   临床上用于退热的药物"退热冰"的化学名称为乙酰苯胺（acetaniline）。试用苯做原料合成之，其他试剂任选。

（三）磺酰化反应

伯胺和仲胺可与苯磺酰氯（benzenesulfonyl chloride）或对甲苯磺酰氯（tosyl chloride）反应，生成相应的磺酰胺。由伯胺生成的磺酰胺氮上的氢受磺酰基影响呈弱酸性，可与碱成盐而溶于水；仲胺形成的磺酰胺氮上无氢，不与碱成盐而在水溶液中呈固体析出；叔胺不被磺酰化，故在酸水溶液中成盐溶解。常利用三类胺与苯磺酰氯反应产物在酸碱溶液中的溶解度鉴别三类胺，此反应称为兴斯堡试验（Hinsberg test）。

$$\begin{matrix} C_2H_5NH_2 \\ (C_2H_5)_2NH \\ (C_2H_5)_3N \end{matrix} \quad H_3C-\text{（C}_6\text{H}_4\text{）}-SO_2-Cl$$

→ $H_3C-\text{（C}_6\text{H}_4\text{）}-SO_2-NHC_2H_5 \downarrow$ → （NaOH）→ $H_3C-\text{（C}_6\text{H}_4\text{）}-SO_2-\bar{N}C_2H_5Na^+$ （溶解）

→ $H_3C-\text{（C}_6\text{H}_4\text{）}-SO_2-N(C_2H_5)_2 \downarrow$ → （NaOH）→ $H_3C-\text{（C}_6\text{H}_4\text{）}-SO_2-N(C_2H_5)_2$ （不溶）

→ （-）不反应

（四）与亚硝酸的反应

亚硝酸不稳定，一般与胺类化合物反应所用的亚硝酸由亚硝酸钠和盐酸或硫酸作用制得。伯、仲、叔胺与亚硝酸反应各不相同，脂肪胺和芳香胺与亚硝酸反应也不相同。

脂肪族伯胺与亚硝酸反应，生成极不稳定的脂肪族重氮盐。该重氮盐即使在低温下也会立即自动分解，放出氮气和生成正碳离子，正碳离子进一步反应，产物为醇、烯及卤代烃等混合物。由于产物复杂，该反应在合成上价值不大。因该反应能定量地放出氮气，因此通过测定中性气体的体积可以了解脂肪族伯胺基的量，该反应常用于氨基酸和多肽的定量分析。

$$R-NH_2 \xrightarrow{NaNO_2+HCl} [R-\overset{+}{N}\equiv N Cl^-] \longrightarrow R^+ + N_2\uparrow + Cl^-$$
$$\longrightarrow 醇、烯、卤代烃等混合物$$

芳香伯胺与亚硝酸在低温（一般 < 5℃）及强酸水溶液中反应生成芳香重氮盐，这个反应称为重氮化反应（diazotization）。

$$\bigcirc-NH_2 + NaNO_2 + 2HCl \xrightarrow{0\sim5℃} \bigcirc-\overset{+}{N}\equiv N Cl^- + NaCl + 2H_2O$$
氯化重氮苯（重氮苯盐酸盐）

干燥的重氮盐通常不稳定，受热或受压容易发生爆炸。因此，重氮盐的制备和使用都要在温度较低的酸性介质中进行。升高温度重氮盐会逐渐分解，放出氮气。

脂肪仲胺和芳香仲胺与亚硝酸反应，都发生氮上亚硝化，生成 N- 亚硝基化合物。N- 亚硝基胺为中性的黄色油状物或固体，绝大多数不溶于水，而溶于有机溶剂。亚硝基胺（nitrosoamine）化合物主要用于实验室、橡胶和化工生产。一系列的动物实验已证实亚硝胺化合物有强烈的致癌作用，可引起动物多种器官和组织的肿瘤，现已被列为化学致癌物。

$$(CH_3CH_2)_2N-[H + HO]-N=O \longrightarrow (CH_3CH_2)_2N-N=O + H_2O$$
N-亚硝基二乙胺

$$\bigcirc-NHCH_3 + HNO_2 \longrightarrow \bigcirc-\overset{N=O}{\underset{}{N}}-CH_3 + H_2O$$
N-甲基-N-亚硝基苯胺

某些食品防腐剂中的亚硝酸盐，以及天然存在的硝酸盐还原为亚硝酸盐后，在胃肠道会和仲胺作用生成亚硝胺。因此，亚硝酸盐、硝酸盐和能发生亚硝基化的胺类化合物进入人体内，都将是潜在的危险因素。实验表明，维生素 C 能将亚硝酸钠还原，阻断亚硝胺在体内的合成。

脂肪叔胺与亚硝酸作用生成不稳定易水解的（弱酸弱碱）盐，若以强碱处理，则重新游离析出叔胺。

$$R_3N + HNO_2 \longrightarrow R_3\overset{+}{N}H NO_2^- \xrightarrow{NaOH} R_3N + NaNO_2 + H_2O$$

芳香叔胺因为二烷基氨基的强活化作用，使芳环易于发生亲电取代，与亚硝酸作用生成对 - 亚硝基胺，如对位被占据，则亚硝基取代在邻位。

$$(CH_3)_2N-\bigcirc + NaONO + HCl \xrightarrow{8℃} (CH_3)_2N-\bigcirc-NO + H_2O + NaCl$$

N,N-二甲基-4-亚硝基苯胺（绿色晶体，mp 86℃）

在强酸性条件下实际形成的是一个具有醌式结构的橘黄色的盐，只有用碱中和后才会得到翠绿色的 C- 亚硝基化合物。

$$(CH_3)_2N-\bigcirc-N=O \underset{OH^-}{\overset{H^+}{\rightleftharpoons}} [(CH_3)_2\overset{+}{N}-\bigcirc=N-OH] Cl^-$$
翠绿色　　　　　　　　　　　　　橘黄色

综上所述，可以利用亚硝酸与脂肪族及芳香族伯、仲、叔胺的不同反应来鉴别胺类。

（五）芳香胺的亲电取代反应

氨基的供电子共轭效应使苯环上的电子云密度升高，所以芳胺的苯环上容易进行亲电取代反应。如苯胺和溴水在常温下立即定量生成 2，4，6- 三溴苯胺白色沉淀。利用此性质可鉴别和定量测定苯胺。

$$\text{—NH}_2 + 3\text{Br}_2 \xrightarrow{\text{（水溶液）}} \text{Br—}\underset{\text{Br}}{\overset{\text{Br}}{\bigcirc}}\text{—NH}_2\downarrow + 3\text{HBr}$$

毒品——冰毒摇头丸 K 粉

常见的苯丙胺类化合物有苯丙胺（amphetamine）、甲基苯丙胺（methamphetamine，MA）、亚甲基二氧苯丙胺（methylenedioxyamphetamine，MDA）和亚甲基二氧甲基苯丙胺（ethylenedioxymethamphetamine，MDMA）等，它们都属于毒品类。

苯丙胺
（1-苯基-2-丙胺）　　甲基苯丙胺 MA　　MDA　　MDMA　　氯胺酮（K粉）

苯丙胺又称安非他明，是麻黄碱的衍生物，于 1887 年由人工合成得到，属于中枢神经兴奋剂，是国家严格管制的精神类药品。甲基苯丙胺又称甲基安非他明或去氧麻黄碱，其盐酸盐为无味透明晶体，俗称"冰毒"，属于联合国规定的苯丙胺类毒品。冰毒对人体的损害甚于海洛因，吸、食或注射 0.2g 即可致死。一般吸食 1～2 周，即产生严重的依赖性而成瘾，并对心、肺、肝、肾及神经系统等产生严重毒害作用。MDA 和 MDMA 都属于致幻剂类毒品，服用后使人产生多种幻觉，表现出摇头晃脑、手舞足蹈和乱蹦乱跳等不由自主的类似疯狂行为。此类毒品极易成瘾，0.5g 可致死。被称为"摇头丸"的毒品中主要成分就是 MDMA，其次还有 MDA 和 MA。

氯胺酮（ketamine）俗称 K 粉，其盐酸盐为白色结晶性粉末。临床上用作手术麻醉剂或麻醉诱导剂，有精神依赖性，其致幻作用是导致被滥用的主要原因。滥用氯胺酮对人会产生很大的毒副作用，一般吸食 70mg 会引起中毒，200mg 会产生幻觉，500mg 将出现濒死状态。氯胺酮与海洛因、大麻、摇头丸等一起使用，可以相互作用产生"协同"效应。我国已于 2001 年将氯胺酮纳入国家第二类精神管制药品。

第二节　重氮盐和偶氮化合物

重氮（diazo）和偶氮化合物（azo-compound）都含有 —N_2— 官能团。重氮化合物中 —N_2— 的一端与烃基相连，偶氮化合物中则两端都与烃基相连。例如：

$$CH_2N_2$$
重氮甲烷

氯化重氮苯

苯重氮磺酸钠

$$CH_3N=NCH_3$$
偶氮甲烷

偶氮苯

4-甲基-4′-羟基偶氮苯

重氮和偶氮化合物在药物合成、分析及染料工业上有广泛用途。

一、芳香族重氮盐的制备及结构

通过芳香伯胺的重氮化反应制备得到芳香族重氮盐（aromatic diazo salt）。制备时，一般是先将芳香伯胺溶于过量的盐酸（或硫酸）中，冰水浴中（0~5℃）在不断搅拌中逐渐加入亚硝酸钠溶液，当溶液对淀粉碘化钾试纸呈蓝色，表明亚硝酸过量，反应完成。

$$\text{C}_6\text{H}_5\text{-NH}_2 + \text{NaNO}_2 + 2\text{H}_2\text{SO}_4 \xrightarrow{0\sim5\text{℃}} \text{C}_6\text{H}_5\text{-}\overset{+}{\text{N}}_2\text{HSO}_4^- + \text{NaHSO}_4 + 2\text{H}_2\text{O}$$

重氮盐是离子化合物，具有盐的特点，易溶于水，不溶于有机溶剂。其结构式可表示为：$[\text{ArN}\equiv\text{N}]^+\text{X}^-$ 或简写成 ArN_2^+X^-。在重氮正离子中，$\text{C}-\overset{+}{\text{N}}\equiv\text{N}$ 是直线型结构，氮原子以 sp 杂化，芳环与重氮基中的 π 键形成共轭体系，使芳香重氮盐在低温下强酸介质中能稳定存在数小时。苯重氮正离子的结构见图13-4。

重氮盐的稳定性与它的酸根及苯环上的取代基有关，硫酸重氮盐比盐酸盐稳定，氟硼酸重氮盐（$\text{ArN}_2^+\text{BF}_4^-$）稳定性更高。苯环上连有吸电子基团如卤素、硝基、磺酸基等会增加重氮盐的稳定性。一般的重氮化反应都需要在低温酸性水溶液中进行，得到的重氮盐不需从溶液中分离，而直接用于下一步反应。

图13-4　苯重氮正离子的结构

二、芳香重氮盐的性质

重氮盐很活泼，可以发生多种化学反应，合成许多有用的产品。其主要化学反应分为放氮反应和留氮反应两类。

（一）重氮基被取代的反应（放氮反应）

带正电荷的重氮基 $-\overset{+}{\text{N}}\equiv\text{N}$ 有较强的吸电子能力，使 C—N 键极性增强，容易异裂而放出氮气。在不同条件下，重氮基可以被羟基、卤素、氰基、氢原子等取代。利用这一反应，可以从芳香烃开始合成一系列芳香族化合物。

$$
\begin{array}{l}
\xrightarrow{\text{H}_2\text{O}/\text{H}^+,\triangle} \text{C}_6\text{H}_5\text{-OH} + \text{N}_2\uparrow \\[4pt]
\xrightarrow{\text{CuX}/\text{HX}} \text{C}_6\text{H}_5\text{-X} + \text{N}_2\uparrow\ (\text{X}=\text{Cl,Br}) \\[4pt]
\xrightarrow{\text{KI}/\text{H}_2\text{O}} \text{C}_6\text{H}_5\text{-I} + \text{N}_2\uparrow \\[4pt]
\text{C}_6\text{H}_5\text{-}\overset{+}{\text{N}}_2\text{HSO}_4^- \xrightarrow{\text{HBF}_4\ \triangle} \text{C}_6\text{H}_5\text{-F} + \text{N}_2\uparrow \\[4pt]
\xrightarrow{\text{CuCN}/\text{KCN}} \text{C}_6\text{H}_5\text{-CN} + \text{N}_2\uparrow \\[4pt]
\xrightarrow{\text{H}_3\text{PO}_2/\text{H}_2\text{O}} \text{C}_6\text{H}_5\text{-H} + \text{N}_2\uparrow
\end{array}
$$

利用重氮盐的水解可使重氮基变成羟基。这一反应通常是用硫酸重氮盐在40%~50%的硫酸溶液中加热进行。强酸性条件可以防止未水解的重氮盐和生成的酚发生偶联反应。若用盐酸重氮盐，则常有副产物氯苯生成。重氮盐与碘化钾水溶液共热，不需要催化剂就能生成收率良好的芳香碘代烃。

$$\text{Cl-}\text{C}_6\text{H}_4\text{-NH}_2 \xrightarrow[0\sim5\text{℃}]{\text{NaNO}_2,\text{H}_2\text{SO}_4} \text{Cl-}\text{C}_6\text{H}_4\text{-}\overset{+}{\text{N}}_2\text{HSO}_4^- \xrightarrow[\triangle]{\text{KI,H}_2\text{O}} \text{Cl-}\text{C}_6\text{H}_4\text{-I} + \text{N}_2\uparrow$$

芳香氟代烃难以通过芳环的直接氟代生成，可以通过重氮盐与氟硼酸（HBF_4）作用来制备：

$$\text{（邻溴苯重氮盐）} \xrightarrow{HBF_4} \text{（}N_2BF_4^-\text{↓）} \xrightarrow{165℃} \text{（邻溴氟苯）} + N_2\uparrow + BF_3$$

重氮盐与氰化亚铜的氰化钾水溶液作用，重氮基被氰基取代。氰基可以通过水解而成羧基，所以可利用此反应合成芳香羧酸。例如 2,4,6- 三溴苯甲酸可按如下路线合成：

$$\text{（苯胺）} \xrightarrow{Br_2} \text{（2,4,6-三溴苯胺）} \xrightarrow[0\sim5℃]{NaNO_2 \atop HCl} \text{（重氮盐）} \xrightarrow[\triangle]{KCN \atop CuCN} \text{（三溴苯甲腈）} \xrightarrow[H^+]{H_2O} \text{（2,4,6-三溴苯甲酸）}$$

通过重氮基被氢原子取代的反应，可将芳胺变成芳烃，合成某些直接通过芳环上的取代反应不能得到的化合物。例如 1,3,5- 三溴苯，无法由苯溴代得到，但由苯胺经溴代、重氮化和去氨基反应可得到。

$$\text{（苯胺）} \xrightarrow{Br_2 \atop H_2O} \text{（2,4,6-三溴苯胺）} \xrightarrow[0\sim5℃]{NaNO_2/HCl} \text{（重氮盐）} \xrightarrow{H_3PO_2} \text{（1,3,5-三溴苯）}$$

（二）偶联反应（留氮反应）

重氮盐与酚或芳胺等化合物反应，由偶氮基—N＝N—将两个芳环连接起来，生成偶氮化合物的反应称为偶联反应（coupling reaction）。

重氮离子的共振结构是下列两个共振式的杂化体：

$$Ar—\overset{+}{N}≡N: \longleftrightarrow Ar—\ddot{N}=\overset{+}{N}:$$

共振结构显示重氮基的两个 N 原子都带正电荷。因此偶联反应可以看做重氮基是以 $Ar—\ddot{N}=\overset{+}{N}:$ 参与反应，属于重氮基进攻芳环的亲电取代反应。由于重氮正离子是较弱的亲电试剂，它只能进攻酚、芳胺等活性较高的芳环，发生亲电取代反应。例如：

$$\text{（苯重氮离子）} + \text{（苯酚）} \xrightarrow[0℃]{pH\ 8\sim9} \text{（对羟基偶氮苯）}$$

对羟基偶氮苯（橘黄色）

$$\text{（苯重氮盐）} + \text{（N,N-二甲基苯胺）} \xrightarrow[H_2O,0℃,pH\ 5\sim7]{HOAc/NaOAc} \text{（4-二甲氨基偶氮苯）}$$

4-二甲氨基偶氮苯（黄色）

偶联反应通常发生在羟基或氨基的对位，当对位被其他取代基占据时，则发生在邻位，一般不发生在间位。如下列各化合物中箭头所指的位置为偶联反应发生的位置：

（G＝—OH，—NH_2，—NHR，—NR_2）

反应介质的酸碱性非常重要。一般说来，重氮盐与芳胺的偶联反应最佳 pH 为 5～7。pH ＜ 5 时芳胺形成铵盐，带正电荷的基团使芳环上电子云密度降低，不利于重氮正离子的进攻。重氮盐与酚类的偶联反应则在弱碱性溶液中进行最快，因为酚在弱碱性溶液中以负氧离子 $Ar—O^-$ 参与反应，此负氧离子比酚有利于重氮离子对芳环的进攻。若在强碱性溶液中（pH ＞ 10），重氮盐将转变成重氮酸及重氮酸盐（diazoate），就不能起偶联反应了。

$$\underset{}{\text{Ph}-\overset{+}{N}\equiv N:} + OH^- \rightleftharpoons Ph-N=N-OH \rightleftharpoons Ph-N=N-O^- + H^+$$

重氮酸(pH9~10)　　　　　重氮酸盐(pH11~13)

偶氮化合物分子中的氮原子为 sp^2 杂化，N=N 双键存在顺反异构。如偶氮苯：

121°

反-偶氮苯　mp68℃　　　　　顺-偶氮苯　mp71.4℃

偶氮基—N=N—是一种发色基团，偶氮化合物都有颜色，其中很多被用作染料，称为偶氮染料（azo dyes）。有些偶氮染料可用作酸碱指示剂或生物切片的染色剂。如酸性橙Ⅰ（acid orangeⅠ）常用于染羊毛、蚕丝织物，也可用作生物染色剂；甲基橙（methyl orange）则是常用的酸碱指示剂。

$HO-$ （naphthol）$-N=N-$ （benzene）$-SO_3Na$　　　　$(CH_3)_2N-$ （benzene）$-N=N-$ （benzene）$-SO_3Na$

酸性橙Ⅰ　　　　　　　　　　　对二甲氨基偶氮苯磺酸钠（甲基橙）

第三节　生　物　碱

一、生物碱的概念及临床应用

生物碱（alkaloid）一般是指生物体内的一类含氮有机化合物，许多生物碱具有显著生理活性。生物碱是植物有效成分中研究最多的一类。生物碱的分子结构多数属于仲胺、叔胺，少数为伯胺，常含有氮杂环，且大多具有碱性。由于生物碱主要存在于植物中，故又称植物碱。植物中的生物碱常以有机酸盐（苹果酸盐、柠檬酸盐等）形式存在。生物碱一般按它的来源命名。例如，从麻黄中提取的生物碱就叫麻黄碱（ephedrine）。

生物碱广泛应用于医药中，目前应用于临床的生物碱有 100 种以上，如颠茄中的莨菪碱，其外消旋体就是阿托品（atropine），可用作抗胆碱药，具有散瞳，解平滑肌痉挛以及有机磷中毒的解毒等功效；黄连中的小檗碱（即黄连素）是很好的消炎药品；麻黄中的麻黄碱可用于平喘等。但也有一些生物碱具有很强的毒性，即使作为中药使用，用量不当也足以致人死命。而另有一些生物碱则容易使人产生长期的依赖性，成为严重危害人身健康的毒品。常见的生物碱见表 13-2。

表 13-2　几种常见的生物碱

名称	结构式	来源	结构特征、生理作用及功效
麻黄碱 ephedrine	（苯基-CH(OH)-CH(NHCH₃)-CH₃结构）	麻黄	脂肪仲胺 扩张支气管、平喘、止咳、发汗
烟碱（尼古丁） nicotine	（吡啶环-四氢吡咯环-N-CH₃结构）	烟草	含吡啶环和四氢吡咯环 剧毒，人吸烟可发生尼古丁慢性中毒

续表

名称	结构式	来源	结构特征、生理作用及功效
茶碱 theophylline		茶叶	嘌呤衍生物 收敛、利尿。嘌呤环上 7 位 N 上的 H 换为—CH₃ 即为咖啡碱,是复方 阿司匹林的成分之一
可卡因 （cocaine）		古柯	脂氮杂环、叔胺 局部麻醉、中枢兴奋、毒品
莨菪碱 hyoscyamine		颠茄	脂氮杂环、叔胺 抗胆碱药,用于治疗平滑肌痉挛, 胃及十二指肠溃疡,亦可用作有机 磷中毒的解毒剂,眼科用于散瞳
小檗碱 （黄连素） berberine		黄连	季铵碱 抗菌、消炎。治疗肠胃炎、眼结膜 炎、化脓性中耳炎、细菌性痢疾等
奎宁 quinine		金鸡纳树	含喹啉环及脂氮杂环 抗疟疾药,并有退热作用
秋水仙碱 colchicine		秋水仙	含酰胺结构 抗肿瘤药、抗痛风药

二、生物碱的通性

大多数生物碱为无色有苦味的晶形固体,有些为挥发性液体（如烟碱等）,能随水蒸气蒸馏出来而不被破坏,多具有旋光性。绝大多数生物碱具有胺类或含氮杂环的结构,因而显碱性,分子结构类型不同,碱性强弱也不一样。

游离生物碱一般不溶于水,能溶于氯仿、乙醇、乙醚等有机溶剂,亦能与稀酸反应生成生物碱盐而溶于稀酸溶液中。生物碱盐的溶解性与生物碱恰好相反：一般易溶于水及乙醇,难溶或不溶于苯、氯仿、乙醚等低极性有机溶剂。生物碱盐遇较强的碱仍可变为不溶于水的生物碱。常利用生物碱的溶解性从植物中提取、精制生物碱。由植物中提取生物碱时,通常用稀盐酸或稀硫酸溶液,使它们转化为盐酸盐或硫酸盐而转移到提取液中,然后用 NaOH 或 Ca(OH)₂ 处理提取液,此时水溶性很小的生物碱就沉淀下来,最后用有机溶剂（如乙醚、氯仿等）把游离的生物碱萃取出来。

$$生物碱 \underset{OH^-}{\overset{H^+}{\rightleftharpoons}} 生物碱盐$$
（难溶于水）   （易溶于水）

生物碱遇一些试剂能产生不同颜色的沉淀,可利用这些试剂来检验生物碱。但由于此类反应易受杂质的干扰,一般用提纯的生物碱反应才较灵敏、准确。常用的沉淀剂有碘化汞钾

（K_2HgI_4）、碘化铋钾（$BiI_3 \cdot KI$）、碘 - 碘化钾、苦味酸、鞣酸、磷钨酸（$H_3PO_4 \cdot 12WO_3 \cdot H_2O$）、硅钨酸（$SiO_2 \cdot 12WO_3 \cdot 4H_2O$）等。

三、吗啡、可待因和海洛因的结构、功能与毒性

罂粟是一种一年生或两年生草本植物，其带籽的蒴果含有一种浆液，在空气中干燥后形成棕黑色黏性团块，这就是中药阿片（opium），旧称鸦片。阿片中含 20 种以上的生物碱，其中最重要的是吗啡（morphine）、可待因（codeine）和罂粟碱（papaverine）等，前两者在临床上应用较多。

吗啡是阿片中最重要、含量最多的有效成分。其纯品为无色六面短棱锥状结晶，味苦，难溶于水、醚、氯仿等，较易溶于热戊醇及氯仿与醇的混合溶剂。因分子结构中同时含有氮原子和酚羟基，故为两性化合物。临床一般使用吗啡的盐酸盐及其制剂。它是强烈的镇痛药物，其镇痛作用能持续 6 小时，还能镇咳，但容易成瘾，一般用于解除晚期癌症病人的痛苦或大手术病人三天内小剂量镇痛。

可待因为无色斜方锥状结晶、味苦，溶于沸水、乙醇等。它的结构中无酚羟基，故不显两性。临床一般应用其磷酸盐，主要作用于中枢性神经系统，兼有镇咳和镇痛作用，其强度较吗啡弱，比吗啡安全。长期使用易产生成瘾性。

海洛因（heroin）即二乙酰吗啡，为白色柱状结晶或结晶性粉末，难溶于水，易溶于氯仿、苯和热醇，光照或久置易变为淡棕黄色。海洛因不存在于自然界，其成瘾性为吗啡的 3～5 倍，严禁作为药用，是对人类危害最大的毒品之一。

吗啡　　　　可待因　　　　海洛因

习　题

13-4 写出分子式为 $C_4H_{11}N$ 的所有胺的结构式，按伯、仲、叔分类并命名。

13-5 写出下列化合物的名称或结构式。

（1）　　　　　（2）$[(C_2H_5)_2N(CH_3)_2]^+Br^-$　　　　（3）$(CH_3)_3C{-}C(C_2H_5)_2NH_2$

（4）　　　　　（5）

（6）反 -1,4- 环己二胺　　　（7）苯甲酰苯胺　　　　（8）对硝基苯胺盐酸盐

（9）氢氧化四甲铵　　　　（10）N,N- 二甲基 -2,4- 二乙基苯胺

13-6 写出对甲苯胺与下列试剂反应的主要产物。

（1）稀 H_2SO_4　　　　（2）$(CH_3CO)_2O$　　　　（3）$NaNO_2/HCl$（0～5℃）

（4）Br_2/H_2O　　　　（5）$C_6H_5SO_2Cl$　　　　（6）$C_6H_5N_2^+Cl^-$

13-7 写出氯化重氮对硝基苯与下列试剂反应的主要产物。

（1）KI　　　　（2）H_3PO_2　　　　（3）KCN/CuCN

（4）对甲苯酚　　　　（5）HBr/CuBr

13-8 完成下列化学反应

（1）　　　$-NHCH_3 + HNO_2 \xrightarrow{H^+}$

(2) $CH_3NH_2 +$ [酸酐结构图] $\longrightarrow$

(3) H_3C-[苯环]$-\overset{\overset{CH_3}{|}}{N}-C_2H_5 + HNO_2 \xrightarrow{H^+}$

(4) H_2N-[苯环]$-SO_3H \xrightarrow[0℃]{NaNO_2/H_2SO_4}$ (　　　) $\xrightarrow[pH=9]{\text{[HO-联苯-NH}_2\text{结构图]}}$ (　　　)

13-9 按要求完成下列各题。

(1) 碱性由强到弱排序：A. 苯胺　B. 乙酰苯胺　C. 邻苯二甲酰亚胺　D. 氢氧化四甲铵

(2) 酸性由强到弱排序：A. 氯化对硝基苯铵　B. 氯化对甲基苯铵　C. 苯胺盐酸盐

(3) 沸点由高到低排序：A. 丙胺　B. 甲乙胺　C. 甲乙醚　D. 丙醇

(4) 碱性（水溶液中）由强到弱排序：A. 秋水仙碱　B. 烟碱　C. 小檗碱　D. 麻黄碱

(5) 室温下与 HNO_2 作用放出 N_2 的化合物：

　　A. $HOCH_2CH_2NH_2$ 　　　　　　　　　B. H_2NCONH_2

　　C. $C_6H_5NH_2\cdot HCl$ 　　　　　　　　　D. $HCON(CH_3)_2$

(6) 属于季铵盐的化合物。

　　A. $(CH_3)_3N^+HCl^-$ 　　　　　　　　　B. $HOCH_2CH_2N^+(CH_3)_3Cl^-$

　　C. $(C_2H_5)_2N^+(CH_3)_2OH^-$ 　　　　　D. $C_6H_5N_2^+Cl^-$

(7) 能与重氮盐起偶联反应的化合物。

A. [对甲基乙酰苯胺结构图]　　　　　　B. [2,4,6-三甲基-N,N-二乙基苯胺结构图]

C. [间甲基苯基三甲基氯化铵结构图]　　　D. [水杨酸结构图]

(8) 从备选项中选出能鉴别苯胺、苯酚、苯甲酸和甲苯的一组试剂并说明鉴别过程。

　　A. 苯磺酰氯、氢氧化钠、亚硝酸　　　　B. 苯磺酰氯、亚硝酸、溴水

　　C. 溴水、碳酸氢钠、三氯化铁　　　　　D. 羰基试剂、银氨溶液、溴水

13-10　化合物 A 的分子式为 C_7H_9N，有碱性，A 的盐酸盐与亚硝酸作用生成 $C_7H_7N_2Cl$（B），B 加热后能放出氮气而生成对甲苯酚。在弱碱性溶液中，B 与苯酚作用生成具有颜色的化合物 $C_{13}H_{12}ON_2$（C）。写出 A、B、C 的结构式。

13-11　化合物 A（$C_5H_{11}O_2N$），具有旋光性，用稀碱水解可生成 B 和 C。B 也有旋光性，可与酸或碱成盐，与 HNO_2 反应放出氮气。C 没有旋光性，能与金属钠反应生成氢气，并能发生碘仿反应，试推测 A、B、C 的结构式及各步反应式。

（杨小钢）

第十四章　杂环化合物和维生素

氮、氧、硫原子常称为杂原子。成环的原子除了碳原子外,还含有杂原子的环状有机化合物称为杂环化合物(heterocyclic compound)。由于内酯、内酸酐、内酰胺、环醚等化合物的性质与其同类的开环化合物相似,所以通常不把它们归类于杂环化合物。本章将要讨论的杂环化合物都具备不同程度的芳香性,被称为芳香杂环化合物(aromatic heterocycle)。它们一般比较稳定,不容易开环。

杂环化合物在自然界分布很广,种类繁多。许多杂环化合物(例如动物的血红素,植物的叶绿素,核酸的碱基等)具有一定的生物活性。许多药物也是杂环化合物。近几十年来,杂环化合物的理论和应用研究有了很大的进展,其在有机化合物中占有重要的地位。

由于许多维生素尤其是水溶性维生素具有杂环结构,所以本章还将简要介绍维生素的概念、分类、结构、主要功能和食物来源。

第一节　芳香杂环化合物

一、分类和命名

杂环化合物按所含杂原子的数目可分为含一个、两个或多个杂原子的杂环,按环的形式又可分为单环和稠环两类,单环又可按环的大小分为五元杂环和六元杂环。

杂环化合物的命名比较复杂,目前主要采用音译法,即按照英文名称的音译,选用同音汉字,再加上"口"字旁表示杂环名称(表 14-1)。当杂环有取代基时,以杂环为母体,对环上的原子编号。编号从杂原子开始,依次为 1,2,3,……,或从杂原子旁的碳原子开始,依次用 α,β,γ,……编号,取代基的名称及在环上的位次写在杂环母体名称前。

表 14-1　常见杂环化合物结构和名称

种类		重要杂环
单杂环	五元杂环	呋喃 furan　噻吩 thiophene　吡咯 pyrrole　噻唑 thiazole　吡唑 pyrazole　咪唑 imidazole
	六元杂环	吡啶 pyridine　嘧啶 pyrimidine　哒嗪 pyridazine　吡嗪 pyrazine　吡喃 pyran
稠杂环		喹啉 quinoline　异喹啉 isoquinoline　吲哚 indole

续表

种类	重要杂环		
稠杂环	嘌呤 purine	蝶啶 pteridine	吖啶 acridine

2-甲基呋喃（α-甲基呋喃）
2-methylfuran

4-乙基吡啶（γ-乙基吡啶）
4-ethylpyridine

3-硝基吡咯（β-硝基吡咯）
3-nitropyrrole

当环上有两个相同的杂原子时，尽可能使杂原子编号最小，如果其中的一个杂原子上连有氢，从该杂原子开始编号。如环上不止一种杂原子，则按 O、S、N 顺序编号。

4-甲基咪唑
4-methylimidazole

5-甲基噻唑
5-methylthiazole

4-甲基嘧啶
4-methylpyrimidine

稠杂环有固定的编号顺序，通常是从杂原子开始，依次编号一周（公用碳一般不编号），并尽可能使杂原子的编号小，如吲哚、喹啉等。但有一些稠杂环，如异喹啉、嘌呤、吖啶等，有特殊的编号顺序。

二、芳香六元杂环

（一）吡啶的结构

吡啶（pyridine）的结构与苯相似，可以看做是苯分子中的一个"CH"被氮原子取代的化合物，环中的 5 个碳原子和一个氮原子均以 sp^2 杂化轨道相互重叠形成六个 σ 键，构成一个平面六元环。每个原子未杂化的 p 轨道均垂直于环平面，彼此从侧面相互重叠形成闭合的 π 电子共轭体系，每个 p 轨道上有一个 π 电子，π 电子数为 6，符合 Hückel 规则，具有芳香性。此外，氮原子上的一对孤对电子占据一个 sp^2 杂化轨道（图 14-1）。

图 14-1　吡啶结构的电子云图

由于氮的电负性较强，对环上电子云分布影响大，吡啶环上 π 电子云分布不均匀。环上各原子的相对电子云密度如下：

吡啶环上氢的化学位移值与苯的接近,位于低场(苯的 6 个氢 δ 值均为 7.27,且为单峰),由于吡啶 π 电子云不像苯那样均匀分布,因此环上氢的核磁共振信号不是单峰(化学位移为:α-H 8.50;β-H 6.98;γ-H 7.36)。

(二)吡啶的性质

1. 水溶性 吡啶是极性分子,偶极矩 $\mu = 2.26D$。吡啶氮原子上的一对孤对电子能与水形成氢键,因此吡啶能与水互溶,但吡啶环上引入羟基或氨基后,水溶性显著降低,而且引入的羟基或氨基数目越多,水溶性越低,这主要是由于这些吡啶衍生物分子间以氢键缔合,阻碍了其与水分子的缔合,吡啶及其衍生物的水溶度如下:

水溶度　　　　∞　　　　　1∶1　　　　　1∶1　　　　　微溶

2. 碱性 由于吡啶氮的孤对电子不在 p 轨道上,没有被共轭作用所束缚,故可结合质子,具有弱碱性($pK_b=8.8$),其碱性较苯胺($pK_b=9.3$)强,但比氨和脂肪胺弱。吡啶能与无机酸生成盐。

> **14-1** 为什么吡啶的碱性比苯胺强、比脂肪胺弱?

3. 亲电取代与亲核取代反应 由于氮原子比碳原子的电负性高,吡啶环上的氮原子可通过诱导和共轭吸电子效应使得环上碳原子的电子云密度较苯低,尤其氮原子与质子或 Lewis 酸作用后,氮原子带正电荷,环上碳原子的电子云密度更低。吡啶的亲电取代反应要比苯难得多,与硝基苯相似,亲电取代反应主要发生在 β 位,而且产物的收率较低。例如:

β-硝基吡啶　　4.5%

β-溴吡啶　　39%

另一方面,由于吡啶环的电子云密度比苯环低,是一个缺 π 电子体系,所以较易发生亲核取代反应,主要生成 α- 位取代产物。

当吡啶环的 α-、r- 位上有易离去基团(如 Cl,Br)时,该取代吡啶可与较弱的亲核试剂(如 NH_3,H_2O 等)发生亲核取代反应。

4. 吡啶衍生物的氧化还原反应　吡啶环对氧化剂稳定。当吡啶环上连有烷基侧链时，侧链可被氧化成羧酸。另一方面，吡啶较苯易被还原，用金属钠和乙醇或催化氢化，可使吡啶还原成六氢吡啶。六氢吡啶又称哌啶（pK_b=2.8），是脂肪族仲胺，碱性较吡啶强 10^6 倍，能与水互溶。

β-吡啶甲酸（烟酸）

六氢吡啶

（三）嘧啶及其衍生物

嘧啶是含有两个氮原子的六元杂环，与吡啶相比嘧啶环上电子云密度更低，亲电取代反应更困难。嘧啶是无色固体，熔点 22℃，易溶于水，具有弱碱性（pK_b=11.30）。

嘧啶

嘧啶的衍生物在自然界分布很广，维生素、生物碱、核酸及许多药物含有嘧啶结构。氨基、羟基取代的嘧啶广泛存在于生物体中，如核酸中有胞嘧啶（cytosine）、尿嘧啶（uracil）和胸腺嘧啶（thymine），它们具有重要的生物活性。

胞嘧啶　　　　尿嘧啶　　　　胸腺嘧啶

这些嘧啶衍生物存在酮式和烯醇式互变异构现象，例如尿嘧啶的互变异构体如下：

酮式　　　　烯醇式

目前临床上使用的许多药物含有嘧啶结构，如以下磺胺增效剂、抗肿瘤药。

甲氧苄啶（TMP）　　　　　5-氟尿嘧啶（5-Fu）
（磺胺增效剂）　　　　　　（抗肿瘤药）

（四）吡喃鎓盐

吡喃有 α- 吡喃（2H- 吡喃）和 γ- 吡喃（4H- 吡喃）两种异构体，吡喃的性质类似于烯醚。吡喃鎓可以看做是氧原子置换苯分子中的一个 CH 以后得到的正氧离子。它在强酸性溶液中是稳定的，具有芳香性，存在于花色素、黄酮等天然化合物中。

| α-吡喃 | γ-吡喃 | 吡喃鎓离子 | 苯并吡喃鎓离子 |

三、芳香五元杂环

（一）吡咯、呋喃和噻吩的结构

近代物理分析证明，吡咯（pyrrole）、呋喃和噻吩都是平面的五元环结构，即成环的四个碳原子和一个杂原子都是 sp^2 杂化，每个碳原子的 p 轨道有一个电子，杂原子 p 轨道有两个电子，p 轨道垂直于 sp^2 杂化轨道所在的平面，且互相侧面重叠，形成闭合的 π 电子共轭体系（图 14-2）。吡咯、呋喃和噻吩的 π 电子数均为 6，符合 Hückel 4n+2 规则，具有芳香性。

| 吡咯 | 呋喃 | 噻吩 |

图 14-2　吡咯、呋喃和噻吩的结构

吡咯、呋喃和噻吩是具有六 π 电子的五元芳杂环，也就是说 N、O、S 原子各向五元的闭合 π 电子共轭体系提供了 2 个电子。因此使其环上的电子云密度比苯环上的大，因此它们都比苯活泼，容易进行亲电取代反应。另一方面，它们的芳香性都比苯差。

吡咯、呋喃和噻吩环上氢的核磁共振信号都出现在低场（表 14-2），这也是它们具有芳香性的一个标志。

表 14-2　^{1}H-NMR 化学位移 δ（ppm）

氢的类型	吡咯	呋喃	噻吩
α-H	6.62	7.40	7.19
β-H	6.15	6.30	7.04
N-H	7.25	—	—

这些化合物键长（见下图）的平均化程度远不如苯（苯环上的碳碳键均为 139pm），它们的化学性质，既有与苯相似之处，又有一些差别。

（二）吡咯、呋喃和噻吩的性质

1. 吡咯的酸碱性　吡咯氮上的孤对电子参与了环的共轭体系，使氮的电子云密度降低，故吡咯的碱性极弱（pK_b=13.6），不能与酸形成稳定的盐。相反由于这种共轭作用，吡咯的 N—H 键极性增加，氢表现出很弱的酸性（pK_a=17.5）。吡咯与固体氢氧化钾共热生成其钾盐。

2. 亲电取代反应　亲电取代反应是吡咯、呋喃和噻吩的典型反应。由于它们环上的电子云密度比苯大，因此比苯容易发生亲电取代反应。亲电取代反应主要发生在 α 位。

$$\text{吡咯} + Ac_2O \xrightarrow{\triangle} \text{2-乙酰吡咯}$$
乙酸酐

14-2   为什么吡咯的亲电取代反应主要发生在 α 位？

吡咯和呋喃遇强酸，杂原子质子化，其大 π 键被破坏。所以吡咯和呋喃的硝化和磺化反应不能在强酸条件下进行，需选用较温和的非质子试剂。例如，吡咯硝化可用乙酰硝基酯（由乙酸酐加硝酸临时制得）。

$$\text{吡咯} + CH_3-C(=O)-ONO_2 \xrightarrow[5℃]{Ac_2O} \text{α-硝基吡咯} + \text{β-硝基吡咯}$$

α-硝基吡咯(83%)   β-硝基吡咯(17%)

（三）吡咯衍生物

吡咯衍生物在自然界分布很广，植物的叶绿素和动物的血红素都是吡咯衍生物。此外胆红素、维生素 B_{12} 等天然物质中都含有吡咯环，它们都具有重要的生物活性。

血红素的骨架卟吩（porphin）是由 4 个吡咯环通过 4 个次甲基在吡咯的 α- 位相连而成的大环，成环的原子都在一个平面上，是一个交替相连而形成的共轭体系。血红素是卟吩以共价键及配位键与亚铁离子所形成的配合物，同时在吡咯环的 β 位还有不同的取代基，血红素与蛋白结合形成血红蛋白，存在人和动物的血红细胞中，它的功能是运输氧气。1929 年 Hans Fischer 完成了血红素的全合成。

卟吩   血红素

（四）咪唑的结构与功能

咪唑（imidazole）可以看做是吡咯 3 位的 CH 被氮原子取代而生成的杂环化合物。咪唑 1 位和 3 位的氮都是 sp^2 杂化，但咪唑 1 位氮原子以一对 p 电子参与共轭（与吡咯相似），而咪唑 3 位氮以一个 p 电子参与共轭（与吡啶相似）。咪唑 π 电子数为 6，符合 Hückel 规则，有芳香性。

咪唑的碱性（$pK_b = 6.8$）比吡咯（$pK_b=13.6$）强，这是由于咪唑 3 位氮原子的孤对电子没有参加共轭体系，因而较易与质子结合。其水溶度较吡咯大。

咪唑 1 位氮原子上的氢可以转移到另一个氮原子上，因而存在着互变异构，当环上有取代基时，咪唑的互变异构体很容易辨别，例如甲基咪唑可发生下列互变异构。

咪唑   5-甲基咪唑   4-甲基咪唑

咪唑环既是质子供体，也是质子接受体，在生物体内起着催化质子转移的重要作用。在组氨酸分子中含有一个咪唑基，它的 pK_a 值接近生理 pH（7.35）。它既是一个弱酸，又是一个弱碱，在给出质子时又能接受一个质子，起到质子传递的作用，由于咪唑环的这种特殊性质，在组氨酸中的咪唑环是构成酶活性中心的重要基团，使酶能催化生物体内的酯和酰胺的水解。

接受质子

给出质子

组氨酸

（五）噻唑

噻唑可以看做是噻吩 3 位的 CH 被氮原子取代而生成的杂环化合物。噻唑氮原子具有亲核性，可以发生烷基化生成噻唑鎓盐。在硫胺素（VB$_1$）焦磷酸酯辅酶分子中有噻唑鎓盐的结构。

噻唑

噻唑鎓盐

四、稠杂环化合物

杂环与杂环稠合或苯环与杂环稠合而成的化合物总称为稠杂环化合物。常见的稠杂环化合物有嘌呤、吲哚、喹啉等。本节讨论嘌呤及其衍生物的主要性质。

嘌呤（purine）是由嘧啶环和咪唑环稠合而成，它的多种衍生物在生物的生命过程中起着重要的作用。嘌呤为白色固体，熔点 216～217℃，溶于水，水溶液呈中性。嘌呤可分别与酸或碱生成盐。嘌呤存在两个互变异构体，在生物体内平衡偏向于 9H 形式。

9H-嘌呤(9*H*-purine)　　　7H-嘌呤

嘌呤衍生物广泛分布在动植物中，如腺嘌呤（adenine）、鸟嘌呤（guanine）均为核酸的碱基。

腺嘌呤　　　鸟嘌呤

次黄嘌呤、黄嘌呤和尿酸是腺嘌呤与鸟嘌呤在体内的代谢产物，存在于动物肝脏、血和尿中。尿酸具有酮式和烯醇式两种互变异构体，在生理 pH 范围内以酮式结构为主。

次黄嘌呤　　　黄嘌呤

尿酸（酮式）　　　尿酸（烯醇式）

尿酸是白色结晶，难溶于水，酸性很弱，可与强碱成盐。尿酸在体内以盐的形式存在时溶解度较大，由尿排出，健康人每天的排泄量为 0.5～1g，但在嘌呤代谢发生障碍时，血和尿中尿酸量增加，严重时形成尿结石。血中尿酸含量过多时，可沉积在关节处，严重者导致痛风病。

磺胺类药物

磺胺（sulfanilamide，SN）是 1935 年问世的第一个治疗全身性细菌感染的特效药，它开创了化学治疗的新纪元。磺胺类药物（sulfa drug）的基本结构是对氨基苯磺酰胺，简称磺胺。结构如下：

$$H_2N-\overset{4}{}\!\!\!\!\!\!\underset{}{\bigcirc}-\overset{1}{SO_2NH_2}$$

在磺胺分子中，有磺酰胺基（—SO_2NH_2）和 4- 位的氨基两个重要基团，这两个基团必须处在苯环的对位才具有抑菌作用。研究发现，当 N_1 上的氢原子被一些杂环基团取代后，将会使磺胺的抑菌作用不同程度地增强，而当 N4 上的氢原子被其他基团取代后，则会降低甚至丧失其抑菌作用。因此大多数磺胺类药物是不同杂环取代磺胺的 N1 位上的一个 H 原子。例如：

$$H_2N-\bigcirc-SO_2NH-\text{（嘧啶）}$$
磺胺嘧啶

$$H_2N-\bigcirc-SO_2NH-\text{（异噁唑）}-CH_3$$
磺胺甲基异噁唑

磺胺类药物具有广谱抑菌作用，是因为磺胺类药物与细菌生长所必需的对氨基苯甲酸（p-aminobenzoic acid，PABA）的结构（分子大小和电荷分布）极为相似，因此能产生竞争性拮抗作用，干扰细菌的酶系统对 PABA 的利用。

670pm   230pm
对氨基苯甲酸

690pm   240pm
磺胺

第二节　维　生　素

一、维生素的概念和分类

维生素（vitamin）又名维他命，是维持人体正常代谢功能不可缺少的微量有机化合物。维生素不是构成机体组织和细胞的成分，也不会产生能量，它的作用主要是调节物质代谢、促进生长发育和维持生理功能；大多数的维生素机体不能合成或合成量不足，必须从食物中获得；维生素通常以维生素原（维生素前体）的形式存在于食物中；人体对维生素的需要量很小，日需要量常以毫克（mg）或微克（μg）计，但如果机体长期缺乏某种维生素就会导致相应的维生素缺乏症。

维生素按照在油脂中和水中的溶解性不同可以大致分为两类：脂溶性维生素和水溶性维生素，然后将功能相近的归为一族，如 A 族、B 族、C 族等。在一族里含有多种维生素时，再按其结构标上 1、2、3 等数字。脂溶性维生素包括维生素 A、维生素 D、维生素 E 和维生素 K。水溶性维生素包括维生素 B_1、维生素 B_2、烟酸和烟酰胺、维生素 B_6、泛酸、生物素、叶酸、维生素 B_{12}、维生素 C、维生素 P 等。

二、脂溶性维生素

维生素 D 在甾族化合物一节介绍。这里只介绍维生素 A、维生素 E 和维生素 K。脂溶性维生素在体内的排泄较慢，摄入量过多会在体内蓄积而导致中毒。

（一）维生素 A

维生素 A 分子中的双键为全反式构型。有维生素 A_1（视黄醇，retinol）和维生素 A_2（脱氢视黄醇）。从化学结构上比较，维生素 A_2 在环上比 A_1 多一个双键，其生理活性仅为维生素 A_1 的 40%。一般维生素 A 是指维生素 A_1。

维生素A₁　　　　　　　　　维生素A₂

维生素 A 对人体有非常重要的生理作用，主要表现在：参与视色素的合成；维持黏膜及上皮组织细胞的正常功能；是重要的自由基清除剂；促进人体的生长、发育，提高机体免疫力。机体如果长期缺乏维生素 A，可引起夜盲、眼干燥症及角膜软化症。但若过量摄入维生素 A 会出现恶心、头痛、皮疹等中毒症状。

维生素 A 存在于动物性食品如肝、蛋、奶中，尤以海洋鱼类的鱼肝油中含有最为丰富。存在于植物性食品如胡萝卜、红辣椒、菠菜等有色蔬菜和动物性食品中的各种类胡萝卜素，在体内可部分地转化为维生素 A，其中最重要的为 β- 胡萝卜素（β-carotene）。

（二）维生素 E

维生素 E 是与生殖功能有关的一类维生素，又称生育酚（tocopherol）。天然存在的维生素 E 为几种生育酚的混合物，主要以 α- 生育酚为主，且其生理活性也最高。α- 生育酚结构式如下：

α-生育酚

维生素 E 遇光色泽变深，对氧敏感，易被氧化，故在体内可保护其他可被氧化的物质（如不饱和脂肪酸，维生素 A），是一种有效的天然抗氧化剂。维生素 E 对人体的生理功效主要表现在：参与多种酶活动，维持和促进生殖功能，提高机体免疫功能；具有抗氧化、抗衰老作用；降低血清胆固醇水平，防止动脉粥样硬化。因为不少食物中含维生素 E，故几乎没有发现维生素 E 缺乏引起的疾病。

维生素 E 主要存在于植物油、麦胚、硬果、种子类、豆类及其他谷类中。肉、鱼类等动物食品、水果和蔬菜中含量少。

（三）维生素 K

维生素 K 是 2- 甲基 -1，4- 萘醌的衍生物，包括维生素 K_1、维生素 K_2、维生素 K_3 和维生素 K_4，这些衍生物的区别在于 3 位上取代基的不同。维生素 K 具有凝血功能，又称为凝血维生素。

维生素K₁　　　　　　　　　维生素K₂

维生素 K 的生理功能主要是加速血液凝固，促进肝脏合成凝血酶原所必需的因子。维生素 K 缺乏会引起凝血功能障碍，出现全身多部位出血，甚至颅内出血、死亡。新生儿的维生素 K 往往呈现不足。婴儿维生素 K 缺乏是儿童死于颅内出血主要原因之一。健康成人一般不会出现原发性维生素 K 缺乏。

维生素 K 主要存在于菠菜、卷心菜等深绿色蔬菜中，动物的肉、蛋、奶以及富含乳酸菌的食品中含量也较丰富。

三、水溶性维生素

水溶性维生素包括 B 族维生素和维生素 C、维生素 P 等。B 族维生素包括维生素 B_1、维生素 B_2、烟酸和烟酰胺、泛酸、维生素 B_6、生物素、叶酸和维生素 B_{12} 等。

（一）维生素 B_1

维生素 B_1 又称硫胺素（thiamine）。从结构上看，它含有一个嘧啶环，并通过一个亚甲基和一个噻唑环相连。它在体内的辅酶形式为硫胺素焦磷酸（thiamine pyrophosphate，TPP）。

盐酸硫胺素

维生素 B_1 的生理功能体现在：参与糖的代谢，促进能量代谢，维持神经与消化系统的正常功能。维生素 B_1 长期摄入不足会出现周围神经炎、水肿、心肌变性等。还会引起情绪急躁、精神惶恐、健忘等。

含维生素 B_1 丰富的食物有谷类、豆类、酵母、干果、动物内脏、蛋类、瘦肉、乳类、蔬菜和水果等。

（二）维生素 B_2

维生素 B_2 又称核黄素（riboflavin），为含有核糖醇侧链的异咯嗪（或苯并蝶啶）衍生物。

维生素B_2

维生素 B_2 在生物体内氧化还原过程中起传递氢的作用，能广泛参与体内各种氧化还原反应。因此维生素 B_2 能促进糖、脂肪和蛋白质的代谢，对维持皮肤、黏膜、视觉的正常功能均有一定的作用。维生素 B_2 缺乏时，主要表现为口角炎、舌炎、口腔炎、眼结膜炎、脂溢性皮炎和视觉模糊等症状。

核黄素含量较高的食物有奶类及其制品、动物肝肾、蛋黄、鱼、胡萝卜、香菇、紫菜、芹菜、柑、橘等。

（三）烟酸和烟酰胺

烟酸和烟酰胺又称为维生素 PP（即预防癞皮病因子），抗糙皮病维生素。

烟酸　　　　　　　烟酰胺

烟酰胺是构成辅酶Ⅰ（NAD）和辅酶Ⅱ（NADP）的成分，它们都是脱氢酶的辅酶。在体内参与葡萄糖的降解、脂类代谢、丙酮酸代谢、戊糖合成以及高能磷酸键的形成等。烟酸缺乏会患癞皮病，表现为皮炎、腹泻和痴呆。但大剂量的烟酸对人体有一定的伤害,可引起糖尿病、肝损害以及消化性溃疡等。

富含烟酸的食物有动物肝脏与肾脏、瘦肉、鱼、卵、麦制品、花生、梨、枣、无花果等。

(四)泛酸

泛酸(pantothenic acid)由 β- 丙氨酸与 2,4- 二羟基 -3,3- 二甲基丁酸结合而成。

$$\underset{\text{泛酸}}{\text{HO–CH}_2–\overset{\text{CH}_3}{\underset{\text{CH}_3}{\overset{|}{\text{C}}}}–\overset{\text{OH}}{\overset{|}{\text{CH}}}–\overset{\text{O}}{\overset{||}{\text{C}}}–\text{NH–CH}_2\text{CH}_2–\text{COOH}}$$

泛酸是辅酶 A 的组成部分。人体中各种氨基酸、脂肪、糖等代谢转化中产生的乙酸都是通过乙酰辅酶 A 进入代谢过程,并得以氧化分解。泛酸轻度缺乏可致疲乏、食欲差、消化不良、易感染等症状,重度缺乏则会引起肌肉协调性差、肌肉痉挛、胃肠痉挛、脚部灼痛感。

泛酸广泛分布于肉类、动物肾脏与心脏、谷类、麦芽与麸子、绿叶蔬菜、啤酒酵母、坚果、糖蜜等食物中。

(五)维生素 B_6

维生素 B_6 又称抗皮炎维生素是吡啶的衍生物,包括吡哆醇、吡哆醛和吡哆胺。

吡哆醇　　　　　吡哆醛　　　　　吡哆胺

维生素 B_6 与氨基酸代谢密切相关,作为辅酶参与氨基酸的转氨基、脱羧和消旋等反应。缺乏维生素 B_6 可表现为呕吐、中枢神经兴奋等症状。

维生素 B_6 广泛分布在牛乳、肉、肝、蛋黄、谷物和蔬菜等许多食物中。人体肠道菌群可大量合成维生素 B_6。

(六)生物素

生物素(biotin)分子中包括氢化噻吩并咪唑啉酮和戊酸。

生物素

生物素是许多羧化酶的辅基,是脂肪和蛋白质正常代谢不可缺少的物质。动物缺乏生物素时,发育缓慢、皮肤损伤、体内蛋白质和脂肪代谢紊乱。

生物素广泛分布在牛奶、水果、啤酒酵母、牛肝、蛋黄、动物肾脏、糙米等食物中。人体肠道细菌能合成生物素供人体需要。

(七)叶酸

叶酸(folic acid)因在植物绿叶中含量丰富而得名。它是由 6- 甲基 -2- 氨基 -4- 羟基蝶啶、对氨基苯甲酸和谷氨酸三部分构成。

对氨基苯甲酸结构部分

叶酸

叶酸是蛋白质和核酸合成的必需因子,在细胞分裂和增殖中起重要作用。叶酸参与血红蛋白结构中卟啉基的形成、红细胞和白细胞的快速增生、体内多种氨基酸的转化、大脑中长链脂肪酸(如DHA)的代谢、肌酸和肾上腺素的合成、胆碱的合成等。一般食物中虽然叶酸含量很丰富,但烹饪过程,特别是将食物置于水中烹煮过久,能将大部分叶酸破坏,因此叶酸是最容易缺乏的维生素之一。婴儿、孕妇缺乏叶酸会引起贫血。孕妇在怀孕早期如缺乏叶酸,婴儿畸形的可能性较大。膳食中缺乏叶酸易引起动脉硬化、诱发结肠癌和乳腺癌等。

叶酸在许多食物中都存在,绿色蔬菜中尤为丰富,动物的肝、肾含量也很多。在谷物、肉类、蛋类中含量少些。人类肠道微生物可合成部分叶酸。

(八)维生素 B_{12}

维生素 B_{12} 结构复杂,含有类似于卟吩的环系,但其中两个吡咯环之间少了一个次甲基。由于分子中含有钴元素,因此维生素 B_{12} 又称为钴胺素。它是唯一含有金属元素的维生素。

维生素B_{12}

维生素 B_{12} 可促进红细胞的发育和成熟,使机体造血功能处于正常状态,预防恶性贫血;促进糖、脂肪和蛋白质代谢及促进蛋白质、核酸的生物合成。维生素 B_{12} 严重缺乏会导致恶性贫血及精神抑郁、记忆力下降等神经系统疾病。

人类维生素 B_{12} 的来源主要是动物性食品(如内脏、肉类、贝壳类、蛋类、牛奶及奶制品)。维生素 B_{12} 也可由多种微生物合成,但在植物中含量极少。

(九)维生素 C

维生素 C 又名抗坏血酸(ascorbic acid),是含有烯二醇结构的糖酸内酯。天然的有生理活性的维生素 C 是 *L*- 构型,*D*- 异构体的活性仅为 L- 异构体的10%。

L-抗坏血酸   L-去氢抗坏血酸

维生素 C 中两个烯醇式羟基极易被氧化，产物是去氢抗坏血酸。维生素 C 和维生素 E 一样是很好的天然抗氧化剂。维生素 C 可阻止生物体内由自由基引起的氧化反应。维生素 C 可防治坏血病，保护牙齿、骨骼，增加血管壁弹性。维生素 C 是最容易缺乏的维生素之一。缺乏维生素 C 有可能导致患坏血病，表现为疲劳、倦怠、容易感冒。典型症状是牙龈出血、牙床溃烂、牙齿松动，毛细血管脆性增加。

维生素 C 主要存在于新鲜水果和蔬菜中。

（十）维生素 P

维生素 P，也叫芦丁（rutin），又称通透性维生素。最初由柠檬中分离出来，由芸香糖和黄酮两部分构成。

芦丁

维生素 P 的主要功能是保持血管壁的强度；调整毛细血管的吸收能力；增强人体细胞的黏附力；增强维生素 C 的活性。

富含维生素 P 的食物有柑橘类（柠檬、橙、葡萄柚）、杏、荞麦粉、黑莓、樱桃等。

习　题

14-3　命名下列化合物。

（1）　　　　　（2）　　　　　（3）

（4）　　　　　（5）　　　　　（6）

（7）　　　　　（8）

14-4　什么是维生素？维生素是如何分类的？

14-5　将下列化合物按碱性由强到弱排列顺序。

（1）　　　　　（2）　　　　　（3）　　　　　（4）

14-6　比较下列各化合物中不同氮原子的碱性强弱。

（1）　　　　　（2）

（3）

14-7　下列各杂环化合物哪些具有芳香性？在具有芳香性的杂环化合物中，指出参与共轭体系的孤对电子。

（1）

（2）

（3）

（4）

（5）

14-8　试比较吡咯、吡啶、苯的亲电取代反应活性大小。

14-9　写出下列反应式。

（1）　＋ KOH　$\xrightarrow{\triangle}$

（2）　＋ HCl　$\longrightarrow$

（3）　＋ KMnO₄　$\xrightarrow{\triangle}$

（4）　$\xrightarrow[\text{CH}_3\text{OH},\triangle]{\text{CH}_3\text{ONa}}$

（罗美明）

第三篇
重要的生物有机化合物

第十五章 脂 类

脂类广泛地存在于生物体内,是一类在化学组成、分子结构和生理功能上有较大差异,但都具有脂溶性的有机化合物,其种类繁多,主要有油脂、磷脂、甾族化合物和萜类化合物等。脂类化合物可以用乙醚、氯仿和苯等弱极性或非极性有机溶剂从动植物组织中提取。

脂类具有重要的生理功能。动物体内油脂的氧化是机体新陈代谢重要的能量来源;油脂还能溶解许多脂溶性生物活性物质,能够促进机体对脂溶性维生素 A、D、E、K 和胡萝卜素等的吸收;皮下脂肪可以保持体温,脏器周围的脂肪对内脏具有保护作用。有些脂类如磷脂、胆固醇是构成生物膜的重要物质,与细胞的正常生理及代谢活动有密切的关系;有些脂类是生物体内的激素,具有调节代谢、控制生长发育的功能。此外,脂类作为细胞表面物质,还与细胞识别、种属特异性和组织免疫等都有密切关系。

本章重点讨论油脂、磷脂、甾族化合物以及萜类化合物的组成、结构和性质。

第一节 油 脂

一、组成和结构通式

油脂(lipid)是油(oil)和脂肪(fat)的总称。常温下呈固态或半固态的油脂称为脂肪,呈液态的称为油。油脂是由一分子甘油与三分子高级脂肪酸所形成的酯,称为三酰甘油(triacylglycerol)或甘油三酯(triglyceride)。天然油脂分子中的三个高级脂肪酰基不同,其分子具有手性,为 L- 构型,结构通式如下:

$$R^2-\overset{\overset{\displaystyle O}{\|}}{C}-O\overset{\overset{\displaystyle CH_2-O-\overset{\overset{\displaystyle O}{\|}}{C}-R^1}{|}}{\underset{\displaystyle CH_2-O-\overset{\overset{\displaystyle O}{\|}}{C}-R^3}{\overset{\displaystyle |}{C}}}H$$

三酰甘油(甘油三酯)

天然油脂是各种三酰甘油的混合物。在天然油脂中已发现的脂肪酸(fatty acid)有几十种,一般为含 12 至 20 之间的偶数碳原子的直链饱和脂肪酸和不饱和脂肪酸。饱和脂肪酸以软脂酸和硬脂酸在动物脂肪中含量较多。不饱和脂肪酸主要有油酸、亚油酸、亚麻酸和花生四烯酸。二十碳五烯酸(EPA)和二十二碳六烯酸(DHA)主要来自鱼油和海食品。

EPA ⌇⌇⌇⌇⌇⌇COOH

DHA ⌇⌇⌇⌇⌇⌇⌇COOH

绝大多数天然存在的不饱和脂肪酸中的双键是顺式构型,高等植物的油脂中不饱和脂肪酸含量高于饱和脂肪酸。油脂中常见的脂肪酸见表 15-1。

人体可以合成大多数脂肪酸,但少数不饱和脂肪酸如亚油酸和亚麻酸不能在人体内合成,花生四烯酸虽能体内合成,但数量不能完全满足生命活动的需求,这些人体不能合成或合成量不足,必须从食物中摄取的不饱和脂肪酸,称为必需脂肪酸(essential fatty acid)。

表 15-1　油脂中常见的脂肪酸

习惯名称	系统名称	结构式
月桂酸 lauric acid	十二碳酸 dodecanoic acid	$CH_3(CH_2)_{10}COOH$
软脂酸 palmitic acid	十六碳酸 hexadecanoic acid	$CH_3(CH_2)_{14}COOH$
硬脂酸 stearic acid	十八碳酸 octadecanoic acid	$CH_3(CH_2)_{16}COOH$
油酸 oleic acid	顺-9-十八碳烯酸 cis-9-octadecenoic acid	$CH_3(CH_2)_7CH=CH(CH_2)_7COOH$
亚油酸 linoleic acid	顺,顺-9,12-十八碳二烯酸 cis,cis-9,12-octadecdienoic acid	$CH_3(CH_2)_4(CH=CHCH_2)_2(CH_2)_6COOH$
α-亚麻酸 α-linolenic acid	顺,顺,顺-9,12,15-十八碳三烯酸 cis,cis,cis-9,12,15-octadectrienoic acid	$CH_3CH_2(CH=CHCH_2)_3(CH_2)_6COOH$
γ-亚麻酸 γ-linolenic acid	顺,顺,顺-6,9,12-十八碳三烯酸 cis,cis,cis-6,9,12-octadectrienoic acid	$CH_3(CH_2)_4(CH=CHCH_2)_3(CH_2)_3COOH$
花生四烯酸 arachidonic acid	顺,顺,顺,顺-5,8,11,14-二十碳四烯酸 cis,cis,cis,cis-5,8,11,14-eicosabutenoic acid	$CH_3(CH_2)_4(CH=CHCH_2)_4(CH_2)_2COOH$
EPA	顺,顺,顺,顺,顺-5,8,11,14,17-二十碳五烯酸 cis,cis,cis,cis,cis-5,8,11,14, 17-eicosapentaenoic acid	$CH_3CH_2(CH=CHCH_2)_5(CH_2)_2COOH$
DHA	顺,顺,顺,顺,顺,顺-4,7,10,13,16,19- 二十二碳六烯酸 cis,cis,cis,cis,cis,cis-4,7,10,13,16, 19-docosahexenoic acid	$CH_3CH_2(CH=CHCH_2)_6CH_2COOH$

脂肪酸的名称常用俗名，如软脂酸、油酸、花生四烯酸等。脂肪酸的系统命名法与一元羧酸的系统命名法基本相同。脂肪酸的碳原子有△编码体系、ω编码体系和希腊字母编号体系，其各自编号顺序如下：

```
                CH₃CH₂CH₂CH₂CH₂CH=CHCH₂CH=CHCH₂CH₂CH₂CH₂CH₂CH₂COOH
△编码体系    18  17  16  15  14  13    12 11  10   9   8   7   6   5   4   3   2   1
ω编码体系     1   2   3   4   5   6     7   8   9   10  11  12  13  14  15  16  17  18
希腊字母编号   ω ·····················································    δ   γ   β   α
```

脂肪酸碳原子的三种编码体系

脂肪酸的△编码体系和ω编码体系有特定的命名书写原则和简写符号。例如，亚油酸的△编码体系的系统名称为△^{9,12}-十八碳二烯酸，简写符号 18:2△^{9,12}，表示亚油酸有 18 个碳原子，有两个双键，双键位于从羧基碳原子开始计数的第 9 位和第 12 位；ω编码体系的系统名为 ω^{6,9}-十八碳二烯酸，简写符号 18:2ω^{6,9}，表示有 18 个碳原子，有两个双键，双键位于甲基端数起第 6 位和第 9 位。硬脂酸分子中无双键，简写符号为 18:0。人体内的不饱和脂肪酸按ω编码体系分为ω-3 族（如 α-亚麻酸）、ω-6 族（如亚油酸）和ω-9 族（如油酸）。其中 3,6,9 表示在ω编码体系中，第一个双键的位置。

在体内，族内的不饱和脂肪酸可以相互转化，而不同族的脂肪酸不能相互转化。不同动植物体内各族多烯脂肪酸的分布不同，植物油中的多烯脂肪酸主要为ω-6 族，海生动物及鱼油的油脂中多烯脂肪酸主要为ω-3 族。ω-3 族多烯脂肪酸对于心血管疾病的防治有重要作用。居住在北极圈内因纽特人的膳食以鱼、肉为主，脂肪和胆固醇摄入量都很高，但冠心病、糖尿病的发生率和死亡率都远低于其他地区的人群。经研究发现，其大量摄入的鱼油中富含 EPA 和 DHA，有增加高密度脂蛋白的作用，而高密度脂蛋白被称为血管"清道夫"，可清除沉积在血管壁上的胆固醇。此外，EPA 和 DHA 还有抑制血小板聚集、降低血黏度和扩张血管等作用。

二、物理性质

纯净的油脂是无色、无臭、无味的中性化合物。大多数天然油脂含有少量色素、游离脂肪酸、磷脂和维生素等物质。油脂的密度均小于 $1g\cdot cm^{-3}$，不溶于水，微溶于低级醇，易溶于乙醚、氯仿、苯和石油醚等有机溶剂。

天然油脂是多种成分的混合物，无恒定的熔点和沸点。油脂熔点的高低取决于构成油脂的不饱和脂肪酸的比例，含不饱和脂肪酸比例较高的油脂流动性高，熔点低，常温下呈液态。这是因为油脂中的不饱和脂肪酸的碳碳双键大多数是顺式构型，这种构型导致油脂分子中的脂酰基的碳链弯曲，分子之间不能紧密接触而使作用力减小，熔点降低。花生油、玉米油、豆油、菜子油等植物油含有较高比例的不饱和脂肪酸，故常温下呈液态；而动物脂肪如牛油、羊油、猪油等含饱和脂肪酸较多，故常温下呈固态或半固态。但深海鱼油富含多不饱和脂肪酸，因而在室温下也呈液态。

三、化学性质

（一）水解与皂化

在酸或酶的作用下，一分子三酰甘油可水解生成一分子甘油和三分子脂肪酸。油脂能在氢氧化钠或氢氧化钾碱性溶液中水解，得到甘油和高级脂肪酸钠盐或钾盐即肥皂，故油脂在碱性溶液中的水解又称皂化反应（saponification）。

$$
\begin{array}{c}
\text{油脂} + 3NaOH \longrightarrow \text{甘油} + \text{脂肪酸钠}
\end{array}
$$

1g 油脂完全皂化时所需氢氧化钾的毫克数称为皂化值（saponification number）。根据皂化值的大小，可以判断油脂中三酰甘油的平均相对分子质量。皂化值越大，油脂中三酰甘油的平均相对分子质量越小。皂化值是衡量油脂质量的指标之一。常见油脂的皂化值见表15-2。

人体摄入的油脂主要在小肠内进行催化水解，此过程称为消化。水解产物被吸收，进一步合成人体自身的脂肪。

（二）加成

含有不饱和脂肪酸的三酰甘油可与氢、卤素等发生加成反应。

1. 加氢　油脂中不饱和脂肪酸的碳碳双键可催化加氢，转化成饱和脂肪酸含量较多的油脂。这一过程可使油脂由液态的油变成半固态的脂，所以油脂的氢化又称"油脂的硬化"。氢化后的油脂不易变质，而且便于贮藏和运输，可用作制造肥皂、脂肪酸、甘油、人造奶油等的原料。

氢化油与反式脂肪酸

通常人们认为植物油比动物油更健康。一些科学家注意到油脂氢化过程中产生反式脂肪酸（trans fatty acid），并注意到反式脂肪酸存在于人类食物的过程，正好与欧美国家的心脏病发病率增长过程相吻合。20 世纪 80 年代就有研究发现，心脏病患者的体内反式脂肪酸的含量明显高于健康人。1990 年荷兰的一项研究证明，反式脂肪酸会增加人体血液中的"坏胆固醇"即低密度脂蛋白含量、降低"好胆固醇"即高密度脂蛋白含量，从而显著增加心血管疾病风险。此后的研究又进一步证实液态植物油脂氢化过程中产生的反式脂肪酸会引发其他众多疾病，例如，容易诱发肿瘤（乳腺癌等）、哮喘、2 型糖尿病、过敏等疾病，还会降低记忆力、导致肥胖、形成血栓，对胎儿体重、青少年发育也有不利影响等。目前，各国政府都积极控制食物中的反式脂肪酸。

2. 加碘 油脂的不饱和程度可用碘值来定量衡量。碘值（iodine number）为 100g 油脂所能吸收碘的克数。碘值越大，表明三酰甘油中所含的双键数目越多，油脂的不饱和程度也越大。在实际测定中，由于碘与碳碳双键加成的反应速度很慢，所以常用氯化碘（ICl）或溴化碘（IBr）的冰醋酸溶液与油脂反应。常见天然油脂的碘值列于表 15-2。

表 15-2　常见油脂中脂肪酸的含量(%)、皂化值和碘值

油脂名称	软脂酸	硬脂酸	油酸	亚油酸	皂化值	碘值
牛油	24～32	14～32	35～48	2～4	190～200	30～48
猪油	28～30	12～18	41～48	3～8	195～208	46～70
奶油	25～30	10～13	30～40	4～5	216～235	26～28
花生油	6～9	2～6	50～57	13～26	185～195	83～105
大豆油	6～10	2～4	21～29	50～59	189～194	127～138
棉籽油	19～24	1～2	23～32	40～48	191～196	103～115

（三）酸败

油脂在空气中放置过久，会发生变质，产生难闻的气味，这种现象称为酸败（rancidity）。油脂的酸败是由于油脂中不饱和脂肪酸的双键在空气中的氧、水分和微生物的作用下，发生氧化，生成过氧化物，这些过氧化物继续分解或氧化形成具有难闻气味的低级醛和酸等。

$$\text{---CH}_2\text{CH=CHCH}_2\text{---} + O_2 \longrightarrow \text{---CH}_2\overset{\overset{H}{|}}{\underset{\underset{O-O}{|}}{C}}\overset{\overset{H}{|}}{\underset{}{C}}\text{CH}_2\text{---} \longrightarrow \text{---CH}_2\overset{O}{\overset{\|}{C}}\text{H} + \text{HC}\overset{O}{\overset{\|}{}}\text{CH}_2\text{---}$$

$$\downarrow O_2$$

$$\text{---CH}_2\text{COOH}$$

中和 1g 油脂中的游离脂肪酸所需氢氧化钾的毫克数称为油脂的酸值（acid number）。酸值是衡量油脂质量的重要指标之一，酸值大说明油脂中游离脂肪酸的含量较高，即酸败严重。酸败的油脂有毒性和刺激性，通常酸值大于 6.0 的油脂不宜食用。光、热或潮气可加速油脂的酸败，因此为防止油脂的酸败，油脂应贮存于密闭容器中，放置在阴凉处，也可添加适当的抗氧化剂（如维生素 E 等）。

药典对药用油脂的皂化值、碘值和酸值都有严格的规定。

15-1　写出三酰甘油（甘油三酯）在酸或脂肪酶作用下的水解反应式。

第二节　磷　脂

磷脂（phospholipid）广泛存在于动物的肝、脑、神经细胞以及植物种子中。磷脂可分为甘油磷脂和鞘磷脂两种。

一、甘油磷脂

甘油磷脂（glycerophosphatide）又称为磷酸甘油酯，结构上可看做是磷脂酸（phosphatidic acid）的衍生物。

磷脂酸

天然磷脂酸中，通常 R^1 为饱和脂肪烃基，R^2 为不饱和脂肪烃基，C_2 是手性碳原子，磷脂酸有一对对映体，从自然界中得到的磷脂酸都属于 L（或 R）构型。

磷脂酸中的磷酸与其他化合物中的羟基结合，可得到各种甘油磷脂。最常见的甘油磷脂是卵磷脂（lecithin）和脑磷脂（cephalin），它们分别是由胆碱（choline，$HOCH_2CH_2N^+(CH_3)_3OH^-$）、乙醇胺（ethanolamine，$HOCH_2CH_2NH_2$）也称胆胺，与磷脂酸结合而成的磷脂（表 15-3）。

表 15-3   常见的甘油磷脂

名称	结构式	性质	来源
卵磷脂（磷脂酰胆碱）	（结构式）	白色蜡状物质，在空气中放置易变成黄色或棕色。不溶于水及丙酮，易溶于乙醇、乙醚及氯仿中	脑组织、大豆中，尤其在禽卵的卵黄中含量最为丰富
脑磷脂（磷脂酰胆胺）	（结构式）	易溶于乙醚，不溶于丙酮，难溶于冷乙醇中。在空气中放置易变棕黄色	脑、神经组织和许多组织器官中，在蛋黄和大豆中含量也较丰富

卵磷脂完全水解可得到甘油、脂肪酸、磷酸和胆碱。脑磷脂完全水解可得到甘油、脂肪酸、磷酸和乙醇胺。

卵磷脂和脑磷脂分子中的磷酸残基上未酯化的羟基具有酸性，能与胆碱基（或胆胺基）发生分子内酸碱反应，形成内盐，因此，卵磷脂和脑磷脂通常都是以偶极离子的结构形式存在。甘油磷脂的两个长链脂肪烃基具有疏水性，而其余部分是极性基团，具有亲水性，所以甘油磷脂具有乳化（emulsification）性质。

15-2   丝氨酸的结构为 $HOCH_2\underset{\underset{NH_2}{|}}{CH}COOH$，试写出磷脂酰丝氨酸的结构式。

二、神经磷脂

神经磷脂又称鞘磷脂（sphingomyelin），分子中不含甘油，而含长碳链的氨基二元醇鞘氨醇（sphingosine）。哺乳动物的神经磷脂以十八碳的鞘氨醇为主。

鞘氨醇的氨基与脂肪酸通过酰胺键结合，所得 N- 脂肪酰鞘氨醇称为神经酰胺（ceramide）。神经酰胺 C_1 上的羟基与磷酸胆碱（或磷酸乙醇胺）通过磷酸酯键相连结的化合物即为鞘磷脂。

$$CH_3(CH_2)_{12} \quad H$$
$$C$$
$$H \quad C$$
$$CHOH \quad O$$
$$CHNH-C-R$$
$$O$$
$$CH_2OPOCH_2CH_2N^+(CH_3)_3$$
$$O^-$$

鞘磷脂

鞘磷脂有两条由鞘氨醇残基和脂肪酰基构成的疏水性长链烃基，有一个亲水性的磷酸胆碱残基，因此也具有乳化性质。鞘磷脂是白色结晶，在空气中不易被氧化，不溶于丙酮，而易溶于热乙醇中，这是鞘磷脂与卵磷脂和脑磷脂的不同之处。鞘磷脂是细胞膜的重要成分之一，大量存在于脑和神经组织中。约有300种以上的鞘磷脂已在哺乳动物的细胞膜中检测出来。

三、磷脂与细胞膜

细胞膜是细胞质和外界相隔的一层薄膜，又称为质膜，是细胞的重要组成部分。膜的基本作用是隔开细胞的内外物质和形成界面，同时又要使细胞与外界环境之间有物质、能量与信息的传递。细胞膜的功能与其化学结构密切相关。

细胞膜在化学组成上由脂类、蛋白质、糖、水及金属离子构成，其中脂类和蛋白质是主要成分。构成膜的脂类又以磷脂最为丰富，其次是胆固醇和糖脂。磷脂的分子结构具有亲水和疏水两部分。如甘油磷脂（图 15-1）有一亲水的偶极离子头部和两条疏水的脂肪酸长链尾部。磷脂分子在水环境中能自发形成双层结构。极性的头部与水分子之间存在静电引力而面向水相，而疏水性尾部则互相聚集，尽量避免与水接触，以双分子层形式排列，成为热力学上稳定的脂双分子层（图 15-2）。这种脂双分子层结构是细胞膜的基本构架。

图15-1 甘油磷脂的分子模型

图15-2 脂双分子层结构

受到普遍认可的细胞膜结构的模型是流体镶嵌模型，其基本内容是：膜的结构是以液态的脂质双分子层为基架，其中镶嵌着可以移动的具有各种生理功能的蛋白质。该模型的特点是强调了膜的流动性和膜的不对称性。膜的流动性包括膜脂的流动性和膜蛋白的运动性。膜脂双分子层在常温下处于液晶状态，其脂类分子能进行水平移动，或者内外侧迁移运动。膜的不对称性是指组成膜的物质分子排布是不对称的，组成膜的蛋白质分子有的镶嵌在磷脂双分子层表面，其疏水部分填入脂类双分子层内，亲水部分露在表面；有的蛋白质分子全部嵌入内部；有的贯穿整个膜，在膜的内外两侧露出一部分（图 15-3）。

图15-3 细胞膜的流体镶嵌模型

细胞膜适宜的流动性对维护膜的功能也是一个极为重要的条件，物质运输、细胞识别、细胞融合、细胞表面受体功能调节等都与脂双层分子的流动性相关，如红细胞膜的流动性才能使膜有变形能力，从而穿越毛细血管运输氧。细胞正常代谢能够维持膜的流动性在适宜的水平，使其表现出正常的生理功能，若流动性超出了正常范围，细胞将发生病变。例如恶性淋巴瘤和白血病患者淋巴细胞膜的流动性比正常情况下要高得多，而遗传性镰状细胞型贫血患者的红细胞膜的流动性明显低于正常人。

第三节　甾族化合物

一、结构

（一）母核结构

甾族化合物（steroid）又称为甾体化合物或类固醇化合物，是一大类广泛存在于动植物体且具有重要生理活性的天然产物，它主要包括甾醇、胆甾酸和甾体激素等。甾族化合物共同的结构特点是，都含有一个环戊烷并氢化菲的母核，其四个环自左至右分别标注为 A、B、C、D 环，环上的碳原子有固定的编号顺序。大多数甾族化合物在其母核结构的 10 和 13 位上连有甲基，称为角甲基，在 17 位上有不同长度的碳链或含氧取代基。"甾"字很形象地表示了甾族化合物基本结构的特点，其中的"田"表示四个互相稠合的环，"巛"则象征环上的三个取代基。

环戊烷并氢化菲　　　　　甾族化合物的母核及编号

（二）立体结构

甾族化合物骨架中环与环之间的稠合方式与十氢化萘相似。十氢化萘有顺反两种异构体，两环公用的两个碳原子上的氢原子处于环平面同侧的称为顺十氢化萘，处于异侧的称为反十氢化萘。十氢化萘的优势构象是由两个椅式环己烷稠合而成。若将一个环当作另一个环的两个取代基，则顺十氢化萘中的两个环以 ea 键稠合，反十氢化萘中的两个环以 ee 键稠合。

顺-十氢化萘（ea稠合）　　　　　反-十氢化萘（ee稠合）

天然甾族化合物中，B 环与 C 环及 C 环与 D 环总是反式稠合（以 B/C 反、C/D 反表示），而 A 环与 B 环之间有顺式稠合，也有反式稠合。

根据 C_5-H 构的型，甾族化合物可分为 5α- 系和 5β- 系两大类。A 环和 B 环反式稠合，C_5-H 与角甲基处于环平面异侧，C_5-H 用虚线表示，为 5α- 系甾族化合物；A 环和 B 环顺式稠合，C_5-H 与角甲基处于环平面同侧，C_5-H 用实线表示，称为 5β- 系甾族化合物。5α- 系和 5β- 系甾族化合物中的 A、B 和 C 三个六元环的碳架通常是椅式构象，D 环为五元环，它具有半椅式构象。5α- 系甾族化合物和 5β- 系甾族化合物一般有如下构象式：

5α-系甾族化合物

A/B 反（ee 稠合），B/C 反（ee 稠合），C/D 反（ee 稠合）

5β-系甾族化合物

A/B 顺（ea 稠合），B/C 反（ee 稠合），C/D 反（ee 稠合）

甾环碳架上所连的原子或基团在空间有不同的取向，其构型规定如下：与角甲基在环平面异侧的取代基称为 α 构型，用虚线表示；与角甲基在环平面同侧的取代基称为 β 构型，用实线表示。

二、甾醇类

甾醇（sterol）又称为固醇，常以游离状态或以酯或以苷的形式存在于动物和植物的体内。甾醇可依照来源分为动物甾醇及植物甾醇两大类。天然甾醇在 C_3 上有一个羟基，且绝大多数是 β 构型。

（一）胆固醇

胆固醇（cholesterol）是一种动物甾醇，又称胆甾醇，最初是在胆结石中发现的固体醇，因此而得名。

胆固醇

胆固醇 $C_{27}H_{46}O$ 是无色或略带黄色的结晶，熔点 148.5℃，难溶于水，易溶于热乙醇、乙醚和氯仿等有机溶剂。胆固醇分子中有一个碳碳双键，它可以与卤素等发生加成反应，也可以催化加氢生成二氢胆固醇。胆固醇分子中的羟基可酰化形成酯，也可与糖的半缩醛羟基生成苷。将胆固醇的氯仿溶液与乙酸酐及浓硫酸作用，即呈现红色→紫色→褐色→绿色的系列颜色变化，此反应称为Liberman-Burchartd 反应，是化学鉴别甾醇化合物的一种方法。

胆固醇大多以脂肪酸酯的形式存在于动物体内，蛋黄、脑组织及动物肝等内脏中含量丰富。胆固醇是细胞膜脂质的重要组分，同时它还是生物合成胆甾酸和甾体激素等的前体。正常人血液中每100mL 含总胆固醇 110～220mg。胆固醇摄取过多或代谢障碍时，会从血清中沉积在动脉血管壁上，久之会导致冠心病和动脉粥样硬化症；过饱和胆固醇从胆汁中析出沉淀则是形成胆固醇系结石的基础，然而体内长期胆固醇偏低也可能诱发病症。所以，要给机体提供适量的胆固醇，维持机体的正常生理功能。

血脂与动脉粥样硬化

血脂是血浆或血清中的中性脂肪和类脂,其组成复杂,包括三酰甘油、磷脂、胆固醇及其酯以及游离脂肪酸等。血脂是人体必不可少的营养物质,其来源包括从食物摄取的脂类经消化吸收进入血液的外源性血脂和由肝、小肠黏膜组织合成后释入血液的内源性血脂。通常血脂在血浆中是与血浆中的蛋白质结合,以脂蛋白的形式运输。

血脂代谢异常与动脉粥样硬化(atherosclerosis)的发生密切相关,动脉粥样硬化及冠心病人的血脂明显高于正常人。血脂长期过高,血脂及其分解产物会逐渐沉积于血管壁上,逐渐形成斑块,导致血管阻塞变窄及动脉粥样硬化,会减少富含氧气的动脉血流入组织,若累及冠状动脉,会引起心肌缺血,心绞痛,心肌梗死,即所谓的冠心病;若累及脑动脉,引起脑卒中;若累及周围动脉,引起周围动脉闭塞,间歇性跛行,甚至下肢坏死,这些疾病均可致残或引起死亡。因此,血脂代谢异常是动脉粥样硬化、冠心病重要的危险因子。

饮食结构对血脂水平有直接影响。给动物进食脂质,能够形成不同程度的动脉粥样硬化斑块,这些斑块中含有大量胆固醇结晶,其中脂质(胆固醇、三酰甘油)含量随病变的加重而加高。流行病学调查资料显示,膳食中含饱和脂肪酸和胆固醇多的人群,平均血浆胆固醇水平高,其冠心病的患病率及发病率也较高。血浆三酰甘油过多,不仅能形成脂肪肝及肥胖病,还容易发生动脉粥样硬化,甚至可诱发急性心肌梗死。因此通过合理饮食,控制动物性脂肪和胆固醇等的摄入量,是预防高脂血症的有效方法。

(二)β- 谷固醇

β- 谷固醇(β-sitosterol)是一种植物甾醇,与胆固醇在结构上的差异是在 C_{24} 位上多了个乙基。β- 谷固醇在人体肠道中不被吸收,在饭前服用可抑制肠道黏膜对胆固醇的吸收,从而降低血中胆固醇含量,因此可作为治疗高胆固醇血症和预防动脉粥样硬化症的药物。人参、山里红、巴豆、无花果叶等很多植物中都含有 β- 谷固醇。

HO

β–谷固醇

(三)7- 脱氢胆固醇和麦角固醇

7- 脱氢胆固醇是动物甾醇,与胆固醇在结构上的差异是 C_7 与 C_8 之间多了一个碳碳双键。在肠黏膜细胞内,胆固醇经酶催化氧化成 7- 脱氢胆固醇,它由血液运送到人体皮肤中,经紫外线照射,C_{10} 上的角甲基活化,使 B 环在 C_9 和 C_{10} 之间断裂开环,形成维生素 D_3(Vitamin D_3)。因此常作日光浴是获得维生素 D_3 的最简易方法。

7–脱氢胆固醇   维生素D₃

麦角甾醇(ergosterol)是一种植物甾醇,存在于酵母和某些植物中。麦角甾醇分子比7-脱氢胆固醇在 C_{24} 上多一个甲基,在 C_{22} 和 C_{23} 之间多一个碳碳双键。麦角甾醇在紫外线照射下,B环开裂生成维生素 D_2。

麦角甾醇   维生素D_2

已知有十余种维生素 D,它们都是甾醇衍生物,其中活性较高的是维生素 D_2 和 D_3。维生素 D_2 和 D_3 广泛存在于动物体中。含量最多的是鱼类的肝脏,也存在于牛乳、蛋黄中。缺少维生素 D,会导致钙、磷吸收发生障碍,血液中钙、磷含量下降,影响骨骼、牙齿的正常发育。当维生素 D 严重不足时,婴儿会引起佝偻病,成人则发生软骨病。适当服用维生素 D 并同时补充钙可防治佝偻病和软骨病。

三、胆甾酸

胆甾酸是动物胆组织分泌的一类甾族化合物,都属于 5β- 系甾族化合物,其结构中含有羧基,故总称为胆甾酸。胆甾酸在人体内可以胆固醇为原料直接生物合成。至今发现的胆甾酸已有 100 多种,其中人体内重要的是胆酸(cholic acid)和脱氧胆酸(deoxycholic acid)。

胆酸   脱氧胆酸

胆汁中存在多种结合胆酸,其中胆酸的羧基与甘氨酸(H_2NCH_2COOH)中的氨基结合形成甘氨胆酸(glycocholic acid),与牛磺酸($H_2NCH_2CH_2SO_3H$)中的氨基结合形成牛磺胆酸(taurocholic acid)。这种结合胆酸统称为胆汁酸(bile acid)。

甘氨胆酸   牛磺胆酸

在人及动物小肠的碱性条件下,胆汁酸以胆汁酸盐(bile salt)简称胆盐的形式存在。胆汁酸盐分子既有亲水性的—OH 和—COONa(或—SO_3Na),又有疏水性的甾环,这种分子具有乳化作用,能够使脂肪及胆固醇酯等疏水的脂质乳化呈细小微粒状态,增加消化酶对脂质的接触面积,使脂类易于消化吸收。甘氨胆酸钠和牛磺胆酸钠的混合物在临床上用于治疗胆汁分泌不足而引起的疾病。

15-3   具有乳化作用的物质的分子结构有什么特点?试举例说明。

四、甾体激素

激素（hormone）是由腺体分泌的一类具有调节身体各组织和器官功能的微量化学信息分子。这类内源性的物质产生量虽很微少，但具有各种重要的生理作用，如控制生长、发育、代谢和生殖等。已发现人和动物的激素有几十种，按其化学结构可分为两大类：含氮激素，如胰岛素、促肾上腺皮质激素、甲状腺素和催产素等；甾体激素（steroid hormone），主要包括性激素和肾上腺皮质激素。

（一）性激素

性激素（sex hormone）是性腺（睾丸、卵巢、黄体）分泌的甾体激素，它们对生育功能及第二性征（如声音、体型）有着决定性的作用。性激素分为雄性和雌性激素两类。

雄性激素（male hormone）是由雄性动物睾丸分泌的一类激素。1931 年德国生物化学家 A. F. J. Butenandt 从 15 000L 男性尿中分离得到 15mg 结晶雄酮，Butenandt 因在性激素研究方面的开创性工作获得 1939 年诺贝尔化学奖。重要的雄性激素有睾酮（testosterone）、雄酮和雄烯二酮，其中睾酮的活性最高。构效关系分析表明，睾酮中 C_{17} 上的羟基及其构型与生理活性有密切的联系，若羟基为 α 型则无生理活性。

雄酮　　　　　　　　　　　　睾酮　　　　　　　　　　　　甲基睾酮

雄性激素具有促进雄性性器官和第二性征的发育、生长以及维持雄性性征的作用，并具有促进蛋白质的合成、抑制蛋白质代谢的同化作用，能够使雄性变得骨骼粗壮，肌肉发达。临床用药多采用其衍生物，如甲基睾酮、睾酮丙酸酯等。

雌性激素主要有两类，一类由成熟的卵泡产生，称为雌激素（estrogen），如雌二醇（estradiol）等；另一类是由卵泡排卵后形成的黄体所产生的，称为孕激素（progestogen），又称黄体激素，如黄体酮（progesterone），也称孕二酮。

雌二醇 C_{17} 位羟基构型不同，生理作用也有很大差异，如 β- 雌二醇的生理活性比 α- 雌二醇强得多，因此，临床上都采用 β- 雌二醇。雌二醇的主要生理功能是促进子宫、输卵管和第二性征的发育，有助于生育。临床上用于治疗卵巢功能不全所引起的病症，如子宫发育不全、月经失调、更年期障碍等症。此外，雌二醇还具有促进钙和磷沉积的作用，因此可用于防治骨质疏松。人工合成的炔雌醇（ethinyl estradiol）为口服高效、长效的雌激素，活性比雌二醇高 7～8 倍。临床上用于月经紊乱、子宫发育不全、前列腺癌等治疗。

雌二醇　　　　　　　　　　　炔雌醇　　　　　　　　　　　黄体酮

黄体酮的主要生理作用是抑制排卵，维持妊娠，有助于胚胎的着床发育。临床上用于治疗习惯性流产、子宫功能性出血、痛经及月经失调等。以黄体酮为先导化合物，对其进行结构改造，已合成了一系列具有孕激素活性的黄体酮衍生物。

（二）肾上腺皮质激素

肾上腺皮质激素（adrenal cortical hormone）是肾上腺皮质分泌产生的一大类甾族激素，按照它们的生理功能可分为两类：主要影响糖、蛋白质与脂质代谢的糖代谢皮质激素（glucocorticoid），如皮质酮、可的松、氢化可的松等；主要影响组织中电解质的转运和水的分布的盐代谢皮质激素（mineralocorticoid），如 11- 脱氧皮质酮、17α- 羟基 -11- 脱氧皮质酮等。这两类皮质激素的区别在于，C_{11} 上有含氧基团的肾上腺皮质激素是糖代谢皮质激素，否则为盐代谢皮质激素；C_{17} 上有 α- 羟基的，其生理功能加强。

皮质酮　　　　　　　可的松　　　　　　　氢化可的松

11-脱氧皮质酮　　　　　　17α-羟基-11-脱氧皮质酮

糖代谢皮质激素是一种具有重要生理和药理作用的甾族激素，它能够促使红细胞、血小板的增生，对脂肪和蛋白质的代谢也具有调节作用，并有抗炎症、抗过敏等作用。临床上对风湿性关节炎、风湿热等具有一定的疗效。而盐代谢皮质激素能够促进体内钠离子的保留和钾离子的排出，维持人体内电解质平衡和体液容量。临床上主要用于治疗钾、钠失调的病症、恢复电解质和水的平衡。

第四节　萜类化合物

萜类化合物（terpene）是一类主要源于植物的天然有机化合物。许多具有各种不同气味的树木和花草经过水蒸气蒸馏或用溶剂提取，可以得到气味芳香的液体混合物，称之为精油（essential oil），它们被用做香料和治疗某些疾病的药物。例如：1894 年从松节油（turpentine）中分离出了 α- 蒎烯。这类含碳为 5 的整数倍的来自植物界的化合物统称为 terpene，音译为"萜"。

一、结构和分类

萜类化合物主要由碳、氢和氧三种元素组成，其分子中的碳原子数大都是 5 的整数倍。在碳骨架结构上，它们可以看成是由数个异戊二烯（isoprene）单元连接而成的，见表 15-4。一些萜类化合物及其异戊二烯单元的划分如下所示。

$$CH_2=C-CH=CH_2$$
$$|$$
$$CH_3$$

异戊二烯　　　　　　　　　　　　　异戊二烯碳架

香芽醇　　　　　　　　　石竹烯　　　　　　　　　松香酸

薄荷醇   视黄醇（维生素A₁）

番茄红素

表 15-4   萜类化合物的分类

类别	单萜 monoterpene	倍半萜 sesquiterpene	二萜 diterpene	三萜 triterpene	四萜 tetraterpene
含异戊二烯单元数	2	3	4	6	8
含碳原子数	10	15	20	30	40

有些萜类化合物在所含的碳原子数虽不是 5 的整数倍，但却是从萜类化合物转变而来的，这类化合物也归在萜类化合物中。例如，重要的植物激素赤霉酸（gibberellic acid）含有 19 个碳原子，它是从二萜贝壳杉烯（kaurene）代谢而来的，属于萜类化合物，称为降二萜。

赤霉素   贝壳杉烯

二、重要的萜类化合物

萜类化合物按碳架结构还可分为链萜和环萜。由于萜类化合物绝大多数都是烷烃、烯烃或其含氧衍生物，其极性低，难溶于水，易溶于有机溶剂。低级萜类化合物如单萜、倍半萜具有较低的沸点和较好的挥发性，是挥发油的主要成分；二萜以上多为树脂、皂苷或色素的主要成分。

月桂烯（myrcene）属链状单萜，分为 α-月桂烯和 β-月桂烯。

α-月桂烯   β-月桂烯

天然存在的月桂烯为 β-月桂烯，最早从月桂油中分离出来，后来发现存在于马鞭草、香叶等植物的精油中。月桂烯是香料产业中最重要的化学原料之一。由月桂烯可制备芳樟醇（linalol）、橙花醇（nerol）和香叶醇（geraniol）。芳樟醇及其酯是香水等化妆品的重要的香料。香叶醇又称为牻牛儿醇，存在于玫瑰油、香叶油等中，广泛用于花香型日用香精。橙花醇存在于橙花油、玫瑰油中，是一种贵重的香料，香气比香叶醇柔和而优雅，用于配制玫瑰型和橙花型等花香香精。

芳樟醇　　　　　橙花醇　　　　　香叶醇

薄荷醇（menthol）又称薄荷脑，是单环单萜化合物。薄荷醇分子中有 3 个手性碳原子，应有 8 个对映异构体，分别为（±）- 薄荷醇，（±）- 新薄荷醇，（±）- 异薄荷醇和（±）- 新异薄荷醇。由天然薄荷油经冷却、结晶、分离所得的是左旋薄荷醇。左旋薄荷醇为无色针状晶体，熔点 43℃，沸点 216℃，比旋光度 −48°，具有薄荷香气和清凉效果，广泛用于牙膏、香水、饮料和糖果中。在医药上可制成涂擦剂，发挥局部止痒、止痛、清凉及轻微局麻等作用。左旋薄荷醇的构象中，环上的 3 个取代基均分布在 e 键上，其稳定性优于其他异构体，是薄荷油中含量最高的成分。

薄荷醇　　　　　　　　（−）-薄荷醇

樟脑（camphor）是二环单萜化合物，存在于樟树中，为白色或无色晶体，熔点 177℃，易升华。将樟树的根、干、枝切碎后进行水蒸气蒸馏，可得到樟脑油，再进一步精制可得纯的右旋樟脑。樟脑有强烈的樟木气味和辛辣的味道，具有强心、兴奋中枢神经和止痒等医药用途，也是很好的防蛀剂。樟脑是桥环化合物，其分子中有两个手性碳原子，但由于桥环限制了两个桥头碳原子的构型，樟脑实际上只存在一对对映体。

(+)-樟脑　　　　　(−)-樟脑

胡萝卜素（carotene）最早是从胡萝卜中提取得到的一种红色结晶物质。后来发现，胡萝卜素中含有 α、β 和 γ- 胡萝卜素三个组分，其中 β- 异构体的含量最多，γ- 异构体最少。植物色素研究的奠基人 Paul Karrer 于 1930 年确定了 β- 胡萝卜素的结构，并建立了它与萜化合物和维生素 A 的关系，对植物色素和萜化学作出了重要贡献，他因此在 1937 年获得了诺贝尔化学奖。

α-胡萝卜素

β-胡萝卜素

γ-胡萝卜素

胡萝卜素含有 40 个碳原子,属于四萜化合物。α、β 和 γ- 异构体之间的结构差别仅在于分子的右端部分。其中 β- 异构体环中的双键与多烯结构共轭,是最稳定的,因此含量最多;α- 异构体右端环上的双键与多烯不共轭,因含有一个手性碳原子,具有光学活性。而 γ- 异构体的右端则是开链的,未形成环。在这些分子中,由于大的 π-π 共轭体系使得它们能吸收长波长的光,因而表现出鲜艳的黄 - 红颜色。

β- 胡萝卜素是橘黄色脂溶性化合物,是自然界中普遍存在的稳定的色素。许多天然食物(例如,甘薯、胡萝卜、木瓜、芒果等)中,含有丰富的 β- 胡萝卜素。β- 胡萝卜素是一种抗氧化剂,具有解毒作用,是维护人体健康不可缺少的营养素,在抗癌、预防心血管疾病、白内障及抗氧化上有显著的功能,可以预防由于衰老引起的多种退化性疾病。在动物体内,β- 胡萝卜素能在酶的作用下于对称的 15-15′ 双键处发生氧化断裂形成视黄醛(retinal),并进一步被还原成两分子维生素 A_1,通常称为维生素 A(vitamin A)。维生素 A 是人和其他哺乳动物正常生长和发育所必需的维生素之一,具有维持皮肤、黏膜等上皮组织正常功能,促进胎儿、幼儿发育、增强人体免疫能力和维持暗视觉等多种生理作用。

β-胡萝卜素

氧化

视黄醛

还原

维生素A

β-胡萝卜素在人体内转化成维生素 A 的比例是由人体维生素 A 状态控制的。当体内维生素 A 的量足够满足体内代谢需要时,β-胡萝卜素会在体内储存起来,待体内的维生素 A 不足时再释放出来,并及时地转化成维生素 A。除了来自 β-胡萝卜素以外,在蛋黄及鱼肝油等动物来源中也有维生素 A 存在。

习　题

15-4　写出下列化合物的结构式。

(1)亚油酸　　　(2)18:1△^{9}　　　(3)胆固醇　　　(4)卵磷脂

15-5　命名下列化合物。

(1)　　　　　　　　　　　　　　　(2)

15-6 油脂中脂肪酸的结构有哪些特点？

15-7 比较 α- 亚麻酸与 γ- 亚麻酸在结构上的相同和不同点，两者在人体内能否相互转化，为什么？

15-8 何为必需脂肪酸？常见的必需脂肪酸有哪些？

15-9 解释下列化学名词。

　　(1) 皂化和皂化值　　　　　　　　　　　(2) 油脂的酸败和酸值

　　(3) 油脂的硬化和油脂的碘值

15-10 写出下列反应的反应式。

　　(1) 磷脂酰胆碱（卵磷脂）的完全水解反应

　　(2) 胆酸在酶作用下与甘氨酸生成甘氨胆酸

15-11 指出卵磷脂和脑磷脂结构上的主要差别，如何将它们分离？

15-12 根据胆酸结构回答下列问题：

　　(1) 胆酸所含碳架的名称是什么？

　　(2) A/B 环以什么方式稠合？属于什么系？

　　(3) C_3—OH、C_7—OH 和 C_{12}—OH 各为什么构型？

15-13 划分出下列化合物的异戊二烯单元，并指出各属于何类萜化合物。

(1)

(2)

(3)

15-14 有一萜化合物 A（$C_{10}H_{18}O$）与 Tollens 试剂反应得到一羧酸 B（$C_{10}H_{18}O_2$），A 用酸性的高锰酸钾溶液氧化得到丙酮和一种二元羧酸 C（$HO_2CCH_2CH(CH_3)CH_2CH_2CO_2H$）。请推测 A 的结构并写出有关反应式。

（聂长明）

第十六章 糖 类

糖类（saccharide）又称碳水化合物（carbohydrate）。从化学结构上讲，糖类是多羟基醛或酮，或能水解产生多羟基醛或酮的化合物。早期发现组成糖类分子的碳、氢、氧比例为 $C_n(H_2O)_m$（n 代表碳原子数；m 代表水分子数），由于其中 H 与 O 的比例与水相同，所以被称作碳水化合物。随着糖类化合物数目的剧增，现在发现有不少糖类化合物不符合此经验化学式。因此称糖类化合物为碳水化合物并不恰当，只是碳水化合物沿用已久，至今仍在使用。

糖是人类食物的主要成分，提供能量是糖类化合物最主要的功能。从 20 世纪 80 年代开始，糖脂和糖蛋白的研究进展迅速，科学家们不断地从分子水平上揭示糖类的结构与功能的关系以及在生命活动中的作用。从而认识到糖不仅是动、植物的结构组分，而且是重要的信息物质，在生命过程中发挥着重要的生理功能。

根据糖类化合物的水解情况，可将其分为四类，即单糖、双糖、寡糖和多糖。单糖（monosaccharide）是不能再被水解成更小分子的糖。如葡萄糖、果糖、核糖等。水解后产生两分子单糖者称为双糖（disaccharide），如蔗糖、麦芽糖。水解后产生三个到十个单糖的称为寡糖（oligosaccharide）或称低聚糖。完全水解后产生十个以上单糖的称为多糖（polysaccharide），如淀粉、糖原和纤维素等。环糊精为结构特殊的环状低聚糖将在本章末介绍。

第一节 单 糖

从结构上，单糖可分为醛糖（aldose）和酮糖（ketose）。根据分子中所含碳原子数目又可分为三碳（丙）、四碳（丁）、五碳（戊）和六碳（己）糖。最简单的醛糖是甘油醛（glyceraldehyde），最简单的酮糖是 1, 3- 二羟基丙酮。自然界最广泛存在的葡萄糖是己醛糖。果糖为己酮糖，在蜂蜜中含量最高。在生物体内戊糖和己糖最为常见。有些糖的羟基可被氢原子或氨基取代，它们分别被称为去氧糖和氨基糖。例如 2- 去氧核糖，2- 氨基葡萄糖。

CHO H——OH CH₂OH	CH₂OH ═O CH₂OH	CHO H——H H——OH H——OH CH₂OH	CHO H——NH₂ HO——H H——OH H——OH CH₂OH
甘油醛	1,3-二羟基丙酮	2-去氧核糖	2-氨基葡萄糖

一、构型和开链结构

单糖的立体化学结构可用 *R*、*S* 构型标记法，但目前人们仍习惯用 *D/L* 构型标记法。人们习惯用 Fischer 投影式表示单糖的结构，竖线表示碳链，羰基具有最小编号；将编号最大的手性碳（即离羰基最远的一个手性碳）的构型与 *D*- 甘油醛相比较，构型相同的为 *D*- 构型糖，反之为 *L*- 构型糖。例如：

（图顶部四个结构式）

D-甘油醛 D-葡萄糖 L-甘油醛 L-葡萄糖

对于其他单糖的构型也都是以甘油醛作为标准而定的。

绝大多数单糖具有旋光性，含三个手性碳的戊醛糖应有 8 个对映异物体，含 4 个手性碳的己醛糖有 16 个对映异构体。酮糖比相应的醛糖少一个手性碳原子，因此酮糖异构体数目也相应减少，如己酮糖有 8 个对映异构体。

单糖的名称常根据其来源采用俗名。图 16-1 列出含有 3C～6C 的各种 D- 醛糖，它们多数存在于自然界，如 D- 葡萄糖广泛存在于生物细胞和体液里；半乳糖存在于乳汁中；D- 核糖为核酸的组成部分，广泛存在于细胞中；少数 D- 醛糖是人工合成的。

（D-Glyceraldehyde）
D-甘油醛

（D-Erythrose）
D-赤藓糖

（D-Threose）
D-苏糖

（D-Ribose）
D-核糖

（D-Arabinose）
D-阿拉伯糖

（D-Xylose）
D-木糖

（D-Lyxose）
D-来苏糖

（D-Allose）
D-阿洛糖

（D-Altrose）
D-阿卓糖

（D-Glucose）
D-葡萄糖

（D-Mannose）
D-甘露糖

（D-Gulose）
D-古罗糖

（D-Idose）
D-艾杜糖

（D-Galactose）
D-半乳糖

（D-Talose）
D-塔洛糖

图 16-1 D-醛糖系列

> 16-1 写出 L- 半乳糖、D- 半乳糖的开链结构。

在自然界中也发现一些 D- 酮糖。它们的结构一般在 C_2 位上具有酮羰基。例如：D- 果糖、D- 山梨糖和 D- 核酮糖等。

CH₂OH／D-果糖、CH₂OH／D-山梨糖、CH₂OH／D-核酮糖 结构式

$$D\text{-}果糖 \qquad D\text{-}山梨糖 \qquad D\text{-}核酮糖$$

二、变旋光现象和环状结构

尽管单糖的开链结构表明单糖分子中含有羰基，但人们发现某些实验事实与这种开链结构不相符：①一般醛在干燥 HCl 存在下与两分子甲醇反应生成缩醛，但葡萄糖只与一分子甲醇反应生成稳定化合物；② D- 葡萄糖在不同条件下可得两种结晶，从冷乙醇中可得熔点为 146℃，比旋光度为 +112° 的晶体，而从热吡啶中可得熔点为 150℃，比旋光度为 +18.7° 的结晶；③上述两种晶体的糖溶于水后比旋光度都会发生变化并都在 +52.5° 时保持恒定不变，这种比旋光度发生变化的现象称为变旋光现象（mutarotation）；④固体葡萄糖在红外光谱中不显示羰基的伸缩振动峰。

为了解释上述观察，人们从醇与醛可以形成半缩醛和 δ- 羟基醛（酮）易自发地发生分子内的亲核加成，生成稳定的环状半缩醛的反应得到启示，葡萄糖分子的醛基和醇羟基可相互作用，生成环状半缩醛。后来的 X- 射线衍射结果也证实了单糖主要是以环状结构存在。一般的半缩醛是不稳定的，但葡萄糖的环状半缩醛结构是稳定的。

葡萄糖通常以六元环或五元环形式存在，当以六元环存在时，与杂环化合物吡喃相似，故称为吡喃糖（glycopyranose）。若以五元环存在时，与杂环呋喃相似，故称为呋喃糖（glycofuranose）。

由于形成环状半缩醛，葡萄糖分子原来的醛基碳原子变成了手性碳，因此同一单糖有两种不同的环状半缩醛— α、β 异构体，它们是非对映体，这种仅端基不同的异构体称为端基异构体（anomer）。

吡喃结构式、β-D-吡喃葡萄糖结构式、α-D-吡喃葡萄糖结构式

$$吡喃 \qquad \beta\text{-}D\text{-}吡喃葡萄糖 \qquad \alpha\text{-}D\text{-}吡喃葡萄糖$$

上述环状结构式称为 Haworth（哈武斯）式。半缩醛羟基在环平面上方（与 C_6 羟甲基位于同侧）的称为 β- 异构体，在环平面下方的称为 α- 异构体。从乙醇中结晶 D- 葡萄糖可得 α-D- 葡萄糖，比旋光度为 +112°，从吡啶中结晶可得 β-D- 葡萄糖，比旋光度为 +18.7°。当把这两种异构体分别溶于水中，它们可通过开链结构相互转化，最终达到平衡，平衡混合物中 β- 异构体占 64%，α- 异构体占 36%，开链结构占 0.02%，混合物的比旋光度为 +52.5°。D- 葡萄糖发生变旋现象的内在原因是这两种端基异构体与开链结构之间处于动态平衡。

α-D-吡喃葡萄糖 ⇌ 开链 D-葡萄糖 ⇌ β-D-吡喃葡萄糖 结构式及平衡

$$\alpha\text{-}D\text{-}吡喃葡萄糖 \qquad 开链 D\text{-}葡萄糖 \qquad \beta\text{-}D\text{-}吡喃葡萄糖$$
$$36\% \qquad\qquad 0.02\% \qquad\qquad 64\%$$

由于开链结构含量极低，因此仅存在于开链结构中的羰基的特征吸收在葡萄糖的光谱中不显著。

我们以 D- 葡萄糖为例说明如何从己醛糖直链的 Fischer 投影式改变成 Haworth 式。为了使 C_5 羟基靠近醛基，可使 C_4—C_5 间的单键旋转 120°，此过程没有任何键断裂，因此 C_5 构型没有改变，但

产生了有利于成环的取向，使 C_5 羟基有利于向 C_1 羰基进攻，最后 C5 羟基分别从羰基平面两侧进攻羰基碳，得到两个端基异构体——α-D- 吡喃葡萄糖和 β-D- 吡喃葡萄糖。从上述 Fischer 投影式转变为 Haworth 式可以看出在 Fischer 式中处于右侧的羟基（指连在手性碳上的羟基）应在 Haworth 式环平面的下边，左边的羟基在环平面的上边。D- 构型的端基—CH_2OH 也在 Haworth 式环平面上边。

许多单糖都具有环状结构，例如：β-D- 呋喃果糖和 β-D- 呋喃核糖。

α-D- 吡喃葡萄糖和 β-D- 吡喃葡萄糖简称为 α-D- 葡萄糖和 β-D- 葡萄糖。在 D- 葡萄糖水溶液中，β-D- 葡萄糖的含量比 α-D- 葡萄糖高（64∶36）。Haworth 式把环当作平面，不能准确表示 D- 葡萄糖的立体结构，也就不能解释为什么在水溶液中 β-D- 葡萄糖含量比 α-D- 葡萄糖高。更符合吡喃糖实际结构的是其构象式。下面是 D- 葡萄糖的两种椅式构象式。

β-D- 葡萄糖分子的取代基（含半缩醛羟基）全部为 e 键；α-D- 葡萄糖与 β-D- 葡萄糖不同的是其半缩醛羟基 OH 处于 a 键。显然 β-D- 葡萄糖比 α-D- 葡萄糖更稳定，因此 D- 葡萄糖在水溶液的动态平衡中，β- 异构体的含量要高于 α- 异构体。

书写吡喃糖（如 D- 葡萄糖、D- 半乳糖等）的构象式时，含"O"的六元环要写成像上述 D- 葡萄糖的形式，因为此种含"O"的六元环相对稳定。

16-2 写出 α- 和 β-D- 吡喃半乳糖的构象式。指出在水溶液中哪种更稳定。

三、物理性质

单糖都是无色结晶体，有吸湿性，极易溶于水，难溶于酒精，不溶于醚。单糖易形成过饱和溶液 - 糖浆。水 - 醇混合溶剂常用于糖的重结晶。单糖有甜味，不同的单糖甜度不同，果糖最甜。除二羟基丙酮外单糖都有旋光性，具有环状结构的单糖具有变旋现象。一些单糖的物理常数见表 16-1。

表 16-1　某些单糖的物理常数

糖	熔点(℃)	比旋光度
D- 核糖	87	−23.7°
D-2- 去氧核糖	90	−59°
D- 葡萄糖	146	+52.7°
D- 果糖	104	−92.4°
D- 半乳糖	167	+80.2°
D- 甘露糖	132	+14.6°

四、化学性质

单糖分子中既含有羰基又含有多个羟基，故具有一般醛酮和醇的性质，如醛酮的羰基可发生还原反应，醇羟基可发生酯化反应。又由于这些官能团处于同一分子内相互影响，所以又具有一些特殊性质。

（一）成酯作用

单糖的环状结构中所有的羟基都可酯化。例如，葡萄糖在氯化锌存在下，与乙酐（Ac_2O）作用生成五乙酸酯。五乙酸酯已无半缩醛羟基，因此无还原性。

$$\text{葡萄糖} + Ac_2O \xrightarrow[30\sim35℃]{ZnCl_2} \text{1,2,3,4,6-五乙酰基-}\alpha\text{-}D\text{-吡喃葡萄糖}$$

1,2,3,4,6-五乙酰基-α-D-吡喃葡萄糖

单糖的磷酸酯在生命过程中具有重要意义，它们是人体内许多代谢过程中的中间产物。例如，1- 磷酸吡喃葡萄糖及 6- 磷酸吡喃葡萄糖。

α-1-磷酸吡喃葡萄糖　　　　α-6-磷酸吡喃葡萄糖

（二）成苷反应

单糖的半缩醛羟基与含羟基的化合物（如醇、酚等）作用，可脱去一分子水，生成糖苷（glycoside）。此反应称为成苷反应。例如：D- 葡萄糖在无水酸（通常使用干燥 HCl）催化下，与甲醇反应可生成 D- 葡萄糖甲苷（或甲基 -D- 葡萄糖苷）。

D-葡萄糖　　　　　β-D-甲基葡萄糖苷　α-D-甲基葡萄糖苷

糖苷是由糖和非糖两部分组成。上述糖苷是由 D- 葡萄糖和甲醇通过氧苷键结合成苷。糖苷分子中无半缩醛羟基,不能通过互变异构转化成开链结构,故无变旋光现象。与其他缩醛一样,糖苷键在碱性条件下稳定,在酸作用下很易水解,生成原来的糖和非糖部分。

此外,酶对糖苷水解有专一性,例如杏仁酶专一性地水解 β- 糖苷,而麦芽糖酶只水解 α- 糖苷。糖苷广泛分布于自然界中,很多具有生物活性。糖部分的存在可增加糖苷的水溶度。

16-3　糖苷本身无变旋光现象,但在酸性水溶液却有变旋光现象,为什么?

(三)成脎反应

单糖与过量的苯肼一起加热作用,会生成难溶于水的黄色结晶物质,叫做糖脎(osazone)。糖脎的生成可分三个阶段进行。单糖先与苯肼作用生成苯腙,然后苯腙中原来与羰基相邻碳(醛糖的 C-2,酮糖的 C-1)上的羟基被苯肼氧化为新的羰基,它再与苯肼作用生成二苯腙,即糖脎。

D-葡萄糖　　　　D-葡萄糖苯腙

D-葡萄糖脎

由于成脎反应只发生在单糖的 C-1 和 C-2 上,不涉及其他碳原子。因此,凡是碳原子数相同的单糖,除 C-1,C-2 外,其余手性碳原子构型完全相同时,都能生成相同的糖脎。例如,D- 葡萄糖、D- 甘露糖和 D- 果糖所生成的糖脎都一样。

D-葡萄糖　　　D-甘露糖　　　D-果糖

不同的糖生成糖脎所需的时间不同。一般来说,单糖快些,二糖慢些。糖脎是难溶于水的黄色结晶,不同的糖脎具有不同的晶形和熔点。因此,常用糖脎来鉴别不同的糖。

(四)糖的差向异构化反应

用稀碱[如 Ba(OH)₂]的水溶液处理 D- 葡萄糖,经过数天放置后,就会得到 D- 葡萄糖、D- 甘露

糖和 *D-* 果糖的混合物。*D-* 葡萄糖和 *D-* 甘露糖分子中有三个手性碳构型完全相同，只有一个手性碳不同，这种仅有一个手性碳构型不同的多手性碳的非对映异构体，称为差向异构体（epimer）。这个过程被称为差向异构化反应，该反应是通过单糖和烯二醇结构之间建立的平衡而转化的。

D- 葡萄糖   烯二醇   甘露糖

果糖

（五）氧化反应

1. 与弱氧化剂的反应   Tollens 试剂、Benediet 试剂和 Fehling 试剂为碱性弱氧化剂，能把醛基氧化成羧基。单糖虽然具有环状半缩醛结构，但在溶液中能与开链的结构处于动态平衡，所以开链的醛糖能被银氨络离子（Tollens 试剂）氧化，产生银镜；也能被 Cu^{2+}（Benedict 试剂和 Fehling 试剂）氧化产生 Cu_2O 的沉淀（砖红色）。

酮糖（例如 *D-* 果糖）也能被上述碱性弱氧化剂氧化。这是由于酮糖在碱性条件下，通过差向异构化反应转变为相应的醛糖，再被氧化。

凡是对 Tollens、Benedict 和 Fehling 试剂呈正反应的糖称为还原糖，否则为非还原糖。单糖都是还原糖。单糖在碱性溶液中氧化，其氧化产物通常是混合物，该性质不用于合成。

16-4   *D-* 葡萄糖被 Tollens 试剂氧化，除生成葡萄糖酸外，还有哪些氧化产物？

---

2. 与溴水的反应   溴水可与醛糖发生反应，选择性地将醛基氧化成羧基。由于在酸性条件下（溴水 pH=6.00）糖不发生差向异构化，因此溴水不氧化酮糖。利用溴水氧化醛糖的性质可鉴别酮糖与醛糖。

D- 葡萄糖   *D-* 葡萄糖酸

3. 与稀硝酸的反应　硝酸是比溴水强的氧化剂。它不但可以氧化糖的醛基还可以氧化糖的伯醇羟基。生成二元羧酸，称为糖二酸。例如 *D*- 葡萄糖经硝酸氧化，生成 *D*- 葡萄糖二酸（glucaric acid）。

$$\begin{array}{c} CHO \\ H\!-\!OH \\ HO\!-\!H \\ H\!-\!OH \\ H\!-\!OH \\ CH_2OH \end{array} \quad \xrightarrow[100℃]{稀HNO_3} \quad \begin{array}{c} COOH \\ H\!-\!OH \\ HO\!-\!H \\ H\!-\!OH \\ H\!-\!OH \\ COOH \end{array}$$

D–葡萄糖　　　　　　　*D*–葡萄糖二酸

D- 葡萄糖二酸经选择性还原，可得 *D*- 葡萄糖醛酸（glucuronic acid）。*D*- 葡萄糖醛酸广泛存在于动物和植物体内。在动物肝脏中它可与某些有毒的醇、酚等物质结合，然后排出体外，从而起到解毒作用。

$$\begin{array}{c} CHO \\ H\!-\!OH \\ HO\!-\!H \\ H\!-\!OH \\ H\!-\!OH \\ COOH \end{array} \quad \rightleftharpoons \quad $$

D–葡萄糖醛酸

（六）酸性条件下的脱水反应

在弱酸条件下，含 β- 羟基的羰基化合物易发生脱水反应，生成 α、β 不饱和羰基化合物。糖类化合物具有上述结构特征，因此在酸性条件下易脱水生成二羰基化合物。

$$\begin{array}{c} CHO \\ H\!-\!OH \\ HO\!-\!H \\ R \end{array} \quad \xrightarrow[-H_2O]{H^+} \quad \begin{array}{c} CHO \\ C\!-\!OH \\ C\!-\!H \\ R \end{array} \quad \rightleftharpoons \quad \begin{array}{c} CHO \\ C\!=\!O \\ CH_2 \\ R \end{array}$$

戊醛糖在强酸条件下（如 12%HCl）加热，分子脱水生成呋喃甲醛。己醛糖在上述条件下则得到5- 羟甲基呋喃甲醛。

$$\begin{array}{c} CHO \\ H\!-\!OH \\ H\!-\!OH \\ H\!-\!OH \\ CH_2OH \end{array} \quad \xrightarrow[\triangle]{强酸} \quad \left[\ \right] \quad \xrightarrow{-2H_2O} \quad $$

戊醛糖　　　　　　　　　　　　　　　　呋喃甲醛

$$\begin{array}{c} CHO \\ H\!-\!OH \\ H\!-\!OH \\ H\!-\!OH \\ H\!-\!OH \\ CH_2OH \end{array} \quad \xrightarrow[\triangle]{强酸} \quad \left[\ \right] \quad \xrightarrow{-2H_2O} \quad $$

己醛糖　　　　　　　　　　　　　　　　5–羟甲基呋喃甲醛

第二节　双糖和多糖

双糖和多糖都是单糖分子通过分子间脱水后以苷键连接而成的化合物。本节将以代表性化合物为例，讨论它们的结构及基本性质。

一、双糖

双糖广泛存在于自然界,它由两个相同的或不同的单糖单元构成。连接两个单糖的苷键有以下两种情况:第一种情况,连接双糖的苷键是由两个单糖的半缩醛羟基脱水而成,因此分子中已没有半缩醛羟基,不能通过互变生成开链糖,也就没有还原性和变旋光现象,这种苷键连接的双糖为非还原性双糖。第二种情况,一个单糖分子的半缩醛羟基与另一单糖分子中的醇型羟基之间脱水形成双糖,这种双糖分子中还有半缩醛羟基,因而有还原性和变旋光现象,为还原性双糖。麦芽糖、纤维二糖、乳糖为还原糖,蔗糖为非还原糖。单糖环状结构有 α- 和 β- 两种构型,这两种构型的半缩醛羟基都可参与苷键的形成,因此苷键就有 α- 苷键和 β- 苷键之分。

(一)麦芽糖

麦芽糖(maltose)存在于麦芽中,麦芽中的淀粉酶将淀粉水解而生成麦芽糖。此外,淀粉在稀酸中部分水解时可得麦芽糖。麦芽糖结晶含一分子结晶水,熔点 103℃(分解),易溶于水,有变旋光现象,比旋光度为 +136°。

麦芽糖的结构如下:

(+)–麦芽糖(maltose)

由上可知麦芽糖是由两分子 D- 葡萄糖以 α-1,4- 苷键连接构成的,成苷部分的葡萄糖是以吡喃环形式存在。麦芽糖分子结构中还有一个半缩醛羟基。麦芽糖是还原糖。

(二)纤维二糖

纤维二糖(cellobiose)是由纤维素部分水解得到。纤维二糖化学性质与麦芽糖相似,为还原糖,有变旋现象,水解后生成两分子 D- 葡萄糖。与麦芽糖不同的是纤维二糖只能被 β- 葡萄糖苷酶水解,纤维二糖是以 β-1,4- 糖苷键组成的双糖,全名为 4-O-(β- 吡喃葡萄糖基)-D- 吡喃葡萄糖。它的结构如下:

(+)–纤维二糖(cellobiose)

纤维二糖与麦芽糖虽只是苷键的构型不同,但生理上却有很大差别。麦芽糖有甜味,可在人体内分解消化,但纤维二糖既无甜味,也不能被人体消化吸收。

(三)乳糖

乳糖(lactose)存在于哺乳动物的乳汁中,人乳汁中乳糖含量为 7%~8%,牛乳中含量为 4%~5%。工业上可从制取奶酪的副产物(乳清)中获得乳糖。

乳糖也是还原糖,有变旋光现象。当用苦杏仁酶水解时,可得等量的 D- 半乳糖和 D- 葡萄糖,乳糖被溴水氧化后,水解可得到 D- 半乳糖和 D- 葡萄糖酸,故它是由半乳糖半缩醛羟基与 D- 葡萄糖的羟基键合而成。根据苦杏仁酶专一性地水解 β- 糖苷键的特点及它的氧化、甲基化和水解反应得知,葡萄糖的 C_4 羟基参与形成苷键。因此乳糖是 β-1,4 糖苷键的双糖,其名称为 4-O-(β-D- 吡喃半乳糖基)-D- 吡喃葡萄糖。其结构式为:

乳糖(lactose)

乳糖的结晶含一分子结晶水,熔点202℃,溶于水,比旋光度为+53.5°。医药上常利用其吸湿性小作为药物的稀释剂以配制散剂和片剂。

(四)蔗糖

蔗糖(sucrose)是自然界分布最广的双糖,尤其在甘蔗和甜菜中含量最高,故有蔗糖或甜菜糖之称。

蔗糖被稀酸水解,产生等量的 D-葡萄糖和 D-果糖。蔗糖没有还原性,也无变旋光作用,说明结构中已无半缩醛羟基。其苷键由葡萄糖的半缩醛羟基和果糖的半缩酮羟基脱水而成。蔗糖既可被 α-葡萄糖苷酶水解也可被 β-果糖苷酶水解生成相同产物,可知蔗糖既是 α-D-葡萄糖苷也是 β-D-果糖苷。后经 X-衍射研究及全合成,确定了蔗糖为 α-D-吡喃葡萄糖基-β-D-呋喃果糖苷,也可称为 β-D-呋喃果糖基-α-D-吡喃葡萄糖苷。其结构如下:

蔗糖(sucrose)

蔗糖是右旋糖,比旋光度为+66.7°,水解后生成等量的 D-葡萄糖和 D-果糖的混合物,其比旋光度为-19.7°,与水解前的旋光方向相反,因此把蔗糖的水解反应称为转化反应,水解后的混合物称为转化糖(invertsugar)。蜂蜜中大部分是转化糖。蜜蜂体内有一种能催化水解蔗糖的酶,这种酶被称为转化酶(invertase)。

$$蔗糖 \longrightarrow D\text{-}葡萄糖 \ + \ D\text{-}果糖$$

$$[\alpha]_D + 66.7° \qquad [\alpha]_D + 52.5° \qquad [\alpha]_D - 92.4°$$

转化糖
$$[\alpha]_D = -19.7°$$

二、多糖

多糖是由许多单糖分子以苷键相连形成的高分子化合物。如淀粉、纤维素、糖原。自然界的许多多糖含有80~100个单元的单糖。多糖可以水解,但要经历多步过程,先生成相对分子质量较小的多糖,然后是寡糖,最后是单糖。

多糖大多数为无定形粉末,没有甜味。大多数不溶于水。个别多糖能与水形成胶体溶液。

(一)淀粉

淀粉(starch)广泛地分布于植物界,是人类获取糖类的主要源泉。淀粉是白色无定形粉末。它是由直链淀粉(amylose)和支链淀粉(amylopectin)两部分构成。直链淀粉在淀粉中的含量约为20%,不易溶于冷水,在热水中有一定溶解度,分子量比支链淀粉少,一般由250~300个 D-葡萄糖以 α-1,4苷键连接而成的直链化合物。

直链淀粉的空间排列不是直线型的，因为 α-1,4- 苷键的氧原子有一定键角，且单键可自由转动，羟基间可形成氢键，因此直链淀粉具有规则的螺旋状空间排列。每一圈螺旋有 6 个 α-D- 葡萄糖基（图 16-2）。

直链淀粉

淀粉遇碘显蓝色，这是淀粉的定性鉴定反应。目前认为显色机制是碘分子钻入螺旋空隙中形成有色的复合物（图 16-2）。

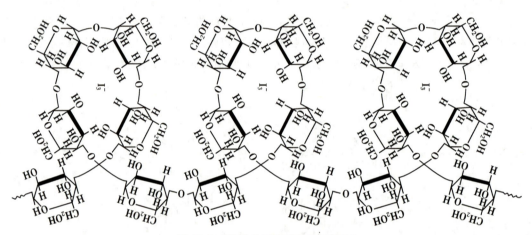

图 16-2　淀粉分子与碘作用示意图

支链淀粉在淀粉中的含量约占 80%，不溶于水中，与热水作用则膨胀成糊状。一般含有 6000～40 000 个 D- 葡萄糖。在支链淀粉分子中，主链有 α-1,4 苷键连接，而分枝处为 α-1,6 苷键，结构如下：

α-1,6-糖苷键

支链淀粉结构

在支链淀粉分子的直链上，每隔 20～25 个 D- 葡萄糖单元就有一个以 α-1,6- 苷键连接的分支，因此其结构比直链淀粉复杂。支链淀粉可与碘生成紫红色的配合物。

淀粉在水解过程中可先生成糊精，它是相对分子质量比淀粉小的多糖，能溶于水，具有极强黏性。相对分子质量较大的糊精遇碘显红色，叫红糊精，再水解变成无色的糊精，无色糊精有还原性。淀粉在水解过程大致如下：

淀粉 → 红糊精 → 无色糊精 → 麦芽糖 → 葡萄糖

（二）糖原

糖原（glycogen）是无色粉末，易溶于水，遇碘呈紫红色。糖原主要存在于动物的肝脏和肌肉中，肝脏中糖原的含量达 10%~20%,肌肉中的含量约 4%。其功能与植物淀粉相似,是葡萄糖的贮存形式。当血液中葡萄糖含量低于正常水平时,糖原即可分解为葡萄糖,供给机体能量。

糖原的结构与支链淀粉相似,但分支更密,支链淀粉中每隔 20~25 个葡萄糖残基就出现一个 α-1,6-苷键,而糖原只相隔 8~10 个葡萄糖残基就出现一个 α-1,6-苷键(图 16-3)。

糖原的分枝状结构示意图　　　　　胶淀粉的分枝状结构示意图

图16-3 糖原与胶淀粉结构示意图

(三)纤维素

纤维素(cellulose)是自然界最丰富的有机物。它是植物细胞壁的主要结构成分。植物干叶中含纤维素为 10%~20%。木材中含纤维素 50%,棉花含 90%。

纤维素是由 D-葡萄糖以 β-1,4 糖苷键结合的链状聚合物。在纤维素结构中不存在支链,分子链之间因氢键的作用而扭成绳索状。

纤维素

纤维素在盐酸水溶液中水解可得到 D-葡萄糖。如用酶部分水解可产生纤维二糖。纤维素虽然与淀粉一样由 D-葡萄糖组成,但由于是以 β-1,4 糖苷键连接,不能被淀粉酶水解,因此人不能消化纤维素。但它可增强肠的蠕动,因此食入富含纤维素的食品有利于健康。食草动物的消化道中有一些微生物能分泌出可以水解 β-1,4-糖苷的酶,可以消化纤维素。

纤维素无变旋现象,不易被氧化,但具有羟基一般反应,分子中游离的羟基经硝化和乙酰化后,可制成人造丝、火棉胶、电影胶片、硝基漆等。

环糊精

环糊精(cyclodextrin)是淀粉经环糊精糖基转化酶水解得到的多种环状低聚糖的总称。一般情况下环糊精是由六、七和八个 D-(+)-葡萄糖通过 α-1,4-糖苷键结合可分别得到 α,β 和 γ 三种环糊精。

环糊精的形状像一个无底的桶,上端大,下端小,具有不同内径的空腔,如 α-环糊精的空腔内径为 450pm,β-环糊精为 700pm,而 γ 环糊精则为 800pm。其中研究得最多的是 α-环糊精。α-环糊精是由六个葡萄糖分子按照 α-1,4 连接方式形成的桶状结构。从图 16-4 可以看到环糊精的结构和形状。桶状环糊精上端外侧是 C_2-OH 和 C_3-OH,下端是羟甲基,因而形成分子外部是亲水的,由于一级羟基能自由旋转,使空腔的一部分被遮盖,而二级羟基具有一定的刚性,不易自由旋转,因而使一级羟基构成的底部内腔略小于顶部。环糊精的内腔由葡萄糖分子的 C—C、C—H 和 C—O 键组成,因而具有疏水性。

图16-4　α-环糊精

基于环糊精的空间结构特征，其既有一定的水溶度，又能在分子内腔包合脂溶性强的有机物，形成单分子包容复合物，环糊精与包容复合物的结合力是主体分子与客体分子之间的范德华力，没有键的形成。

环糊精的包容复合物的稳定性取决于主体空腔的容积、客体分子大小、基团性质以及空间的构型等。只有当客体分子与环糊精空腔的几何形状相匹配时，才能形成稳定的包容复合物。例如疏水分子苯只能进入α-环糊精的空腔形成复合物。这表明环糊精对客体分子有一定的识别能力，这一特点与酶的选择性催化作用相类似，因此环糊精已成为人工酶的模型。研究结果表明，α-环糊精本身就是一种水解酶模型。如，乙酸苯酯能够被α-环糊精快速催化水解，其过程与酶水解相似。近年来，在α-环糊精的结构修饰以及提高它的分子识别和催化性能等方面，都取得了很大的进展。此外环糊精还被广泛用于食品、医药、化学分析等方面，可改变客体分子的物理和化学性质，例如，可增加药物的稳定性，减少毒副作用，延长药物的疗效等。

环糊精为白色粉末状晶体，有一定的水溶性，具有旋光性。分子中不具有半缩醛羟基，因而无还原性。在碱性溶液中较稳定，而对酸则十分敏感。

习　题

16-5　写出下列各糖的名称。

16-6　写出下列各糖的稳定构象式。

　　(1) β-D-吡喃甘露糖　　　　　　　　(2) β-D-吡喃葡萄糖

　　(3) 2-乙酰氨基-α-D-吡喃半乳糖

16-7　举例解释下列名词。

　　(1) 差向异构体　　　　　　　　　　(2) 端基异构体

(3) 变旋现象　　　　　　　　　　(4) 还原糖、非还原糖

(5) 苷键

16-8　用化学方法区别下列各组化合物。

(1) 麦芽糖和蔗糖　　　　　　　　(2) D-葡萄糖和 D-果糖

(3) 甲基-D-吡喃葡萄糖苷和 D-葡萄糖　　(4) 半乳糖和淀粉

(5) 淀粉和纤维素

16-9　写出 D-半乳糖与下列试剂的反应产物。

(1) Br_2, H_2O　　　　　　(2) CH_3OH+HCl（干）　　　　　(3) HNO_3

16-10　当 D-甘露糖在碱性条件下较长时间反应时，产生了 D-葡萄糖、D-果糖，说明其原因。

16-11　指出下列糖化合物哪些有还原性？

(1) D-阿拉伯糖　　　　　(2) D-甘露糖　　　　　(3) 淀粉

(4) 蔗糖　　　　　　　　(5) 纤维素　　　　　　(6) 苯基-β-D-葡萄糖苷

16-12　指出下列戊糖的名称、构型（D 或 L），哪些互为对映体？哪些互为差向异构体？

```
      CHO          CHO          CHO          CHO
   ───┼───      ───┼───      ───┼───      ───┼───
   ───┼───      ───┼───      ───┼───      ───┼───
   ───┼───      ───┼───      ───┼───      ───┼───
     CH₂OH        CH₂OH        CH₂OH        CH₂OH
      (1)          (2)          (3)          (4)
```

16-13　D-(+)-吡喃葡萄糖在干燥 HCl 作用下与甲醇反应，生成甲基-α-D-(+)吡喃葡萄糖苷和甲基-β-D-吡喃葡萄糖苷，试写出其成苷的机制。

16-14　异麦芽糖的结构如下，请写出其全名称。

（何　炜）

第十七章 氨基酸、多肽和蛋白质

　　蛋白质是生物体内含量最高、功能最重要的生物大分子,存在于几乎所有生物细胞中,约占细胞干质量的 50% 以上,它与多糖、脂类和核酸等都是构成生命的基础物质。从最简单的病毒、细菌等微生物直至高等动物,一切生命过程都与蛋白质密切相关。它不仅是细胞的重要组成成分之一,而且还具有多种生物学功能。例如,机体内起催化作用的酶、调节代谢的一些激素以及发生免疫反应的抗体等均为蛋白质。几乎全部的生命现象和所有细胞活动,最终都是通过蛋白质的介导来表达和实现的。

　　蛋白质是由氨基酸通过肽键组成的多肽链在空间盘绕折叠而成。由于氨基酸的种类、数目以及排列顺序的差异,可形成种类繁多、结构复杂、生物功能各异的蛋白质。

　　多肽是 α- 氨基酸以肽链连接在一起而形成的化合物,它也是蛋白质水解的中间产物。除了作为蛋白质代谢的中间产物外,生物体内还存在一些重要的活性肽,它们通过神经 - 内分泌等各种作用途径,行使其微妙的传讯功能,是沟通细胞与器官间信息的重要化学信使。

　　本章主要讲述氨基酸的结构和性质,并扼要介绍肽和蛋白质的基本知识。有关蛋白质的结构和功能更详细的内容将在生物化学课程中学习。

第一节　氨　基　酸

　　氨基酸(amino acid)是一类分子中既含有氨基又含有羧基的化合物。根据氨基和羧基的相对位置,氨基酸可分为 α、β、γ 等类型。虽然已发现几百种天然氨基酸,但是蛋白质水解后的氨基酸主要有 20 种。不同来源的蛋白质在酸、碱或酶的作用下,能逐步水解,最终产物是不同 α- 氨基酸的混合物。因此 α- 氨基酸是组成蛋白质的基本单位。

一、结构、分类和命名

　　组成蛋白质的 20 种氨基酸,除脯氨酸为 α- 亚氨基酸外,均属 α- 氨基酸,即其氨基和羧基都连接在 α- 碳原子上,其结构通式如下(式中 R 代表不同的侧链基团):

$$\underset{\quad\ \ |}{\overset{\quad\ \ NH_2}{R-CH-COOH}}$$

　　由于氨基酸分子内同时存在酸性基团(—COOH)和碱性基团(—NH$_2$),它们可相互作用形成内盐。因此氨基酸的物理性质与一般有机化合物不同,多为无色晶体,熔点一般在 200℃ 以上,且较易溶于水而难溶于非极性溶剂。

　　氨基酸的红外光谱显示,固态氨基酸只有羧酸根负离子(—COO$^-$)在 1600~1590cm^{-1} 附近的强吸收峰,无游离羧基(—COOH)吸收峰;—NH$_3^+$ 的 N—H 伸缩振动谱出现在 3100~2600cm^{-1}。X- 射线衍射也显示固态氨基酸分子中的羧基和氨基均呈离子状态。这些科学事实证实固态氨基酸以偶极离子(dipolar ions)的结构形式存在。

$$\underset{\quad\ \ |}{\overset{\quad\ \ NH_2}{R-CH-COOH}} \longrightarrow \underset{\quad\ \ |}{\overset{\quad\ \ NH_3^+}{R-CH-COO^-}}$$

偶极离子

除甘氨酸外,其他组成蛋白质的氨基酸分子均具有旋光性,其 α- 碳原子为手性碳原子。氨基酸的构型通常采用 D、L 命名法,即以甘油醛为参考标准,在 Fischer 投影式中,凡氨基酸分子中 α-NH_3^+ 的位置与 L- 甘油醛手性碳原子上—OH 的位置相同者为 L- 型,相反者为 D- 型:

$$
\begin{array}{cccc}
\text{CHO} & \text{COO}^- & \text{CHO} & \text{COO}^- \\
\text{HO}\text{—}\!\!\!\!\text{—}\text{H} & {}^+\text{H}_3\text{N}\text{—}\!\!\!\!\text{—}\text{H} & \text{H}\text{—}\!\!\!\!\text{—}\text{OH} & \text{H}\text{—}\!\!\!\!\text{—}\text{NH}_3^+ \\
\text{CH}_2\text{OH} & \text{R} & \text{CH}_2\text{OH} & \text{R} \\
L\text{-甘油醛} & L\text{-氨基酸} & D\text{-甘油醛} & D\text{-氨基酸}
\end{array}
$$

构成蛋白质的 α- 氨基酸均为 L 构型。若用 R、S 标记法,其 α- 碳原子除半胱氨酸为 R 构型外,其余皆为 S 构型。这是因为在半胱氨酸中,CH_2SH 的取代基位次高于 COOH。

> 17-1 苏氨酸是 1935 年在纤维蛋白水解物中发现的氨基酸,是最后被发现的必需氨基酸。请写出苏氨酸所有的立体构型,标明 D、L 构型,并指出何者为蛋白质中存在的 $(2S, 3R)$- 构型苏氨酸。

根据 α- 氨基酸分子中 R 基团的结构和性质,氨基酸有不同的分类方法。如按 R 基团的结构可分为脂肪族氨基酸、芳香族氨基酸和杂环氨基酸。在医学上,一般根据 α- 氨基酸在生理 pH 范围内(pH=7.35)其侧链 R 基团的极性及其所带电荷的不同,分为 4 类(表 17-1)。

第一类是 R 为非极性或疏水性基团的氨基酸,它们通常埋藏于蛋白质分子内部。第二类是 R 为极性但不带电荷基团的氨基酸,其侧链中含羟基、巯基等极性基团,在生理 pH 状况下不带电荷(在碱性溶液中,酚羟基和巯基可给出质子而带负电荷),并具有一定的亲水性,往往分布在蛋白质分子的表面;第一类和第二类氨基酸因其分子中各含一个—NH_3^+ 和—COO^-,习惯上又称为中性氨基酸。但这类氨基酸由于酸性解离大于碱性解离,故其水溶液 pH 略小于 7,大多呈微酸性。第三类是酸性氨基酸。在生理 pH 状况下,其侧链中带有已给出质子的—COO^-。第四类是碱性氨基酸,其侧链中带有易接受质子的胍基、氨基、咪唑基等基团,它们在中性和酸性溶液中往往带正电荷。

习惯上,往往根据氨基酸的来源或某些特性而采用俗名。如天冬氨酸源于天门冬植物,甘氨酸因具甜味而得名。常见的 20 种 α- 氨基酸的名称、结构及中英文缩写符号见表 17-1。

表 17-1 存在于蛋白质中 20 种常见的氨基酸

中文名称	英文名称	三字母	单字母	中文缩写	结构式(偶极离子)	pI
中性氨基酸(具非极性 R 基团)						
甘氨酸	glycine	Gly	G	甘	H—CH—CO_2^- ,上为 NH_3^+	5.97
丙氨酸	alanine	Ala	A	丙	$\text{CH}_3\text{—CH—CO}_2^-$,上为 NH_3^+	6.00
亮氨酸 *	leucine	Leu	L	亮	$(\text{H}_3\text{C})_2\text{CH—CH}_2\text{—CH—CO}_2^-$,上为 NH_3^+	5.98
异亮氨酸 *	isoleucine	Ile	I	异亮	$\text{H}_3\text{C}, \text{CH}_3\text{CH}_2\text{—CH—CH—CO}_2^-$,上为 NH_3^+	6.02
缬氨酸 *	valine	Val	V	缬	$(\text{H}_3\text{C})_2\text{CH—CH—CO}_2^-$,上为 NH_3^+	5.96

续表

中文名称	英文名称	三字母	单字母	中文缩写	结构式（偶极离子）	pI
脯氨酸	proline	Pro	P	脯	H_2C-CH_2 H_2C $CH-CO_2^-$ N^+ H H	6.30
苯丙氨酸*	phenylalanine	Phe	F	苯丙	$CH_2-\overset{\overset{NH_3^+}{\mid}}{CH}-CO_2^-$	5.48
甲硫（蛋）氨酸*	methionine	Met	M	蛋	$CH_3-S-CH_2-CH_2-\overset{\overset{NH_3^+}{\mid}}{CH}-CO_2^-$	5.74
中性氨基酸（不带电荷而具极性基团）						
丝氨酸	serine	Ser	S	丝	$HO-CH_2-\overset{\overset{NH_3^+}{\mid}}{CH}-CO_2^-$	5.68
苏氨酸*	threonine	Thr	T	苏	$CH_3-\overset{\overset{OH}{\mid}}{CH}-\overset{\overset{NH_3^+}{\mid}}{CH}-CO_2^-$	5.60
天冬酰胺	asparagine	Asn	N	天酰	$\overset{\overset{O}{\parallel}}{H_2N-C}-CH_2-\overset{\overset{NH_3^+}{\mid}}{CH}-CO_2^-$	5.41
谷氨酰胺	glutamine	Gln	Q	谷酰	$\overset{\overset{O}{\parallel}}{H_2N-C}-CH_2-CH_2-\overset{\overset{NH_3^+}{\mid}}{CH}-CO_2^-$	5.65
半胱氨酸	cysteine	Cys	C	半胱	$HS-CH_2-\overset{\overset{NH_3^+}{\mid}}{CH}-CO_2^-$	5.07
酪氨酸	tyrosine	Tyr	Y	酪	$HO-\bigcirc-CH_2-\overset{\overset{NH_3^+}{\mid}}{CH}-CO_2^-$	5.66
色氨酸*	tryptophan	Trp	W	色	$CH_2-\overset{\overset{NH_3^+}{\mid}}{CH}-CO_2^-$	5.89
酸性氨基酸						
天冬氨酸	aspartic acid	Asp	D	天冬	$\overset{\overset{O}{\parallel}}{HO-C}-CH_2-\overset{\overset{NH_3^+}{\mid}}{CH}-CO_2^-$	2.77
谷氨酸	glutamic acid	Glu	E	谷	$\overset{\overset{O}{\parallel}}{HO-C}-CH_2-CH_2-\overset{\overset{NH_3^+}{\mid}}{CH}-CO_2^-$	3.22
碱性氨基酸						
赖氨酸*	lysine	Lys	K	赖	$H_3N^+-CH_2CH_2CH_2CH_2-\overset{\overset{NH_2}{\mid}}{CH}-CO_2^-$	9.74
精氨酸	arginine	Arg	R	精	$\overset{\overset{NH_2^+}{\parallel}}{H_2N-C}-NH(CH_2)_3-\overset{\overset{NH_2}{\mid}}{CH}-CO_2^-$	10.76
组氨酸	histidine	His	H	组	$CH_2-\overset{\overset{NH_3^+}{\mid}}{CH}-CO_2^-$	7.59

*为营养必需氨基酸

有些氨基酸在人体内不能合成或合成数量不足,必须由食物蛋白质补充才能维持机体正常生长发育,这类氨基酸称为营养必需氨基酸(essential amino acid),主要有 8 种(表 17-1 中标有＊者)。此外,组氨酸和精氨酸在婴幼儿和儿童时期因体内合成不足,也需依赖食物补充一部分。早产儿还需要适当补充色氨酸和半胱氨酸。

蛋白质分子中含有一些经修饰的氨基酸,其在生物体内均无相应的遗传密码,往往在蛋白质生物合成前后,由其中相应氨基酸经加工修饰而成,如胱氨酸是由两分子半胱氨酸氧化而成。植物、细菌和动物体内还发现大量非蛋白质氨基酸,它们大多为 α- 氨基酸的衍生物,也有些是 β- 氨基酸、γ- 氨基酸或 δ- 氨基酸,还发现有 D- 型氨基酸。如鸟氨酸和瓜氨酸是精氨酸的代谢中间体,脑内存在的重要神经递质 γ- 氨基丁酸是谷氨酸的脱羧产物,β- 丙氨酸是构成泛酸的基本成分。普瑞巴林(pregabalin)是一种人工合成的一种钙离子通道调节剂,属于 γ- 氨基丁酸衍生物,临床上主要用于治疗外周神经痛和癫痫。

$$L\text{-胱氨酸} \qquad \gamma\text{-氨基丁酸} \qquad \text{普瑞巴林}$$

二、性质

(一)酸碱性和等电点

固态氨基酸以偶极离子形式存在。由于氨基酸分子内有两个可解离的基团($-NH_3^+$ 和 $-COO^-$),因此氨基酸在水溶液中存在阳离子、阴离子和偶极离子三种结构形式,且呈平衡状态。

$$\text{阳离子} \quad \xrightleftharpoons[+H^+]{-H^+} \quad \text{偶极离子} \quad \xrightleftharpoons[+H^+]{-H^+} \quad \text{阴离子}$$

由于氨基酸分子中给出质子的酸性基团和接受质子的碱性基团的数目和能力各异,不同的氨基酸在水溶液中呈现不同的酸碱性。由于 $-NH_3^+$ 给出质子的能力大于 $-COO^-$ 接受质子的能力,因此中性氨基酸水溶液呈弱酸性。

不同的氨基酸在溶液中主要带何种电荷,取决于溶液的 pH。当调节某一种氨基酸溶液的 pH 值使该种氨基酸解离成阳离子和阴离子的趋势及程度相等,即刚好以偶极离子形式存在,此溶液的 pH 值称为该氨基酸的等电点(isoelectric point, pI)。等电点时,氨基酸所带的净电荷为零,整体呈电中性,在电场中,既不向负极移动,也不向正极移动。当氨基酸溶液的 pH 大于 pI 时(如加入碱),有利于"$-NH_3^+$"的解离,使溶液中的氨基酸带负电荷的占优势。反之,当溶液的 pH 小于 pI 时(如加入酸),有利于"$-COO^-$"与"H^+"结合,使溶液中的氨基酸带正电荷的占优势。

$$\text{阳离子} \atop \text{pH<pI} \quad \xrightleftharpoons[H^+]{OH^-} \quad {\text{偶极离子} \atop \text{pH=pI}} \quad \xrightleftharpoons[H^+]{OH^-} \quad {\text{阴离子} \atop \text{pH>pI}}$$

各种氨基酸由于其组成和结构不同,因此具有不同的等电点。酸性氨基酸水溶液的 pH 值小于 7,所以必须加入较多的酸才能使正负离子量相等,等电点约为 3。反之,碱性氨基酸水溶液中正离子较多,则必须加入碱,才能使负离子量增加。所以碱性氨基酸的等电点大于 7,在 7.6~10.8。中性氨基酸的等电点小于 7,一般在 5.0~6.5 之间。常见的 20 种氨基酸的等电点列于表 17-1。

带电颗粒在电场中总是向其电荷相反的电极移动,这种现象称为电泳(electrophoresis)。由于各种氨基酸的相对分子质量和 pI 不同,在相同 pH 的缓冲溶液中,不同的氨基酸不仅带电荷状况有差异,而且在电场中的泳动方向和速率也往往不同。基于这种差异,可用电泳技术分离氨基酸的混合物。例如将丙氨酸、天冬氨酸和精氨酸的混合物置于电泳支持介质(滤纸或凝胶)中央,调节溶液的 pH 值至 6.00(为缓冲溶液)时,此时精氨酸(pI=10.76)带正电荷,在电场中向负极泳动;而天冬氨酸(pI=2.77)带负电荷,向正极泳动;丙氨酸(pI=6.00)在电场中不泳动,藉此可将三者进行分离。下列为三种氨基酸混合物各自在电场中泳动方向示意图。

电泳池中的缓冲溶液 pH 值 6.00 时,上述三种氨基酸存在的主要结构形式分别如下:

$$H_3\overset{+}{N}-\overset{\displaystyle COO^-}{\underset{\displaystyle CH_2CH_2CH_2-NH-\overset{NH_2^+}{C}-NH_2}{|}}-H \qquad H_3\overset{+}{N}-\overset{\displaystyle COO^-}{\underset{\displaystyle CH_3}{|}}-H \qquad H_3\overset{+}{N}-\overset{\displaystyle COO^-}{\underset{\displaystyle CH_2-COO^-}{|}}-H$$

Arg　　　　　　　　　　　　　　　Ala　　　　　　Asp

> **17-2**　在 pH 为 7.59 的缓冲溶液中,采用电泳技术分离 Val、Glu、His 三种氨基酸的混合物,指出三者的带电状况和泳动方向。

(二)脱羧反应

α- 氨基酸与氢氧化钡一起加热或在高沸点溶剂中回流,可发生脱羧反应,失去二氧化碳而得到少一个碳的胺:

$$R-\overset{\overset{\displaystyle NH_3^+}{|}}{CH}-COO^- \xrightarrow[\Delta]{OH^-} R-CH_2NH_2 + CO_2\uparrow$$

生物体内的脱羧反应是在某些酶的作用下发生的。例如,蛋白质腐败时,精氨酸或鸟氨酸可发生脱羧反应生成腐胺[$H_2N-(CH_2)_4-NH_2$];赖氨酸脱羧可得尸胺[$H_2N-(CH_2)_5-NH_2$]。肌球蛋白中的组氨酸在脱羧酶的存在下,可转变成组胺,机体中组胺过量易引起过敏反应。人食入了不新鲜的鱼,有时会发生过敏,这可能就是由于机体内产生了过量的组胺所致。

$$\underset{\text{组胺酸}}{\overset{N}{\underset{\underset{H}{N}}{\bigvee}}-CH_2\overset{\overset{\displaystyle NH_3^+}{|}}{CH}-COO^-} \xrightarrow{\text{脱羧酶}} \underset{\text{组胺}}{\overset{N}{\underset{\underset{H}{N}}{\bigvee}}-CH_2CH_2NH_2} + CO_2\uparrow$$

(三)与亚硝酸反应

氨基酸分子中的氨基具有伯胺的性质,与亚硝酸反应时放出氮气,$-\overset{+}{N}H_3$ 被羟基取代,生成 α-羟基酸。脯氨酸的亚氨基不能与亚硝酸反应放出氮气。

$$R-\overset{\overset{\displaystyle NH_3^+}{|}}{CH}-COO^- + HNO_2 \longrightarrow R-\overset{\overset{\displaystyle OH}{|}}{CH}-COOH + N_2\uparrow + H_2O$$

释放的 N_2 中一半的氮原子来自氨基酸。若定量测定反应中所释放出的 N_2 体积,即可计算出氨基酸的含量。因此,利用该反应可以测定蛋白质分子中的游离氨基或氨基酸分子中的氨基含量,此种方法称为 van Slyke 氨基氮测定法，常用于氨基酸和多肽的定量分析。

（四）与茚三酮的显色反应

氨基酸与茚三酮的水合物在乙醇（或丙酮）溶液中共热，可生成蓝紫色的化合物。

α-氨基酸与茚三酮的水合物在乙醇或丙酮溶液中共热，首先被氧化分解形成醛、氨和二氧化碳，茚三酮则被还原为仲醇。水合茚三酮再与所生成的仲醇、氨结合，生成具有蓝紫色的化合物，称为罗曼紫（Ruhemann's purple）。法医学上该反应被用于鉴定指纹。

罗曼紫

反应产生的蓝紫色在 570nm 有强吸收，其吸收强度与氨基酸的含量成正比，因此可用于氨基酸的定量分析。亚氨基酸（脯氨酸和羟脯氨酸）与茚三酮的反应呈黄色。茚三酮反应广泛用于肽和蛋白质的鉴定或纸层析与薄层层析等的显色。

（五）络合性质

氨基酸中羧基可以与金属成盐，而氨基上的氮原子由于具有孤电子对，同时也可以与金属离子形成配位键，形成稳定的络合物。例如，在一定条件下，氨基酸可以与二价铜离子形成蓝色络合物结晶。该方法常用于分离或鉴定氨基酸。

（六）紫外吸收性质

酪氨酸、苯丙氨酸和色氨酸等芳香族氨基酸在 280nm 处有最强的紫外吸收峰。由于大多数蛋白质含有这些氨基酸残基（amino acid residue），氨基酸残基数与蛋白质含量成正比，故通过对 280nm 波长的紫外吸光度的测量可对蛋白质溶液进行定量分析。

第二节　肽

一、结构和命名

肽是氨基酸之间通过酰胺键相连而成的一类化合物，肽分子中的酰胺键又称为肽键（peptide bond），二肽可视为一分子氨基酸中的 $-COO^-$（一般为 $\alpha-COO^-$）与另一分子氨基酸中的 NH_3^+（一般为 $\alpha-NH_3^+$）脱水缩合而成。肽也以两性离子的形式存在。

$$H_3\overset{+}{N}-CH-COO^- + H_3\overset{+}{N}-CH-COO^- \longrightarrow H_3\overset{+}{N}-CH-\overset{O}{\overset{\|}{C}}-NH-CH-COO^-$$

R^1　　　　R^2　　　　R^1　　肽键　R^2　　二肽

二肽分子的两端仍存在游离的—NH_3^+和—COO^-，因此它可以再与另一分子氨基酸脱水缩合形成三肽；同样依次可形成四肽、五肽……。十肽以下的称为寡肽（oligopeptide），大于十肽的称为多肽（polypeptide）。氨基酸形成肽后，已不是完整的氨基酸，故将肽中的氨基酸单位称为氨基酸残基（amino acid residue）。虽然存在环肽，但绝大多数的肽呈链状，称为多肽链，一般可用通式表示：

$$H_3^+N-CH-\overset{\overset{\displaystyle O}{\|}}{C}-NH-CH-\overset{\overset{\displaystyle O}{\|}}{C}-NH-CH-\overset{\overset{\displaystyle O}{\|}}{C}-NH-CH-\overset{\overset{\displaystyle O}{\|}}{C}------NH-CH-COO^-$$

$$R^1 \qquad R^2 \qquad R^3 \qquad R^4 \qquad R^n$$

肽键

在肽链的一端仍保留着游离的—NH_3^+，称为氨基末端或 N- 端；而另一端则保留着游离的—COO^-，称为羧基末端或 C- 端。

肽的结构不仅取决于组成肽链的氨基酸种类和数目，而且也与肽链中各氨基酸残基的排列顺序有关。由两种不同的氨基酸（如甘氨酸和丙氨酸）组成二肽时，因连接顺序差异，可形成两种异构体：一种为丙氨酸的—NH_3^+和甘氨酸的—COO^-脱水缩合而成；另一种为甘氨酸的—NH_3^+和丙氨酸的—COO^-脱水缩合而成。肽的命名通常以含 C- 端的氨基酸为母体称为某氨酸，而肽链中其他的氨基酸残基从 N- 端开始依次称某氨酰，置于母体名称之前。也可用英文表示。例如由丙氨酸和甘氨酸可构成以下两种肽：

$$H_3^+N-CH-\overset{\overset{\displaystyle O}{\|}}{C}-NH-CH_2-COO^- \qquad\qquad H_3^+N-CH_2-\overset{\overset{\displaystyle O}{\|}}{C}-NH-CH-COO^-$$

$$H_3C \qquad\qquad\qquad\qquad\qquad\qquad\qquad\qquad CH_3$$

丙氨酰甘氨酸(Ala–Gly)　　　　　　　　　　甘氨酰丙氨酸(Gly–Ala)

同理，由 3 种不同的氨基酸组成的三肽可有 6 种异构体；由 4 种不同的氨基酸组成的四肽可有 24 种异构体。由许多种氨基酸按不同的顺序排列，可形成大量的异构体，构成自然界中种类繁多的蛋白质和多肽。

17-3　　一种从奶制品中发现的三肽类化合物，可用作血管紧缩素转换酶抑制剂。其结构为异亮氨酸 - 脯氨酸 - 脯氨酸，试写出其化学结构。

二、肽键平面

多肽分子中构成多肽链的基本化学键是肽键，肽键与相邻两个 α- 碳原子所组成的基团（—$C\alpha$—CO—NH—$C\alpha$—）称为肽单元。肽链就是由许多肽单元连接而成，它们构成多肽链的主链骨架。通过对一些简单的肽和蛋白质肽键的 X- 射线晶体衍射分析，证明肽单元的空间结构具有以下 3 个显著的特征：

（1）肽单元是平面结构，组成肽单元的 6 个原子位于同一平面内，这个平面称为肽键平面，如图 17-1 所示（三个平面）。

（2）肽键具有局部双键性质，不能自由旋转。肽键中的 C—N 键长为 132pm，比相邻的 $C\alpha$—N 单键（147pm）短，而较一般的 C=N 双键（127pm）长。这表明羰基的 π 电子发生离域现象，使肽键具有局部双键性质，因此 C—N 之间的旋转受到一定的阻碍。

（3）肽键呈反式构型。由于肽键不能自由旋转，与 C—N 键相连的 O 与 H 或两个 $C\alpha$ 原子之间一般呈较稳定的反式构型。

肽键平面中除 C—N 键不能旋转外，两侧的 $C\alpha$—N 和 C—$C\alpha$ 键均为 σ 键，因而相邻的肽键平面可围绕 $C\alpha$ 旋转，肽链的主链骨架也可视为由一系列通过 $C\alpha$ 原子衔接的肽键平面所组成。肽键平面的旋转所产生的立体结构可呈现多种状态，从而导致蛋白质分子呈现各种不同的构象。

图 17-1　肽键平面

　　天然存在的肽分子大小不等,有些是蛋白质降解的片段,有些是具有特殊的生理和药理作用的活性物质。就目前所知的多肽,多数是开链肽,少数为分支开链肽,环状的多肽则比较少见。肽的化学性质在某些方面与氨基酸类似,而各种氨基酸残基的 R 基团则对肽的性质有较大影响。肽与氨基酸一样,也含有 $-COO^-$ 和 $-NH_3^+$ 等基团,因此也以偶极离子形式存在,具有各自的等电点。在水溶液中的酸碱性质,主要取决于侧链可解离的 R 基团的数目和性质。

　　肽也能发生类似于氨基酸所发生的脱羧反应、与亚硝酸反应和酰化反应等,肽也能发生氨基酸的呈色反应。但多肽是由多个氨基酸残基连接而成,它的性质和功能与氨基酸又有明显差异。如三肽以上的多肽能发生缩二脲反应,而氨基酸则无此现象。因此,缩二脲反应被广泛用于肽和蛋白质的定性分析和定量分析。

三、结构测定

　　测定多肽的结构不但要确定组成多肽的氨基酸种类和数目,还需测出这些氨基酸残基在肽链中的排列顺序。

(一)氨基酸组成和含量分析

　　利用全自动氨基酸分析仪可测定多肽的组成。常将多肽用酸彻底水解成游离氨基酸的混合液,利用样品中各种氨基酸结构、酸碱性、极性及分子大小的不同,在阳离子交换柱上将其分离,采用不同 pH 值离子浓度的缓冲液将各氨基酸组分依次洗脱下来,再经柱后茚三酮衍生、光度法确定其组成和含量(图 17-2)。

图 17-2　氨基酸自动分析仪记录的混合氨基酸层析结果

　　多肽分子中氨基酸残基的排列顺序可采用末端残基分析法和部分水解等方法测定。

(二)肽末端氨基酸残基的分析

　　末端残基分析法即定性确定肽链中 N- 端和 C- 端的氨基酸。通常选择一种试剂作为标记化合物使之与肽链的 N- 端或 C- 端作用，再经肽链水解，则含有此标记物的氨基酸就是链端的氨基酸。标记 N- 端的试剂有 2,4- 二硝基氟苯（2,4-dinitrofluorobenzene，DNFB）、异硫氰酸苯酯（phenyl isothiocyanate）、丹酰氯（dansyl chloride，DNS-Cl）等。

弱碱性（pH 8～9）条件下，氨基酸的 α- 氨基容易与 2,4- 二硝基氟苯反应，生成黄色的 *N*-（2,4- 二硝基苯基）氨基酸（DNP- 氨基酸）。多肽或蛋白质的 N- 末端氨基酸的 α- 氨基也能与 DNFB 反应，生成二硝基苯肽（DNP- 肽）。由于氨基与苯环结合牢固，因此当 DNP- 多肽被酸水解时，所有肽键均被水解，只有 N- 末端氨基酸仍连接在 DNP 上，含有黄色 DNP- 氨基酸和其他氨基酸的水解混合液中只有 DNP- 氨基酸溶于乙酸乙酯，所以可以色谱分析其乙酸乙酯抽提液，再以标准的 DNP- 氨基酸作为对照鉴定出此氨基酸的种类。该反应是定量转变的，产物在弱碱性条件下十分稳定，常用在多肽 N- 端氨基酸的鉴定工作上。F. Sanger 用此法阐明了第一个蛋白质胰岛素中氨基酸的种类、数目和排列顺序。该反应也称为桑格反应（Sanger reaction），2,4- 二硝基氟苯被称为 Sanger 试剂。F. Sanger 于 1958 年及 1980 年两度获得诺贝尔化学奖。

异硫氰酸苯酯可与肽链的 N- 端氨基作用生成苯氨基硫甲酰基肽（PTC- 肽），然后在有机溶液中与无水 HCl 作用，PTC- 肽经关环、水解后能选择性地将 N- 端残基以苯乙内酰硫脲氨基酸（PTH-amino acid）的形式断裂下来，用层析法即可鉴定其为何种氨基酸衍生物。上述反应后仅失去 1 个 N- 端氨基酸残基的肽链可继续与异硫氰酸苯酯作用，如此逐个鉴定出氨基酸的排列顺序。此法称为埃德曼降解法（Edman degradation）。应用此原理设计的自动氨基酸顺序仪能测定 60 个氨基酸以下的多肽结构。

PTH- 氨基酸   降解的肽（少一个残基）

C- 端的测定常采用羧肽酶法。羧肽酶能特异性地水解 C- 端氨基酸的肽键，这样可以反复用于缩短的肽，逐个测定新的 C- 端氨基酸。

（三）肽链的部分水解及其氨基酸顺序的确定

测定复杂多肽的结构，有时应用专一性地水解肽链的不同部位的蛋白酶进行多肽部分水解。如胰蛋白酶能专一性地水解 Arg 或 Lys 的羧基所形成的肽键，胰凝乳蛋白酶可水解芳香族氨基酸的羧基端肽键，从而获得各种水解片段。

$$\text{Asp-Arg} \dotplus \text{Tyr-Ala-Gly} \xrightarrow{\text{胰蛋白酶}} \text{Asp-Arg} + \text{Tyr-Ala-Gly}$$

$$\text{Asp-Arg-Tyr} \dotplus \text{Ala-Gly} \xrightarrow{\text{胰凝乳蛋白酶}} \text{Asp-Arg-Tyr} + \text{Ala-Gly}$$

通过分析各肽段中的氨基酸残基顺序，经过组合、排列对比，找出关键的"重叠顺序"，可推断各小肽片段在整个多肽链中的位置，最终获得完整肽链中氨基酸残基排列顺序。通过 DNA 序列推演氨基酸顺序是目前常用的肽链顺序测定法。

近年来，随着波谱技术日新月异的发展，波谱技术在测定氨基酸、小肽和一些蛋白质等生命物质的研究中应用十分广泛。采用电喷雾电离（electrospray ionization，ESI）质谱、基质辅助激光解吸电离（matrix-assisted laser desorption ionization，MALDI）质谱等新型的软电离生物质谱技术，可很快测定小肽的相对分子质量，甚至有些还可确定构成多肽的氨基酸类型和序列，因其具有所需样品少、方便、快速、可靠等诸多优点，是目前最有效的多肽和蛋白质序列分析方法之一。采用高分辨核磁共振技术不仅能鉴定各种不同的氨基酸，而且还能测定多肽和相对分子质量小于 20kD 的一些蛋白质的二级、三级空间结构和溶液的构象。除了用作结构分析外，核磁共振的许多实验技术甚至还可以应用于生物体内的氨基酸、多肽的生物分子动态和生化反应动力学的研究。

四、生物活性肽

生物体内的某些重要活性肽（active peptide）含量较少，却起着重要的生理作用。某些细胞分化、肿瘤发生、生殖控制机制以及部分疾病的病因与治疗等涉及活性肽的结构和功能。

1973 年，在脑内发现阿片受体后，J. Hughes 等首次从猪脑中分离提取出两种内源性阿片样活性物质——甲硫氨酸脑啡肽和亮氨酸脑啡肽，这两种脑啡肽（enkephaline）均为五肽，结构上它们仅 C-端的 1 个氨基酸残基不同。

Tyr—Gly—Gly—Phe—Met　　　　　　Tyr—Gly—Gly—Phe—Leu
甲硫氨酸脑啡肽　　　　　　　　　　　　亮氨酸脑啡肽

目前，已发现了十几种内源性阿片样肽，简称内阿片肽，如 β- 内啡肽、强啡肽 A 等，它们 N- 端的前 4 个氨基酸残基与脑啡肽相同（Tyr—Gly—Gly—Phe—）。

脑啡肽的第一位 Tyr、第三位 Gly 和第四位 Phe 为活性基团，若这些位置上的氨基酸残基被其他氨基酸残基取代后即失去活性。脑啡肽常易被氨肽酶和脑啡肽酶所降解，为了增加脑啡肽对酶解的稳定性，可采用人工合成脑啡肽类似物，常用 D- 型氨基酸（如 D-Ala）取代第二位的 Gly，成为有效的镇痛药物。

谷胱甘肽（glutathione）是一种广泛存在于动植物细胞中的重要三肽，它由 L- 谷氨酸、L- 半胱氨酸和甘氨酸组成，即 γ-Glu—Cys—Gly。它的结构特点是肽链的 N- 端上 Glu 通过它的 γ-COO$^-$（不是 α-COO$^-$）与 Cys 的 α-NH$_3^+$ 脱水形成肽键。谷胱甘肽分子中因含有—SH，故称为还原型谷胱甘肽，简写成 GSH。

$$^-OOC-\underset{\underset{NH_3^+}{|}}{C}H-CH_2-CH_2-\overset{\overset{O}{\|}}{C}-NH-\underset{\underset{\underset{SH}{|}}{CH_2}}{C}H-\overset{\overset{O}{\|}}{C}-NH-CH_2-COO^-$$

γ-谷氨酰半胱氨酰甘氨酸（谷胱甘肽，GSH）

两分子的还原型谷胱甘肽的两个半胱氨酸的—SH 在体内经酶催化氧化成二硫键—S—S—，形成氧化型谷胱甘肽（G—S—S—G）。还原型谷胱甘肽在人类及其他哺乳类动物体内可保护细胞膜上含巯基的膜蛋白或含巯基的酶类免受氧化，具有生物还原剂的功能，从而维持细胞的完整性和可塑性。

$$2\ G\text{SH} \underset{+2H}{\overset{-2H}{\rightleftharpoons}} G-S-S-G$$

催产素（oxytocin）是一种垂体神经激素。催产素能促进女性排卵，在分娩时引发子宫收缩，刺激乳汁分泌。此外，它还能减少人体内肾上腺酮等压力激素的水平，以降低血压。临床上主要用于催生引产，产后止血和缩短第三产程。此外，催产素具有广泛的生理功能，尤其是对中枢神经系统的作用。医学上用于引产、产后出血和子宫复原及催乳。血管加压素（vasopressin），又称抗利尿激素，由下丘脑的视上核和室旁核的神经细胞分泌。其主要生理作用是提高远曲小管和集合管对水的通透性，促进水的吸收，是尿液浓缩和稀释的关键性调节激素。医学上用于产后出血、消化道出血及尿崩等。催产素和血管加压素均为九肽，仅有两个氨基酸单元不同，其结构如图17-3所示：

图 17-3   催产素和血管加压素的结构

在生物体内还存在非蛋白质来源多肽，组成这些肽的氨基酸有非蛋白质氨基酸，D- 型氨基酸，形成的多肽除链状外尚有环状，如肌肽和短杆菌肽 A。

由于体内蛋白酶通常是针对肽链中具有 L-α- 氨基酸的肽类进行水解，有其特异性，而非蛋白质肽类在结构上的变异保护了这些肽类不被体内蛋白酶水解，这些肽在体内有重要的生理意义，有的对动植物有毒，有的具有抗菌性和抗肿瘤等作用。例如，环孢素 A（cyclosporin A），是一种常用的免疫抑制剂，它是由 11 个氨基酸组成的环肽，其中含有一个 D- 丙氨酸。环孢素 A 通过和亲环素 A（cyclophilin A，一种分子质量为 20kD 的伴侣蛋白质）形成复合物，从而抑制蛋白磷酸酯酶 2B 的活性，最终抑制 T 细胞受体信号通路而实现免疫抑制作用。降钙素（calcitonin）是由 32 个氨基酸组成的多肽，可降低血钙，用于治疗骨质疏松症。

近年来可通过重组 DNA 技术及化学合成等途径制备肽类药物及多肽疫苗，为现代多肽药物化学的研究开辟了新的领域。

第三节　蛋　白　质

蛋白质（protein）和多肽均都由各种 L-α- 氨基酸残基通过肽键相连形成的多聚物，他们之间不存在绝对严格的分界线。通常将相对分子质量在 10kD 以上（约 100 个左右氨基酸单位）且不能透过天然渗析膜、结构较复杂的多肽称为蛋白质，10kD 以下的称为多肽。胰岛素（insulin）相对分子质量约为 6kD，应归为多肽，但在溶液中受金属离子（如 Zn^{2+}）的作用后迅速形成二聚体，因此胰岛素被认为是最小的一种蛋白质。从各种生物组织中提取的蛋白质经元素分析，发现含有碳、氢、氧、氮；大多数蛋白质还含有硫；有些蛋白质含有磷；少量蛋白质还含有微量金属元素如铁、铜、锌、锰等；个别蛋白质含有碘。

一、分子结构

蛋白质分子在结构上最显著的特征是在天然状态下均具有独特而稳定的构象。各种蛋白质的特殊功能和活性不仅取决于多肽链的氨基酸组成、数目及排列顺序，还与其特定的空间构象密切相关，为了表示蛋白质分子不同层次的结构，常将蛋白质结构分为一级结构、二级结构、三级结构和四级结构。蛋白质的一级结构又称为初级结构或基本结构，二级结构以上属于构象范畴，称为高级结构。

（一）一级结构

蛋白质分子的一级结构（primary structure）是指多肽链中氨基酸残基的排列顺序，肽键是一级结构中连接氨基酸残基的主要化学键。任何特定的蛋白质都有其特定的氨基酸排列顺序，有些蛋白质分子只有一条多肽链，有的蛋白质分子则由两条或多条肽链构成。蛋白质的一级结构是空间构象和特定生物学功能的基础。一级结构相似的多肽或蛋白质，其空间构象以及功能也相似。

胰岛素（insulin）是由胰岛 β 细胞受内源性或外源性物质，如葡萄糖、乳糖、核糖、精氨酸、胰高血糖素等的刺激而分泌的一种蛋白质激素。胰岛素是体内唯一能降低血糖的物质，能够增强细胞对葡萄糖的摄取利用，保持血糖在正常范围，同时促进糖原、脂肪、蛋白质等的合成。

胰岛素由 A、B 两个肽链组成。人胰岛素 A 链有 11 种共 21 个氨基酸；B 链则有 15 种共 30 个氨基酸。人胰岛素的 A、B 两个肽链共有 16 种 51 个氨基酸。其中 A7（Cys）-B7（Cys）、A20（Cys）-B19（Cys）四个半胱氨酸中的巯基形成两个—S—S—键，将 A、B 两链连接起来。此外 A 链中 A6（Cys）与 A11（Cys）之间也存在一个—S—S—键。若破坏 A、B 两链间的二硫键，胰岛素的生物活性则完全丧失。人胰岛素分子的一级结构如图 17-4 所示。

不同种属的胰岛素在氨基酸组成及顺序中稍有差异，如在人胰岛素和牛胰岛素中有 3 个氨基酸残基不同，而在人胰岛素与猪胰岛素中仅有 1 个氨基酸残基差异，见表 17-2。个别氨基酸残基的变化不影响胰岛素的分子结构的形成和稳定，因而其功能是相同的。糖尿病因胰岛素，无法利用葡萄糖，因此需要补充胰岛素。除了生物来源的猪胰岛素和牛胰岛素外，尚可通过基因工程生产人胰岛素。甘精胰岛素（insulin glargine）、赖脯胰岛素（insulin lispro）及门冬胰岛素（insulin aspart），也是临床上治疗糖尿病的胰岛素类药物。

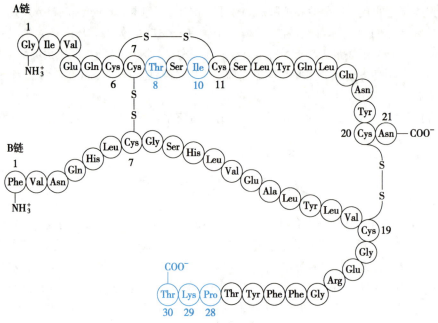

图17-4   人胰岛素分子的一级结构

表 17-2   人胰岛素、其他种属胰岛素及药物的一级结构中的氨基酸残基差异

	A 链		B 链		
	A_8	A_{10}	B_{28}	B_{29}	B_{30}
人胰岛素	Thr	Ile	Pro	Lys	Thr
猪胰岛素	Thr	Ile	Pro	Lys	Ala
牛胰岛素	Ala	Val	Pro	Lys	Ala
门冬胰岛素	Thr	Ile	Asp	Lys	Thr
甘精胰岛素	Thr	Ile	Arg	Arg	Thr
赖脯胰岛素	Thr	Ile	Lys	Pro	Thr

1955 年英国 F. Sanger 测定了牛胰岛素的全部氨基酸序列，开辟了人类认识蛋白质分子化学结构的道路。我国科学家历时七年多，于 1965 年人工合成了具有全部生物活力的结晶牛胰岛素，它是第一个在实验室中用人工方法合成的蛋白质，标志人类在认识生命、探索生命奥秘的征途上迈出的重要一步。

（二）空间结构

蛋白质空间结构是指多肽链在空间进一步盘曲折叠形成的构象，它包括二级结构、三级结构和四级结构。维系蛋白质构象稳定的主要因素是多肽链中各原子和原子团相互之间的作用力。每一种蛋白质分子都有自己特有的氨基酸的排列顺序和组成，即一级结构。氨基酸排列顺序决定它的特定的空间结构，也就是蛋白质的一级结构决定了蛋白质的二级、三级等高级结构。尽管 Christian B. Anfinsen 的工作奠定了蛋白质折叠的热力学基础，并因此获得了 1972 年的诺贝尔化学奖，但是蛋白质折叠是相当复杂的，目前仍然难以根据一个蛋白质的一级结构推断出它的三维结构。

特定一级结构多肽链中各肽键平面通过 α- 碳原子的旋转形成的一定构象，称为二级结构。二级结构的形成，是借助一个肽键平面中的 C＝O 和另一肽键平面中的—NH—之间形成的氢键使肽键平面呈现不同的卷曲和折叠形状，主要有 α- 螺旋（α-helix）和 β- 折叠层（β-pleated sheet）等（图 17-5）。

α- 螺旋的形成是由于多肽链中各肽键平面通过 α- 碳原子的旋转，围绕中心轴形成一种紧密螺旋盘曲构象，每个氨基酸残基（第 n 个）的 C＝O 氧与多肽链 C 端方向的第 4 个氨基酸残基（第 n+4 个）

的酰胺氮形成氢键，螺旋靠此链内氢键维持。α-螺旋有左旋和右旋，蛋白质分子中实际存在的是右手α-螺旋，螺距为54pm，每一圈含有3.6个氨基酸残基，每个残基沿着螺旋的长轴上升15pm，螺旋的半径为23pm。20世纪30年代，L. Pauling用X-射线衍射技术发现了肽链折叠α-螺旋。血红蛋白、肌红蛋白（肌肉纤维主体）、溶菌酶等分子中都存在有α-螺旋。

α-螺旋　　　　　　β-折叠

图17-5　蛋白质二级结构片段

β-折叠层则可借相邻肽段间的氢键将若干肽段结合在一起形成如扇面折叠状片层。由于所有肽键均参与形成链内或链间氢键，因此氢键是维系蛋白质二级结构稳定的最主要的键。

此外，蛋白质的二级结构中还有β-转角和无规卷曲等。具有二级结构的多肽链在空间盘曲折叠进一步形成完整的蛋白质结构。蛋白质的空间结构是蛋白质特有性质和功能的结构基础。

二、性质

蛋白质是高分子化合物，相对分子质量大，其分子颗粒的直径一般在1~100nm之间，属于胶体分散系，因此蛋白质具有胶体溶液的特性。如布朗运动、丁铎尔效应、不能透过半透膜以及具有吸附性质等。

蛋白质分子末端仍具有游离的α-NH_3^+和α-COO^-，同时组成肽链的α-氨基酸残基侧链上还含有不同数量可解离的基团：如赖氨酸的ε-NH_3^+、精氨酸的胍基、组氨酸的咪唑基、谷氨酸的γ-COO^-。因此，蛋白质和氨基酸一样，也具有两性解离和等电点的性质。

当蛋白质所带的正、负电荷数相等时，净电荷为零，此时溶液的pH值为蛋白质的等电点（pI）。在等电状态时，不存在电荷相互排斥作用，蛋白质颗粒易聚积而沉淀析出，此时蛋白质的溶解度、黏度、渗透压、膨胀性等都最小。由于蛋白质的两性解离和等电点的特性，它与氨基酸一样也可采用电泳技术进行分离和纯化。

17-4　卵清蛋白（pI=4.6）、血清白蛋白（pI=4.9）和尿酶（pI=5.0）的蛋白质混合物在什么pH值时进行电泳，其分离效果最佳？

天然蛋白质因受物理因素（如加热、高压、紫外线、X-射线）或化学因素（如强酸、强碱、尿素、重金属盐、三氯乙酸等）的影响，分子的肽链虽不裂解，但可改变或破坏蛋白质分子空间结构，从而导致蛋白质生物活性的丧失和其他的物理、化学性质的变化，这种现象称为蛋白质的变性（denaturation）。蛋白质的变性主要为二硫键和非共价键的破坏，从而发生空间构象的破坏，并不涉及一级结构的改变。蛋白质的变性常伴随有下列现象：①生物活性丧失。这是蛋白质变性的最主要特征。②化学性质的改变。③物理性质的改变,如溶解度降低、黏度增加、结晶能力消失。蛋白质变性在实际应用上具有重要意义。临床上常用高温、紫外线和酒精等物理或化学方法进行消毒,促使细菌或病毒的蛋白质变性而失去致病及繁殖能力。临床上急救重金属盐中毒病人,常先服用大量牛奶和蛋清,使蛋白质在消化道中与重金属盐结合成变性蛋白,从而阻止有毒重金属离子被人体吸收。

在变性因素去除以后,变性的蛋白质分子又可重新回复到变性前的天然的构象,这一现象称为蛋白质的复性(renaturation)。例如胃蛋白酶加热至80～90℃时,失去溶解性,也无消化蛋白质的能力,如将温度再降低到37℃,则又可恢复溶解性和消化蛋白质的能力。蛋白质的复性有完全复性、基本复性或部分复性。只有少数蛋白质在严重变性以后,能够完全复性。

蛋白质变性和复性的研究,对了解体内、体外的蛋白质分子的折叠机制具有重要的意义。变性后的蛋白质分子多肽链展开,形状发生了改变,使酶与肽键接触机会增多,因而变性蛋白质较天然蛋白质易被酶水解。如果变性条件过于剧烈持久,则蛋白质的变性是不可逆的。

习　题

17-5　试写出 Ser、Cys 以及 Met 所有可能的立体异构体,并标明 D、L 构型和 R、S 构型。

17-6　写出下列反应中的反应产物:

(1) Tyr + Br_2(水溶液)——→

(2) Phe + HNO_2 ——→

(3) Cys ——$\xrightarrow{[O]}$

(4) Val-Phe-Gly + 2,4- 二硝基氟苯 ——→

(5) 上述(4)中反应产物 + 浓盐酸(100℃)——→

(6) Ile-Glu-Phe + Ph—C=N=S,然后再用氢溴酸或者 CF_3COOH 处理——→

17-7　Lys、Asp 和 Ser 与下列试剂反应后的产物是什么?

(1) NaOH　　　　　　　　(2) HCl　　　　　　　　(3) CH_3OH/H^+(酯化)

(4) 乙酸酐　　　　　　　　(5) $NaNO_2$+HCl

17-8　脑内存在的重要神经递质 γ- 氨基丁酸(GABA)是由谷氨酸中 α- 羧基脱羧后转变而成,试写出反应式。

17-9　将甘氨酸(pI=5.97)、谷氨酸(pI=3.22)、赖氨酸(pI=9.74)分别溶于水中。

(1) 水溶液呈酸性还是碱性?

(2) 氨基酸带何种电荷?

(3) 欲调节溶液 pH 至等电点,需加酸或加碱?并写出 pH=pI 时各氨基酸的结构式。

17-10　由 Val,Tyr 和 Gly 形成的三肽可能有几种?分别写出其三字母结构式并命名。

17-11　血红蛋白是高等生物体内负责运载氧的一种蛋白质,其等电点 pI=6.8. 请问当 pH=7.3 以及 pH=5.3 时,血红蛋白分别带的净电荷种类。

17-12　某三肽 A 用亚硝酸处理后并经部分水解得 α- 羟基 -β- 苯基丙酸和二肽 B。将 B 用酸水解可得两种产物 C 和 D,其中 C 无旋光活性。D 用亚硝酸处理后得到乳酸,若 C 不处在 A 的 N- 端和C- 端,试写出 A 的名称和三字母缩写结构。

(王全瑞)

第十八章　核酸与辅酶

核酸（nucleic acid）由瑞士生物学家米歇尔（F. Miescher）于 1869 年首先从外科绷带的脓细胞的细胞核中分离得到，因其溶于碱、不溶于酸而被命名为核酸。核酸的发现为人类提供解开生命之谜的金钥匙。1944 年，埃弗里（O. Avery）经实验证实了脱氧核糖核酸（DNA）是遗传的物质基础。1953 年，沃森（J. Watson）和克里克（F. Crick）提出了 DNA 的双螺旋结构，巧妙地解释了遗传的奥秘，此后遗传学的研究从宏观观察进入到分子水平。20 世纪 70 年代 DNA 重组技术被建立，1996 年克隆羊多莉诞生，标志了生物新技术时代的来临。

在生物的生长、繁殖、遗传、变异和转化等生命现象中，核酸起着决定性的作用，其生物学功能与化学结构密切相关，本章主要介绍核酸的化学结构，为日后的深入学习奠定基础。

第一节　核　　酸

一、分类

根据分子中所含戊糖的类型，核酸可分为核糖核酸（ribonucleic acid，RNA）和脱氧核糖核酸（deoxyribonucleic acid，DNA）。DNA 主要存在于细胞核和线粒体内，是生物遗传的物质基础，承担体内遗传信息的贮存和发布。约 90% 的 RNA 在细胞质中，在细胞核内的含量约占 10%，它直接参与体内蛋白质的合成。根据在蛋白质合成过程中所起的作用，RNA 又可分为核糖体 RNA、信使 RNA 和转运 RNA。

核糖体 RNA（ribosomal RNA，rRNA）又称核蛋白体 RNA，是蛋白质合成时多肽链的"装配机"。细胞内 80%~90% 的 RNA 都是核糖体组织。参与蛋白质合成的各种物质最终在核糖体上将氨基酸按特定顺序合成多肽链。

信使 RNA（messenger RNA，mRNA）是合成蛋白的模板，在蛋白质合成时，控制氨基酸的排列顺序。

转运 RNA（transfer RNA，tRNA）是在蛋白质合成过程中搬运氨基酸的工具。氨基酸由各自特异的 tRNA"搬运"至核糖体 RNA，最终"组装"成多肽链。

二、核苷和核苷酸

（一）核酸的化学组成

核酸中所含有的主要元素为 C、H、O、N、P，其中含磷量为 9%~10%，由于各种核酸分子中含磷量比较接近恒定，故常用含磷量来测定组织中核酸的含量。

核酸的基本组成单位是核苷酸（nucleotide）。核苷酸由磷酸和核苷（nucleoside）组成，核苷由碱基和戊糖组成（表 18-1）。

表 18-1   DNA 与 RNA 的化学组成

组成	DNA	RNA
酸	磷酸	磷酸
戊糖	D-2- 脱氧核糖	D- 核糖
碱基	腺嘌呤（A）	腺嘌呤（A）
	鸟嘌呤（G）	鸟嘌呤（G）
	胞嘧啶（C）	胞嘧啶（C）
	胸腺嘧啶（T）	尿嘧啶（U）

核酸中的戊糖有两种，即 D- 核糖和 D-2- 脱氧核糖，都为 β- 构型，D- 核糖存在于 RNA 中，而 D-2- 脱氧核糖存在于 DNA 中。它们的结构及编号如下：

β–D–核糖　　　　　　β–D–2–脱氧核糖
(β–D–ribose)　　　　(β–D–2–deoxyribose)

DNA 和 RNA 中所含的嘌呤碱基相同，均为腺嘌呤（adenine）和鸟嘌呤（guanine）。而所含的嘧啶碱基不同，DNA 含有胞嘧啶（cytosine）和胸腺嘧啶（thymine），RNA 中含有胞嘧啶和尿嘧啶（uracil）。组成核酸的碱基结构如下：

腺嘌呤　　　　　　　鸟嘌呤
adenine(A)　　　　　guanrne(G)

胞嘧啶　　　　尿嘧啶　　　　胸腺嘧啶
cytosine(C)　　uracil(U)　　　thymine(T)

两类碱基均可发生酮式—烯醇式互变，在生理条件下或者在酸性、中性介质中，它们均以酮式为主。

除以上常见碱基外，核酸中还含有稀有碱基，如 DNA 中的 5- 甲基胞嘧啶（5-methylcytosine）、RNA 中的二氢尿嘧啶（dihydrouracil）等。

18-1   写出尿嘧啶和胸腺嘧啶的酮式—烯醇式互变异构。

（二）核苷

核苷是由戊糖 C_1 上的 β-OH 与碱基含氮杂环上的 —NH 脱水形成的氮苷。在核苷的结构式中，戊糖上的碳原子的编号以 $1'\sim 5'$ 表示，以区别于碱基上原子的编号。核苷的名称由碱基和戊糖组成，常常缩写，如腺嘌呤与核糖形成的氮苷称为腺嘌呤核苷，简写为腺苷。RNA 中常见的四种核苷的结构及名称如下：

腺嘌呤核苷（腺苷） adenosine	鸟嘌呤核苷（鸟苷） guanosine	胞嘧啶核苷（胞苷） cytidine	尿嘧啶核苷（尿苷） uridine

（三）核苷酸

核苷酸是核苷中戊糖的 C_5—OH 或 C_3—OH 与磷酸脱水形成的磷酸酯，生物体内大多数核苷酸为 5′ 核苷酸。组成 RNA 的核苷酸为腺苷酸（AMP）、鸟苷酸（GMP）、胞苷酸（CMP）和尿苷酸（UMP）；组成 DNA 的核苷酸为脱氧腺苷酸（dAMP）、脱氧鸟苷酸（dGMP）、脱氧胞苷酸（dCMP）和脱氧胸苷酸（dTMP）。核苷酸的命名包括核苷的名称和磷酸，并标出磷酸与戊糖连接的位置。例如：腺苷酸又称为腺苷 -5′- 磷酸（adenosine-5′-phosphate）或腺苷一磷酸（adenosine monophosphate）。

> 18-2　写出腺苷酸和脱氧胸苷酸的结构。

三、结构和理化性质

（一）核酸的一级结构

核酸分子中各种核苷酸的排列顺序为核酸的一级结构，又称为核苷酸序列。由于核苷酸间的差别主要是碱基差异，因此也称为碱基序列。在核酸分子中，核苷酸彼此间是通过 3′ 和 5′- 磷酸二酯键连接的。即一个核苷酸的 3′- 羟基与另一个核苷酸 5′- 磷酸脱水形成磷酯键，从而形成没有支链的核酸大分子。

DNA 和 RNA 的部分多核苷酸链可用简式表示如下：

RNA   DNA

以上表示方法直观易懂，但书写麻烦。为了简化结构式，常用 P 表示磷酸，用竖线表示戊糖，表示碱基的相应英文字母置于竖线之上，用斜线表示磷酸和糖基酯键，还可用更简单的字符表示。以上 RNA、DNA 的部分结构可表示如下：

RNA   DNA

RNA   5'pApCpGpU-OH 3′ 或 5'ACGU 3′   DNA   5'pApCpGpT-OH 3′ 或 5'ACGT 3′

根据核酸的书写规则，DNA 和 RNA 的书写应从 5′ 端到 3′ 端。

由于 RNA 中戊糖 C_2—OH 的存在，使其可在碱性物质作用下发生分子内亲核反应，从而使磷酸酯键断裂。因此 RNA 链通常较 DNA 链短，稳定性较 DNA 差。

tRNA 的 3′ 端碱基为 CCA，其末端 3′-OH 可与氨基酸中的羧基发生亲核加成反应，从而完成氨基酸的转运。

（二）核酸的二级结构

1. DNA 的二级结构   1952 年美国生物化学家查伽夫（E. Chargaff）测定了 DNA 中 4 种碱基

的含量,发现其中腺嘌呤与胸腺嘧啶的总量相等,鸟嘌呤与胞嘧啶的总量相等。1953 年,沃森(J. Watson)和克里克(F. Crick)受到富兰克林(R. Franklin)拍摄的 DNA 衍射图片的启发,确认了 DNA 的双螺旋(double helix)结构,并分析得出了螺旋参数。

目前已知 DNA 分子由两条核苷酸链组成,沿着一个共同轴心以反平行走向盘旋成右手双螺旋结构(图 18-1)。亲水的脱氧戊糖基和磷酸基位于双螺旋的外侧,而碱基朝向内侧。双螺旋直径为 2000pm,相邻两个碱基之间的平面距离为 340pm,每 10 对碱基组成一个螺旋周期,即 DNA 双螺旋的螺距为 3400pm。碱基间的疏水作用可导致碱基堆积,这种堆积力维系着双螺旋的纵向稳定,而维系双螺旋横向稳定的因素是碱基对间的氢键。

通过氢键连接的碱基始终是腺嘌呤(A)与胸腺嘧啶(T),鸟嘌呤(G)与胞嘧啶(C),即 A=T、G≡C 配对,这一规律称为碱基互补规律(complementary base pairing rule)或碱基配对规律。两个相互配对的碱基,彼此互称为"互补碱基"。碱基配对规律是由双螺旋结构的几何

图 18-1 DNA 的双螺旋结构

形状决定的。因为只有嘌呤碱基和嘧啶碱基配对才能使碱基对合适地安置在双螺旋内。若两个嘌呤碱基配对,则体积太大无法容纳;若两个嘧啶碱基配对,由于两条链之间距离太远,难以形成氢键。腺嘌呤与胸腺嘧啶而不是胞嘧啶配对,是因为这样可以使碱基间形成最多的氢键。另外,这两组碱基对的形状大小非常接近,具备适宜的键长与键角,也创造了形成氢键的条件。由碱基互补规律可知,当 DNA 分子中一条多核苷酸链的碱基序列确定后,即可推知另一条链的碱基序列。

腺嘌呤(A)　　胸腺嘧啶(T)　　　　　鸟嘌呤(G)　　胞嘧啶(C)

沿螺旋轴方向观察,碱基对并不充满双螺旋的空间。由于碱基对的方向性,使得碱基对占据的空间是不对称的,因此在双螺旋的外部形成了一个大沟(major groove)和一个小沟(minor groove)。这些沟对 DNA 和蛋白质的相互识别是非常重要的。因为只有在沟内才能觉察到碱基的顺序,而在双螺旋结构的表面,是脱氧核糖和磷酸的重复结构,不能提供遗传信息。

DNA 右手双螺旋结构模型是 DNA 分子在水溶液和生理条件下最稳定的结构,称为 B-DNA。此外,人们还发现了 Z-DNA 和 A-DNA,可见,自然界 DNA 的存在形式不是单一的。

2. RNA 的二级结构 大多数天然 RNA 以单链形式存在,在某些区域形成自身回折。在回折区内,碱基彼此配对(A=U、G≡C)。配对的 RNA 链(约占 40%~70%)形成双螺旋结构,不能配对的碱基则形成突环(loop)。

(三)核酸的理化性质

1. 物理性质 DNA 为白色纤维状固体,RNA 为白色粉末。两者均微溶于水,易溶于稀碱溶液,其钠盐在水中的溶解度比较大。DNA 和 RNA 都不溶于乙醇、乙醚、氯仿等有机溶剂,而易溶于 2- 甲氧基乙醇中。

核酸分子中的碱基有共轭结构,其最大紫外吸收波长为 260nm,因此紫外分光光度法可用于核酸、核苷酸、核苷及碱基的定量分析。通过同时测定在 260nm 和 280nm 的紫外吸光度的比值(A_{260}/A_{280})可以估算核酸的纯度。DNA 的比值为 1.8,RNA 的比值为 2.0。若 DNA 比值高于 1.8,说明其中的 RNA 尚未除尽。RNA、DNA 中含有蛋白质将导致比值降低。

核酸溶液的黏度比较大，DNA 的黏度比 RNA 更大，这是 DNA 分子的不对称性引起的。

2. 酸碱性　核酸分子中既含磷酸基，又含有嘌呤和嘧啶碱基，所以它是两性物质，但酸性大于碱性。它能与金属离子成盐，也能与一些碱性化合物生成复合物。它还能与一些染料结合，在组织化学研究中，此性质可用来帮助观察细胞内核酸成分的各种细微结构。

核酸在不同的 pH 值溶液中，带有不同电荷，因此它可像蛋白质一样，在电场中发生迁移（电泳）。迁移的方向和速率与核酸分子的电荷量、分子的大小和分子的形状有关。

四、核酸的复制与转录

DNA 的生物合成称为复制（replication）。复制时 DNA 的双螺旋在酶的作用下解旋，按照从 5′-端到 3′-端的方向，依据碱基互补规律排列新的多核苷酸链。其中一条链连续复制，另一条链不连续复制，由酶催化接合，从而使得多核苷酸链具有高度保真性。在 DNA 链中具有编码蛋白质、多肽或 RNA 的多核苷酸片段称为基因（gene），生物体内形形色色的遗传信息均由 DNA 中的碱基顺序决定。

RNA 的生物合成称为转录（transcription），合成方向也是 5′-端至 3′-端。

第二节　辅　酶

生物体内的很多代谢反应都是在复合酶的催化作用下进行的。与酶结合成复合酶的有机小分子称为辅酶（coenzyme）。辅酶参与酶的活性中心的组成，在酶促反应过程中，能直接与底物作用，起传递氢、电子或一些基团的功能。一般认为酶蛋白部分决定酶促反应底物的专一性，辅酶决定反应的种类和性质。B 族维生素是构成辅酶的主要成分。下面简要介绍代谢途径中常见的几种辅酶。

一、NAD^+ 和 $NADP^+$

NAD^+ 和 $NADP^+$ 分别是烟酰胺腺嘌呤二核苷酸（nicotinamide adenine dinucleotide）和烟酰胺腺嘌呤二核苷酸磷酸酯（nicotinamide adenine dinucleotide phosphate）的氧化型。因 NAD^+ 是第一个被发现的辅酶，也被称为辅酶Ⅰ。$NADP^+$ 与 NAD^+ 的区别是其腺苷核糖 C-2′ 的—OH 基被磷酸酯化，其结构如下：

NAD^+: R=H　　　$NADP^+$: R=PO_3^{2-}

18-3　指出 NAD^+ 和 NADP 的结构中各有几个苷键？几个酐键？几个酯键？

在酶促反应中 NAD^+（或 $NADP^+$）的结构中参与反应的是吡啶环部分，分子中的其余部分只是在与酶蛋白结合时起识别分子的作用。为了方便起见，通常将 NAD^+ 的结构写成简写式，其中 R 代表 NAD^+ 分子结构式中除烟酰胺部分以外的其余部分。在脱氢酶的催化作用下，NAD^+（或 $NADP^+$）从底物中接受电子和 H，转变为还原型的 NADH（或 NADPH）。NAD^+ 的作用机制如下所示：

在氨基酸的分解代谢中，其氧化是在肝脏内脱氢酶的催化作用下，由 NAD^+（或 $NADP^+$）辅助参与完成。

在三羧酸循环中 NAD^+（或 $NADP^+$）也是重要的辅酶，例如苹果酸代谢为草酰乙酸的反应也需要 NAD^+ 参与才能得以实现。

生物体内有多种脱氢酶，每一种都有专一底物。有些以 NAD^+ 或 $NADP^+$ 为辅酶，多数脱氢酶与 NAD^+ 或 $NADP^+$ 的结合都是松散的。

二、FAD

FAD 是黄素腺嘌呤二核苷酸（flavin adenine dinucleotide）的英文缩写，它是由维生素 B_2（核黄素）和腺嘌呤二核苷酸两部分构成。FAD 是许多氢化 - 脱氢反应的辅酶，它能与酶蛋白紧密结合。FAD 的结构如下：

维生素 B_2 结构部分

腺嘌呤二核苷酸
(ADP)结构部分

> 18-4 指出 FAD 分子中有几个苷键？几个酐键？几个酯键？

因 FAD 的异咯嗪环中存在 $N=C-C=N$ 共轭体系，易发生"1,4- 加氢"反应。故在酶促反应中，FAD 能作为氢的传递体，参与加氢 - 脱氢反应。FAD 的氧化能力较 NAD^+ 强，其还原型为 $FADH_2$，其简化式如下（R 为与 FAD 结构相同的其余部分）：

FADH₂简化式

例如,在代谢过程中琥珀酸脱氢生成延胡索酸,FAD 是琥珀酸脱氢酶的辅酶,担负着 H 载体的作用。

琥珀酸　　　　FAD　　FADH₂　　　延胡索酸

三、辅酶 A

辅酶 A(coenzyme A),可看做由 3′- 磷酸基 - 二磷酸腺苷、β- 巯基乙胺和泛酸三部分组成的。泛酸又称为遍多酸,在自然界中普遍存在。辅酶 A 的结构如下:

β-巯基乙胺结构部分

泛酸结构部分

3′-磷酸基-二磷酸腺苷结构部分

辅酶 A 分子链末端连有一个活泼的巯基(—SH),能与羧基以硫酯键结合成酰基辅酶 A(acetyl CoA)。参与三羧酸循环的酰基辅酶 A 有乙酰基辅酶 A(acetyl coenzyme A)和琥珀酰基辅酶 A。酰基辅酶 A 分子中的硫酯键类似于 ATP 分子中的高能磷酸键,断裂时释放 $36.9kJ \cdot mol^{-1}$ 的能量,供代谢反应之用。辅酶 A 是酰基转移酶的辅酶,在脂类、糖类和蛋白质代谢中起传递酰基的作用。生物化学中的大多数酰基化反应都涉及辅酶 A 的酰化,然后再从酰基辅酶 A 转移一个酰基给参与反应的底物,以此完成代谢过程中的酰基化反应。

质谱在生物大分子研究中的应用

化合物在高能电子束的轰击下形成带正电荷的分子离子和碎片离子,若按离子质荷比(相对质量与所带电荷之比 m/z)的差异进行分离测定,并记录,可以得到反映化合物结构信息的谱图即质谱(mass spectrum, MS)。相对于其他波谱方法,质谱突出的优点是灵敏度高,样品的用量低。质谱是唯一可以确定被测物质分子式的技术。

20 世纪 80 年代以来,有机质谱技术取得突破性进展,相继发明了电喷雾电离质谱(ESI-MS)、基质辅助激光解吸电离质谱(MALDI-MS)、快原子轰击质谱(FAB-MS)、离子喷雾电离质谱(ISI-MS)、大气压电离质谱(API-MS)等软电离技术。借助于上述技术,生物大分子可转变成气相离子,从而使质谱分析可用于生物大分子的研究,并形成了生物质谱学这一新的学科。例如牛血清白蛋白用 ESI-MS 测定的相对分子质量为 66430,理论计算值为 66429u,误差为 0.0015%。如果用凝胶电泳法测定,其误差在 5%~10%,可见质谱法测定相对分子质量,准确度很高。

生物质谱主要可用于测定蛋白质、核酸和多糖等生物分子的相对分子质量,并提供分子结构信息。也可运用于探讨蛋白质分子的折叠和非共价键的相互作用,获取蛋白质中二硫键、糖基化、磷酸化连接点的有关信息等。

习　题

18-5　写出下列化合物结构式：

(1) 5-氟尿嘧啶　　　　　　　　　(2) 1-甲基鸟嘌呤

(3) 5,6-二氢尿嘧啶　　　　　　　(4) 6-巯基鸟嘌呤

18-6　某 DNA 样品碱基中含有约 30% 的胸腺嘧啶和 20% 的胞嘧啶，可能还含有哪些碱基？含量为多少？

18-7　一条 DNA 中某段多核苷酸的碱基序列为 TTAGGCA，与这段 DNA 链互补的碱基顺序应如何排列？

18-8　维系 DNA 的二级结构稳定性的因素是什么？

18-9　写出下列反应的主要产物。

(1) $\xrightarrow{\text{稀NaOH}}$

(2) $\xrightarrow{\text{H}_3\text{O}^+}$

18-10　什么叫辅酶？在代谢中主要起何种作用？NAD^+ 一般参与何种类型的反应？FAD 一般参与何种类型的反应？

（杨若林）

参 考 文 献

1. 陆阳，刘俊义. 有机化学. 8 版. 北京：人民卫生出版社，2013
2. 陆阳，申东升. 有机化学（案例版），2 版. 北京：科学出版社，2017
3. 邢其毅，裴伟伟，徐瑞秋，等. 基础有机化学（上下册），4 版. 北京：北京大学出版社，2016
4. Francis A.Carey. Organic Chemistry. 7th ed. New York: McGraw-Hill Science，2007
5. John E. McMurry. Fundamentals of Organic Chemistry.7th ed. Singapore：Brooks/Cole-Cengage Learning，2011
6. T. W. Graham Solomons，Craig Fryhle. Organic Chemistry. 10th ed. Singapore：John Wiley & Sons，Inc.，2010

附　录

附录一　重要元素的电负性

元素名	缩写	电负性
铝	Al	1.61
硼	B	2.04
溴	Br	2.96
碳	C	2.55
钙	Ca	1.00
镉	Cd	1.69
氯	Cl	3.16
氟	F	3.96
氢	H	2.20
碘	I	2.66
钾	K	0.82
锂	Li	0.98
镁	Mg	1.25
氮	N	3.04
氧	O	3.44
磷	P	2.19
铅	Pb	1.85
硫	S	2.58
硅	Si	1.90
锌	Zn	1.65

附录二　重要的鉴别反应

序号	试剂	现象	可鉴别的化合物
1	2,4-二硝基苯肼	橙黄色沉淀或橙红色沉淀	醛、酮
2	$AgNO_3$ 氨溶液或 $CuCl_2$ 氨溶液	白色炔化银或砖红色炔化亚铜	$RC\equiv CH$ 型炔烃
3	$AgNO_3$ 醇溶液	卤化银沉淀	卤代烃
4	Benedict 试剂	砖红色 Cu_2O 沉淀	脂肪醛、还原糖
5	Br_2 四氯化碳溶液	褪色	烯、炔
6	Fehling 试剂	砖红色 Cu_2O 沉淀	脂肪醛、还原糖
7	茚三酮溶液 / 加热	蓝紫色或黄色	氨基酸、肽和蛋白质
8	$KMnO_4$ 溶液	褪色	不饱和烃、乙二酸、某些烃基苯、伯醇和仲醇
9	Tollens 试剂	银镜	多数醛、还原糖、α-羟基酸
10	醋酐-浓硫酸	红-紫-褐-绿色	胆固醇和某些甾族化合物
11	重氮盐	有色的偶氮化合物	酚或芳香胺
12	碘	蓝紫色、红色	淀粉、糖原
13	碘的碱溶液	淡黄色晶体	乙醛和甲基酮，$CH_3CH(OH)-R(H)$
14	磺酰氯	沉淀及在碱液中溶解与否	伯、仲、叔胺
15	碱性硫酸铜溶液	紫红色或紫色	含两个或两个以上肽键的化合物
16	$FeCl_3$ 水溶液	呈色	酚、烯醇
17	碱性稀硫酸铜溶液	绛蓝色的铜盐	邻二醇
18	溴水	褪色	醛糖和酮糖
19	溴水	白色沉淀	苯酚等酚类
20	亚硝酸	黄色油状物或固体	仲胺
21	亚硝酸	放出氮气	脂肪族伯胺、脲